A017027

LA TÉLÉCRATIE CONTRE LA DÉMOCRATIE

LETTRE OUVERTE AUX REPRÉSENTANTS POLITIQUES

Bernard Stiegler

LA TÉLÉCRATIE CONTRE LA DÉMOCRATIE

LETTRE OUVERTE
AUX REPRÉSENTANTS POLITIQUES

Champs essais

Du même auteur

- *Réenchanter le monde. La valeur esprit contre le populisme industriel* (avec Ars Industrialis), Flammarion, 2006.
- *Des pieds et des mains : petite conférence sur l'homme et son désir de grandir*, Bayard.
- *Mécréance et discrédit 3. L'esprit perdu du capitalisme*, Galilée.
- *Mécréance et discrédit 2. Les sociétés incontrôlables d'individus désaffectés*, Galilée.
- *L'Attente de l'inattendu*, École supérieure des Beaux-arts de Genève.
- *Mécréance et discrédit 1. La décadence des démocraties industrielles*, Galilée.
- *Constituer l'Europe 2. Le motif européen*, Galilée.
- *Constituer l'Europe 1. Dans un monde sans vergogne*, Galilée.
- *De la misère symbolique 2. La* catastrophè *du sensible*, Galilée.
- *De la misère symbolique 1. L'époque hyperindustrielle*, Galilée.
- *Aimer, s'aimer, nous aimer : du 11 septembre au 21 avril*, Galilée.
- *La Technique et le Temps 3. Le temps du cinéma et la question du mal-être*, Galilée.
- *Échographies de la télévision* (avec Jacques Derrida), Galilée-INA.
- *La Technique et le Temps 2. La désorientation*, Galilée.
- *La Technique et le Temps 1. La faute d'Épiméthée*, Galilée.

© Flammarion, Paris, 2006 et 2008 pour la présente édition.
ISBN : 978-2-0812-1782-9

*Pour Brigitte, Marianne, Nathalie et Anne,
institutrices des écoles publiques maternelles et primaires,
avec mon admiration et ma reconnaissance.*

L'amitié [le fait d'aimer, philia, *de* philein, *aimer] est [...] ce qu'il y a de plus nécessaire pour vivre. Car sans amis personne ne choisirait de vivre, eût-il tous les autres biens [...]. De plus, l'affection est, semble-t-il, un sentiment naturel du père pour sa progéniture et de celle-ci pour le père, non seulement chez l'homme mais encore chez les oiseaux et la plupart des animaux ; les individus de même race ressentent aussi une amitié mutuelle, principalement dans l'espèce humaine, et c'est pourquoi nous louons les hommes qui sont bons pour les autres. Même au cours de nos voyages au loin, nous pouvons constater à quel point l'homme ressent toujours de l'affinité et de l'amitié pour l'homme. L'amitié semble aussi constituer le lien des cités, et les législateurs paraissent y attacher un plus grand prix qu'à la justice même. En effet, la concorde, qui paraît bien être un sentiment voisin de l'amitié, est ce que recherchent avant tout les législateurs, alors que l'esprit de faction, qui est son ennemie, est ce qu'ils pourchassent avec le plus d'énergie. Et quand les hommes sont amis il n'y a plus besoin de justice, tandis que s'ils se contentent d'être justes ils ont en outre besoin d'amitié, et la plus haute expression de la justice est, dans l'opinion générale, de la nature de l'amitié.*

Aristote

L'opposition entre la psychologie individuelle et la psychologie sociale, ou psychologie des foules [Massenpsychologie], *qui peut bien à première vue nous paraître très importante, perd beaucoup de son acuité si on l'examine à fond.*

Sigmund Freud

Cet état de métastabilité est comparable à un état de conflit dans lequel l'instant de la plus haute incertitude est précisément l'instant le plus décisif, source des déterminismes et des séquences génétiques qui prennent en lui leur origine absolue. [...]
Il y a genèse de formes lorsque la relation d'un ensemble vivant à son milieu et à lui-même passe par une phase critique, riche en tensions et en virtualité, et qui se termine par la disparition de l'espèce ou par l'apparition d'une forme nouvelle de vie.

Gilbert Simondon

Il faut redonner à ce mot [démocratie] *sa puissance de scandale. Il a d'abord été une insulte : le gouvernement de la canaille, de la multitude, de ceux qui n'ont pas de titre à gouverner.*

Jacques Rancière, cité par Ségolène Royal

Dans l'ensemble des familles, le respect dominait. De la classe de première année (où l'on entrait à cinq ou six ans) à la sixième (celle du certificat), les élèves se pliaient sans broncher à certains rites de politesse exigeants. Par exemple, nous devions, chaque fois que nous passions devant l'estrade derrière laquelle se tenait la maîtresse, incliner la tête, à l'instar du fidèle qui, à l'église, plie le genou devant l'autel. À plus forte raison nous levions-nous dès l'apparition de la divinité. Dans cette école des années trente, située en plein quartier ouvrier, les dispensatrices du savoir revêtaient aux yeux des parents quelque chose de sacré.

Lucette Finas

Préface à l'édition Champs

LA « TYRANNIE DE L'AUDIENCE » N'EST PAS UNE FATALITÉ

Pour expliquer sa décision de supprimer la publicité sur les chaînes de l'audiovisuel public, le président de la République déclarait dans un entretien accordé le 30 juin 2008 au journal télévisé de France 3 que

> la publicité a une logique : la tyrannie de l'audience quart d'heure par quart d'heure [1].

Il justifiait ainsi sa proposition de supprimer la publicité sur les chaînes publiques de radio et de télévision : cette mesure leur permettrait d'échapper à la tyrannie de l'audience – qui constitue le principe fondamental de ce que j'appelle ici la télécratie, où l'opinion publique est détruite précisément parce qu'elle y est dégradée en audience.

Le président de la République reconnaît le caractère tyranique de la télécratie, et il déplore que la destruction de l'opinion par l'audience pervertisse la vie publique à travers les médias audiovisuels. Pour autant, sa proposition ne permet en rien de remédier à la calamité publique qu'est en effet devenue la tyrannie de l'audience, bien au contraire : en demandant au secteur public d'y échapper,

---

1. *Le Monde* du 2 juillet 2008.

il lui fait jouer un rôle d'alibi, c'est-à-dire de cache-misère – un rôle qui ne peut que l'affaiblir si aucune initiative n'est engagée pour *redessiner l'ensemble du paysage audiovisuel*.

N'est-il pas très dangereux de demander au secteur public d'échapper à la tyrannie de l'audience en laissant le secteur privé, qui ne peut que s'en trouver renforcé dans ses moyens, continuer à étendre et à aggraver cette logique mortelle non seulement pour la démocratie, mais aussi pour la vie psychique de la jeunesse[1], empoisonnant ainsi sans limite la vie publique et et la vie privée ?

Au nom de quelle fatalité et en raison de quelle impuissance faudrait-il laisser l'audiovisuel privé – qui est désormais totalement soumis à la pression non seulement des annonceurs publicitaires, mais, comme tant de grandes entreprises, à des actionnariats de plus en plus vénaux – libre de ruiner la société par la logique infernale qui a conduit à la télécratie en imposant la tyrannie de l'audience à la démocratie, au risque de faire sombrer celle-ci dans le populisme le plus autoritaire ? Ce fléau, qui est *peut-être le pire* parmi tant de maux qui frappent notre époque, détruit tout sur son passage. Il met systématiquement en œuvre un véritable *populisme industriel* contre quoi il faut en effet que puisse lutter l'audiovisuel public, comme doivent également pouvoir le faire tous les autres moyens publics.

Mais demander au service public de désintoxiquer le monde tout en le privant des moyens colossaux que cette tyrannie rapporte à ceux qui l'exercent sans aucun contrôle ni aucune limite, c'est *autoriser légalement* des *dealers* à vendre tous les poisons qu'ils veulent, et à exploiter toutes les formes de dépendances qu'ils rendent possibles, tout en mettant l'audiovisuel public face à une

---

1. Sur ce sujet, *cf.* l'appel *Faire attention*, reproduit *infra*, et *Prendre soin. De la jeunesse et des générations*, Flammarion, 2008.

mission impossible qui ne peut que le discréditer par avance. Or, s'il est vrai que, comme le dit justement le président, la tyrannie de l'audience est devenue un fait dominant, ce fait n'est en rien une fatalité. Il requiert en revanche le courage politique de *reconsidérer l'ensemble des règles qui régissent l'audiovisuel public aussi bien que privé*.

*

C'est d'autant plus nécessaire que le paysage audiovisuel entre dans une période de très grands bouleversements. L'émergence de ce que l'on appelle les nouveaux médias est à la base d'une véritable révolution industrielle – qui nécessite d'engager ce que le premier ministre a appelé une « bataille de l'intelligence[1] ». Or, cette bataille de l'intelligence doit commencer par mettre un terme à l'entreprise systématique de destruction de l'intelligence à quoi conduit la tyrannie de l'audience qui a pour but unique, comme l'a si bien expliqué Patrick Le Lay, de « vendre du temps de cerveau disponible ».

C'est animée par cette conviction que l'association *Ars Industrialis* a rendu public l'appel *Faire attention*, peu de temps après l'élection de Nicolas Sarkozy à la présidence de la République, et peu de temps avant les élections législatives qui s'ensuivirent. Ce texte réclame une régulation de l'ensemble du paysage audiovisuel non seulement français, mais européen, élagissant cette régulation aux nouveaux médias, parallèlement à la mise en œuvre d'une politique publique d'innovation de très grande ampleur, conduite en concertation avec les acteurs économiques, et mise au service de la nécesaire bataille de l'intelligence que veut engager le gouvernement français.

La mutation engendrée par le développement constant d'internet et des nouveaux médias qui en tirent parti est

---

1. *Prendre soin – De la jeunesse et des générations*, *ibid.*, et *Réenchanter le monde*, Champs-Flammarion, 2008.

d'une ampleur telle qu'elle nécessite une politique publique nationale aussi bien qu'européenne, et c'est à un tel dossier que la présidence française de l'Europe devrait s'attacher en priorité. Nul n'ignore aujourd'hui que le chiffre d'affaire de l'industrie du disque a baissé de 50 % en quelques années. L'audience des chaînes de télévision a elle-même commencé à diminuer – et le monde change de plus en plus vite sous la pression de ces nouveaux médias. Tandis que le web canalise désormais plus de 50 % du chiffre d'affaire de la publicité, une partie de la jeune génération, qui s'éloigne du secteur audiovisuel, invente de nouvelles pratiques qu'il faudrait soutenir, accompagner et développer – car dans le même temps, c'est cette même génération qui est soumise à de nouvelles formes de captation de l'attention, porteuses de formes d'addiction et de toxicité inédites, engendrées par un nouveau genre de fabrication industrielle de l'audience.

Une mutation d'une telle ampleur ne doit pas seulement être accompagnée : elle doit être mise au centre de la politique industrielle européenne. Et elle doit être conduite en relation structurelle avec une politique éducative, culturelle, universitaire et scientifique sachant tirer parti des spécificités de ces technologies numériques de l'esprit[1] : elle doit être à la hauteur des enjeux ouverts par ce que l'on appelle aussi l'industrie de la connaissance.

Si les nouveaux médias offrent d'immenses possibilités de création d'intelligence collective, comme le savent bien ceux qui pratiquent régulièrement le réseau internet, ils engendrent aussi d'innombrables dangers nouveaux : ils constituent en cela ce que les Grecs anciens appelaient des *pharmaka*. Un *pharmakon* étant à la fois un remède et un poison, comme tout médicament, c'est-à-

---

1. Cf. *Réenchanter le monde*, *ibid.*

dire comme toute drogue, et comme les médias analogiques, les *pharmaka* numériques peuvent aussi bien être mis au service d'une politique de santé qu'être exploités sans scrupules par de nouvelles formes vénales de tyrannies de l'audience.

On découvre aujourd'hui les immenses ravages que produit dans la jeunesse la tyrannie de l'audience sous toutes ses formes. On sait maintenant que les jeunes générations sont gravement mises en danger par elle. Le CSA, sous la pression de la Direction générale de la santé, vient ainsi de reconnaître la dangerosité de la chaîne Baby First pour les bébés, c'est-à-dire pour l'avenir en général. Face à cet exemple comme à tant d'autres encore largement sous-estimés, l'incurie des pouvoirs publics ne peut plus durer, et elle deviendra de plus en plus insupportable. Il est désormais de la responsabilité de l'État français et de l'Union européenne de faire en sorte que les évolutions technologiques permettent d'améliorer la situation au lieu de contribuer à l'aggraver encore.

C'est en vue de soumettre ces enjeux au débat public qu'*Ars Industrialis* a rendu public l'appel *Faire attention* quelques semaines après la publication de *La Télécratie contre la démocratie*, et c'est aussi pourquoi nous le reproduisons ici en guise d'introduction.

Faire attention

POUR UNE NOUVELLE POLITIQUE ÉDUCATIVE

> Appel de citoyens, de parents, d'éducateurs, d'élèves
> et d'étudiants au Président de la République
> et à l'Assemblée nationale.

En Europe, « entre un tiers et deux tiers des enfants ont désormais la télévision dans leur chambre, selon les pays et les milieux sociaux (près de 75 % dans les milieux défavorisés en Angleterre). Ces chiffres s'appliquent aux enfants entre zéro et trois ans » (cf. *Children and Young People in their Changing Media Environment*, édité par Sonia Livingstone et Moira Bovill, Erlbaum, Mahwah, N.J. et Londres, 2001).

Aux États-Unis, dès l'âge de trois mois, 40 % des bébés regardent régulièrement la télévision, des DVD ou des enregistrements vidéo, la proportion passant à 90 % à partir de deux ans : c'est ce qu'a révélé au début du mois de mai 2007 une enquête conduite par Frederic Zimmerman, publiée par la revue *Pychiatrics*, confirmant les résultats d'une étude qui avait établi en 2004 que des bébés exposés entre un an et trois ans aux programmes de télévision sont plus exposés au risque de souffrir d'un déficit attentionnel (*attention deficit disorder*) lorsqu'ils atteignent sept ans.

Lorsque, au mois de septembre 2005, l'Inserm avait cru pouvoir publier en France les résultats d'une enquête sur les troubles de l'attention, et sur ce qui en résulte souvent sous la forme d'un trouble des conduites, il apparut que pratiquement aucune attention n'avait été accordée, au cours de cette étude, aux effets ruineux de l'industrie télévisuelle et audiovisuelle sur les toutes jeunes consciences. À ces causes, qui sont sociales et culturelles, l'Inserm avait cru trouver au contraire des bases génétiques. Cela avait conduit cet institut à préconiser un dépistage dès l'âge de trois ans des enfants supposés être prédisposés à l'adoption de comportements anti-sociaux.

Ce que confirme en 2007 la dernière étude publiée sur ce sujet par *Psychiatrics*, c'est que les comportements anti-sociaux liés au déficit attentionnel sont pour une très large part ce que suscite l'*incurie* d'une organisation sociale devenue ruineuse pour la vie de l'esprit parce qu'elle maltraite les consciences, et en particulier les plus jeunes, et donc les plus fragiles : celles dont il faut le plus prendre soin, et auxquelles il faut consacrer la plus grande attention à travers ce que l'on appelle l'éducation. Ce que fait apparaître cette étude, c'est que l'industrie télévisuelle détruit l'éducation.

*

Car l'attention n'est pas une faculté simplement psychologique : c'est une compétence sociale, qu'il faut acquérir, et c'est la responsabilité des éducateurs, parents aussi bien que professionnels, de la former. Depuis Jules Ferry, qui généralisait ainsi une tâche que s'assignaient auparavant les Églises, l'école s'est vue confier par l'État-Nation le rôle de former l'attention, en particulier par l'acquisition des disciplines de l'esprit attentif à ses objets selon les règles des savoirs élaborés et transmis de génération en génération.

Cependant, après la Deuxième Guerre mondiale, le système éducatif et les médias audiovisuels sont entrés en concurrence pour capter l'attention des générations nouvelles. À partir de la fin du XXe siècle, cette concurrence est devenue, sous la pression du marketing, un véritable conflit, dont le résultat présent est un désastre psychologique, affectif, culturel, économique et social. Et il ne fait pas le moindre doute que les carences attentionnelles provoquées par la captation audiovisuelle de l'attention conduisent à une fragilisation des liens sociaux telle qu'elle ne peut qu'engendrer une insécurité généralisée.

L'étude du Dr. Zimmerman montre que la captation de l'attention par les technologies audiovisuelles conduit à la destruction de cette attention. Là où la famille et l'école en charge d'éduquer les enfants et la jeunesse forment leur attention aussi bien au plan psychologique (comme faculté de concentration) qu'au plan social (comme capacité à prendre soin de soi-même, des autres et du monde au sein duquel il n'est possible de vivre ensemble qu'à la condition de se porter mutuellement attention), les industries audiovisuelles la déforment au point parfois de l'anéantir – au risque, d'ailleurs, de s'anéantir elles-mêmes, car le zapping généralisé les condamne, comme il condamne toute estime de soi et tout dignité humaine.

Ce que les parents et les éducateurs forment patiemment, lentement, dès le plus jeune âge, et en se passant le relais d'années en années sur la base de ce que la civilisation a accumulé de plus précieux et de générations en générations, les industries audiovisuelles le défont systématiquement, quotidiennement, avec les techniques les plus brutales et les plus vulgaires – tout en accusant les familles et le système éducatif de cet effondrement. Et il faut ici rendre hommage aux éducateurs et aux enseignants qui n'ont pas renoncé à lutter contre cette organisation industrielle de l'incurie.

C'est cette incurie qui constitue la cause première de l'extrême affaiblissement des établissements d'enseignement aussi bien que de la fragilisation familiale. Dans un contexte où le « temps de cerveau disponible » est devenu une simple marchandise, les établissements d'enseignement et les structures éducatives se désagrègent les unes après les autres.

Or, avec l'enseignement et l'éducation, c'est le monde lui-même qui pourrait finir par s'anéantir à son tour.

*

Le 6 mai 2007, au soir de son élection, le nouveau président de la République française, Nicolas Sarkozy, a déclaré qu'au cours de son mandat, la France ferait du salut de la planète confrontée au réchauffement climatique la première de ses priorités. Nous nous en réjouissons très vivement. Et nous voulons ici attirer son attention, et celle de la population et des nouvelles autorités publiques, sur le fait que la seule possibilité de changer le cours catastrophique des choses induites par la production excessive de dioxyde de carbone est de modifier les comportements individuels et collectifs, et d'inventer un nouveau mode de vie tout aussi bien qu'une autre organisation de l'économie industrielle.

« La démocratie est en danger, écrivait récemment l'ancien vice-président des États-Unis Al Gore dans le magazine *Time*, non pas à cause d'une idéologie, mais en raison de changements sans précédent dans l'environnement tels que les idées peuvent soit vivre et se diffuser, soit dépérir et mourir. Je ne parle pas de l'environnement physique. Je parle de ce que l'on appelle l'espace public, ou le forum des idées. [...] La République des Lettres a été envahie et occupée par l'empire de la télévision. Radio, Internet, films, téléphones mobiles, Ipods, ordinateurs, jeux vidéos et PDA se font désormais concurrence pour capter notre attention – mais c'est toujours la télévision qui domine le flux d'information. »

Modifier les comportements en vue de réduire la production de dioxyde de carbone ne sera possible qu'à la condition de revaloriser très spectaculairement la formation de l'attention. Depuis la société grecque, et, dans nos sociétés industrielles, grâce à l'instruction obligatoire instituée par Jules Ferry pour ce qui concerne la France, l'éducation scolaire est le socle et le meilleur garant de la formation de l'attention. Sans doute le nouveau modèle industriel requis par la lutte contre le réchauffement climatique passe-t-il par des investissements dans la recherche et l'innovation industrielle aussi bien que par une politique fiscale. Mais de telles mesures ne sauraient remplacer la formation d'une plus grande attention au monde *qui en est le préalable* – y compris pour soutenir les nouveaux marchés de la nouvelle industrie.

Questions environnementales, politique industrielle, politique éducative, règles encadrant les médias de masse et politique des nouveaux médias constituent une seule et même question. Nous pensons qu'un très large débat doit être ouvert – selon ces perspectives, qui ouvrent vers un nouveau projet de société industrielle – sur la question de la formation, de la protection et du développement de l'attention dans la société des risques globaux. Ce débat doit être lancé dès maintenant, dans tout le pays, notamment dans le contexte de la campagne électorale qui commence en vue des élections législatives, puis, cet automne, sous l'autorité du nouveau gouvernement.

Un tel débat devrait en particulier apporter des éléments en vue de prendre des décisions pour ce qui concerne :

– Les missions qu'il convient d'assigner aux médias, en particulier dans un contexte où ils sont appelés à se transformer en profondeur du fait de la numérisation, pour favoriser la reconstruction de l'attention et stopper leurs effets ruineux sur les missions d'éducation.

– Les relations qui doivent être organisées et régulées par les autorités publiques entre l'éducation et les médias ainsi respectivement missionnés dans le cadre d'un cahier des charges commun.

– Les nouvelles missions qu'il convient d'assigner à l'école et au système éducatif pour faire ainsi des médias non plus leurs adversaires, mais leurs instruments de travail – tout comme l'édition scolaire aura été longtemps l'instrument de base et d'unification de l'enseignement de l'État-Nation, et tout comme l'édition des livres et la presse écrite ont été et demeurent à la base de la connaissance de ceux que l'on nomme pour cette raison des lettrés – et nous entendons par là des « non-illettrés ».

– Les activités de recherche fondamentale qu'il convient d'engager sur ces sujets, et les missions corrélatives qui doivent être confiées aux universités et aux organismes de recherche en ces domaines.

– Les fonds d'aide aux programmes de recherche et de développement technologique et industriel qu'il faut mettre en place pour que se déploie en France et en Europe une industrie de la connaissance digne de ce nom.

*

Que l'on doive réformer nos établissements d'enseignement est évident. Mais une telle réforme ne peut être pensée que depuis la réforme des industries de programmes qui seule la rendra possible. Et c'est d'autant plus nécessaire et urgent que celles-ci entrent en ce moment même dans la mutation qui est engendrée par les réseaux numériques.

Dans ce contexte, les pouvoirs publics, qui sont en charge de l'éducation nationale aussi bien que de la régulation des industries de programmes, ont aujourd'hui l'extraordinaire opportunité de faire en sorte que cette profonde évolution donne à notre société la chance de reconstituer l'attention qui se forme à travers l'éducation.

Un nouveau président de la République vient d'être élu en France, qui a affiché très clairement sa volonté d'agir en créant un ministère d'État dont le développement durable consstitue la mission première. Une nouvelle Assemblée nationale va être mandatée sous peu. En outre, la France présidera à partir du mois de juillet 2008 l'Union européenne. Nous appelons dès maintenant les nouveaux responsables qui auront été désignés à la suite de ces scrutins à organiser au plus vite, et en relation avec tous les pays de l'Union européenne, un débat public sans tabous sur les enjeux de la destruction de l'attention induits par le développement incessant d'industries audiovisuelles en pleine mutation. Ce débat est d'autant plus urgent que la mise en œuvre d'une politique industrielle des technologies de la connaissance est au cœur de la stratégie de Lisbonne définie par José Barroso, président de la Commission européenne.

Nous appelons en conséquence la population française, la population européenne et l'opinion publique internationale, et en particulier les parents, les éducateurs et les professionnels de la santé et de la jeunesse, à signer et à faire signer cet appel.

Juin 2007.

Introduction

DÉSIR ET POLITIQUE

1. Avril 2002 - mai 2007.
Le temps des apprentis sorciers

Bientôt cinq années se seront passées depuis le 21 avril 2002, et elles se seront *mal* passées, comme si le 11 septembre 2001, ouvrant le début du XXIe siècle en le frappant de stupeur, avait annoncé le temps des catastrophes politiques[1] : beaucoup de traumatismes ont tourmenté les hommes depuis, partout dans le monde, et singulièrement en France.

Or, voici que se présente dans notre pays un nouveau scrutin, et l'on se dit qu'il ne sera pas ordinaire, et que peut-être il sera décisif, alors même qu'il paraît devoir sortir d'une essentielle indécision : on sent qu'il pourrait s'y produire, du fait de cette indécision forçant à une décision, quelque chose d'irréversible, et que le sentiment d'extrême gravité qui règne en ce début de campagne électorale procède paradoxalement du fait que cette élection présidentielle semble ne pas offrir de choix : elle ne parvient à représenter et à mettre en scène aucun véri-

---

1. Tel était déjà le sujet, pris sur le vif, de *Aimer, s'aimer, nous aimer. Du 11 septembre au 21 avril*, Galilée, 2003.

table antagonisme politique, ce qui constitue, en soi, une petite catastrophe démocratique.

« La démocratie est en danger », déclarait récemment l'archevêque de Lyon[1]. Et il ne peut en aller ainsi que parce que ce scrutin présidentiel se présente comme le point d'aboutissement d'une époque de part en part dominée par le populisme et la démagogie – par ces caricatures de la démocratie, qui la discréditent et qui l'épuisent. Cependant, ce populisme, dans son essence, n'est pas d'origine politique : il est *industriel*.

J'ai analysé en diverses occasions le populisme industriel dont Patrick Le Lay a révélé au grand jour qu'il constitue la « loi » et le lot de notre époque (« soyons réalistes », disait-il en 2004 : face à la télévision, il n'y a plus de citoyens, *c'est-à-dire de consciences*, mais du « temps de *cerveau* disponible[2] »). Et j'ai essayé de montrer que ce populisme industriel consiste à détruire le désir pour y substituer des pulsions. J'ai également soutenu qu'il conduit à un capitalisme pulsionnel.

Dans ce nouvel ouvrage, et dans le contexte de la campagne électorale peu ordinaire qui commence, je tente de montrer comment ce système, le populisme industriel, qui organise la régression instinctuelle de masse, conduit inévitablement à la politique pulsionnelle, c'est-à-dire à la *misère politique*, et que c'est là précisément ce qui constitue l'enjeu et le danger de l'élection présidentielle de 2007 en France.

Le contexte de ce scrutin, dans notre pays comme dans les démocraties industrielles en général, c'est que le désir

---

1. Mgr Barbarin, dans un entretien accordé au quotidien *Le Monde*, publié le 28 juin 2006.

2. *Réenchanter le monde. La valeur esprit contre le populisme industriel*, Flammarion, 2006 ; *Constituer l'Europe 1. Dans un monde sans vergogne*, Galilée, 2005 ; *Mécréance et discrédit 2. Les sociétés incontrôlables d'individus désaffectés*, Galilée, 2006.

y est en souffrance : le désir, que Freud définit comme ce qui lie les pulsions, est précisément ce que le populisme industriel détruit par le fait de le délier, c'est-à-dire de le décomposer en pulsions[1]. Or, Aristote enseigne que le désir est la condition de la vie politique. Et cela signifie que le désir, en tant qu'il lie les pulsions, est aussi ce qui constitue le lien social : le désir est la condition de la vie politique parce qu'il constitue le lien affectif qui dépasse les pulsions en tant qu'elles sont essentiellement égoïstes, et qui, en les liant, les trans-forme en désir.

L'égoïsme pulsionnel est un moteur, une énergie, une vitalité ; mais c'est une énergie destructrice tant qu'elle n'est pas liée et par là trans-formée en énergie sociale. C'est parce que le désir est ce qui permet cette transformation d'une énergie égoïste en énergie sociale que, sans le désir, aucun lien politique ne peut tenir. Ce désir comme pouvoir de liaison (des pulsions et par là de la société) est ce qu'Aristote appelle la *philia*, du verbe *philein*, aimer. Seul ce désir commun des uns pour les autres, qui permet d'aimer, de s'aimer et de nous aimer, permet de désirer en commun un avenir commun, c'est-à-dire : de produire de l'unité politique au-delà des antagonismes qui sont pourtant la loi de la politique parce qu'ils lui confèrent son dynamisme[2].

---

1. Cette dé-composition du désir en pulsions est corrélative de ce que j'avais analysé comme dé-composition de la synchronie et de la diachronie par les industries culturelles dans *Aimer, s'aimer, nous aimer*, *op. cit.*

2. Quant à une pensée contemporaine du rôle de la *philia* dans les groupes humains, il est intéressant de citer Simondon : « C'est au niveau des thèmes affectivo-émotifs, mixtes de représentation et d'action, que se constituent les groupements collectifs. La participation interindividuelle est possible lorsque les expressions affectivo-émotives sont les mêmes. Les véhicules de cette communauté affective sont alors les éléments non seulement symboliques mais efficaces de la vie des groupes : régimes des sanctions et des récompenses,

Dans la France actuelle, peut-être un peu plus qu'ailleurs, et en tout cas plus douloureusement qu'ailleurs, la *philia*, sans laquelle il n'y a plus d'avenir politique (c'est-à-dire de paix sociale), est détruite par le populisme industriel : celui-ci organise systématiquement la régression du désir, en tant que pouvoir de liaison, par le fait de délier les pulsions qui le composent. Or, cette déliaison est la décomposition du désir lui-même et, avec le désir, de tous les « désirs d'avenir » – et de toute forme de croyance, aussi bien, dans un avenir de la France, et, au-delà de la France, de l'Europe.

Si Nicolas Sarkozy et Ségolène Royal canalisent actuellement les faveurs de leurs électorats respectifs, et en croisant ces électorats, ce qui crée un climat littéralement délétère, c'est parce que l'un et l'autre ont compris que dans ce contexte de désir en souffrance, il faut précisément parler à la souffrance de ce désir.

Le problème est que Nicolas Sarkozy et Ségolène Royal (qui parlent plusieurs langages simultanément) parlent au désir *pulsionnellement* : en flattant ce qui, dans cette souffrance, aggrave la régression de ce désir, et le conduit vers ses pires retranchements, à savoir, précisément, les pulsions où il se détruit. Car s'il est vrai que le désir est social, ce qui le constitue, et qu'il lie, c'est-à-dire ce qu'il contient, c'est la pulsion antisociale. C'est pourquoi l'adresse pulsionnelle au désir est en réalité ce qui spécule sur les tendances régressives de ce désir, et ce qui concourt en cela à détruire ce désir. C'est aussi pourquoi ces deux candidats ne sont pas seulement des démagogues comme il y en a tant : ce sont les représentants, en France, de la politique pulsionnelle qu'ont inventée Silvio Berlusconi et George W. Bush en exploi-

---

symboles, arts, objets collectivement valorisés et dévalorisés », *L'Individuation psychique et collective*, Aubier, 1989, p. 100.

tant systématiquement le populisme industriel développé par les médias audiovisuels.

La *souffrance* du désir, c'est probablement ce qu'en 2002 Lionel Jospin n'aura pas compris : il n'aura pas compris, alors, non pas qu'il faut parler au désir lorsqu'on parle à des électeurs – car tout homme ou femme politique sait cela, ne serait-ce que par instinct –, mais que dans notre contexte, il faut parler à la souffrance de ce désir, à ce désir tel qu'aujourd'hui, c'est-à-dire à l'époque du populisme industriel, et du capitalisme pulsionnel qui en résulte, il est essentiellement menacé. En 2001, Lionel Jospin n'aura pas compris qu'il existe une telle menace, et qu'elle cause une immense souffrance.

Ce que les challengers de Nicolas Sarkozy et Ségolène Royal n'ont *toujours pas compris* en 2006, c'est que :

1. si la politique est une affaire de désir, le désir, *aujourd'hui*, *notre* désir, c'est ce qui souffre;

2. seuls ceux qui parlent à cette souffrance seront écoutés.

Nicolas Sarkozy et Ségolène Royal le savent, et ce savoir est le mécanisme profond qui commande tous leurs discours. Mais ils ne le savent que dans l'étroite mesure où ils ne semblent pas vouloir savoir que leur savoir est celui d'apprentis sorciers.

Car s'ils parlent au désir, et en tant qu'il souffre, Nicolas Sarkozy et Ségolène Royal le font en visant la pulsion qui, en tant qu'elle est par excellence un automatisme, permet de manipuler l'opinion avec une efficacité sans équivalent : dans la lutte politique, c'est une arme absolue. Mais cette arme est aussi ce qui détruit absolument la politique, s'il est vrai que celle-ci consiste justement à installer le règne du désir contre celui des pulsions, qui ne peuvent que conduire à l'incivilité généralisée, c'est-à-dire à une forme larvée de guerre civile. En cela, la manipulation des pulsions est en politique une arme de destruction massive du social, et qui détruit en premier lieu le débat politique lui-même, c'est-à-dire l'avenir politique et démocratique. La politique pulsionnelle qui fait usage de cette arme fatale est ce qui installe une grande misère politique.

La misère politique, c'est ce qui consiste à s'adresser à la souffrance du désir en flattant les pulsions, et, du même coup, à effacer ce qui distingue le désir de la pulsion. Que le désir ne soit pas la pulsion, c'est ce que Nicolas Sarkozy et Ségolène Royal ne veulent pas savoir. C'est pourquoi, en sachant que c'est ici le désir qui souffre, ils mettent au cœur de leurs discours les questions du désir et de l'espoir (c'est la même question, et je vais y revenir)[1], mais en négligeant ou en occultant le fait que le désir est aussi le cœur de l'économie politique capitaliste, et ce depuis près d'un siècle, et en refoulant le fait que l'économie capitaliste de ce désir conduit à sa destruction par le fait d'un modèle industriel caduc, ils n'interrogent jamais la question de savoir à quelles conditions économiques et politiques le désir aurait encore un avenir (à quelles conditions il y aurait encore un avenir, s'il est vrai qu'il n'y a pas d'avenir sans désir d'avenir).

Ma propre thèse est que les conditions dans lesquelles il y aurait encore un avenir pour un pays comme la France sont celles d'une nouvelle économie politique industrielle, qui abandonne le modèle industriel qui a conduit à la destruction du désir, et qui fonde une nouvelle organisation de la division industrielle du travail, celle-ci étant une organisation du circuit social des désirs, c'est-à-dire de ce que l'on appelle, dans le management et le marketing, les motivations.

Une société ne vit que par ses motifs. Notre société va très mal parce qu'elle produit de nos jours plus de démoti-

---

1. J'ai analysé de ce point de vue le discours de Nicolas Sarkozy dans *Mécréance et discrédit 2*, *op. cit.* Nicolas Sarkozy a publié depuis *Témoignage*, XO Éditions, 2006.

vation que de motifs : elle se sclérose, elle s'immobilise (les motifs sont, en tant que sublimations des pulsions, ce qui met en mouvement), et, comme on le dit souvent, « elle se replie sur elle-même ». Or, ce devenir a été engendré par ce qui s'est imposé en France comme populisme industriel au cours des deux dernières décennies – et, dans notre pays, largement par l'intermédiaire de François Mitterrand (dont Ségolène Royal fut la conseillère). S'il est vrai que le désir est le cœur du capitalisme, c'est aujourd'hui un cœur volé.

2. *En mouvement contre la télécratie*

Le populisme en général, c'est ce qui met la régression, la grégarité et la xénophobie au cœur de l'action politique, en flattant dans « le peuple » ce qui, dans le collectif, tend à tirer les individus vers des comportements de masses, et en vue de faire des pulsions qui caractérisent les foules une arme de pouvoir.

Le populisme industriel, c'est ce qui utilise le pouvoir des médias de masse, et en particulier des médias audiovisuels, pour soutirer une plus-value financière des pulsions que ces médias permettent de provoquer et de manipuler, et singulièrement, dans le cas de la télévision, ce que l'on appelle la « pulsion scopique ».

La politique pulsionnelle, qui est le règne de la misère politique, c'est ce qui consiste à faire du populisme industriel, et sans vergogne, une occasion de démultiplier les effets du populisme politique.

Le populisme industriel, dont l'apparition tient à des causes très précises, conduit à ce que, à propos de la façon dont Silvio Berlusconi a conquis le pouvoir en Italie (après avoir échoué à imposer la Cinq aux Français, malgré le soutien de François Mitterrand), on a appelé, et d'un très vilain mot, la « *télécratie* ».

Cette télé-cratie, au cours de la dernière décennie, s'est imposée dans d'innombrables démo-craties industrielles, bien au-delà de Berlusconi. Et elle les ronge de l'intérieur : elle les détruit. C'est elle qui, à travers ce que j'ai analysé ailleurs comme une misère symbolique, engendre nombre des maux dont les apprentis sorciers font leurs principaux arguments de campagne – et il s'agit de maux à la fois comme ce qui cause la souffrance du désir, et comme ce qui permet de manipuler cette souffrance, c'est-à-dire de la leurrer (de lui donner l'espoir illusoire de l'apaiser), au risque de l'exaspérer encore plus, et d'engendrer ainsi, à la longue, des comportements littéralement furieux.

Il est grand temps qu'un vaste mouvement social, pacifique, mais résolu, s'oppose à cette télécratie, qui détruit l'espace politique même, et qui emporte irrésistiblement les hommes et les femmes politiques de France et d'ailleurs vers des formes de populisme variées, mais toutes plus dangereuses les unes que les autres. C'est pourquoi, s'il y aura, en 2007, ce qui sera voté, qui sera un fait, et qu'il faudra accepter – comme le résultat de ce que la démocratie française est devenue –, il faudrait aussi, et sans tarder, pour redonner sans attendre des couleurs à la vie démocratique, et au-delà de la misère politique télécratique, qu'un mouvement social ouvre une nouvelle perspective, non pas contre ce vote, mais face à ce vote. Ce mouvement du renouveau devrait précéder, accompagner et dépasser ce vote – et commencer à déplacer la question politique vers un autre terrain que celui du marketing politique.

Un tel mouvement est nécessaire non pas parce que les élections en général, et dans leur principe même, seraient un piège, comme le crurent les jeunes foules de 1968, mais parce que, du fait de ce qu'elles sont devenues dans le contexte télécratique (un marketing électoral au service de produits électoraux audiovisuellement/pulsionnellement « investis » de la qualité de « présidentiables », produits dérivés d'une hollywoodisation politique dont la Californie et l'Italie donnèrent les exemples les plus grotesques), il ne semble plus que soient réunies les conditions requises pour qu'une élection soit démocratique dans son esprit, et non seulement dans sa forme.

Chapitre premier

LA TÉLÉCRATIE CONTRE LA DÉMOCRATIE

3. *À propos des droits et des devoirs du citoyen*

Ces temps sont très difficiles, et souvent désolants. Le moment est venu pour la société elle-même de se mobiliser, de prendre ses responsabilités, de « se prendre en charge », comme on dit : de cesser de se décharger de ses problèmes sur ceux qu'elle accuse d'autant plus facilement d'incompétence qu'elle leur abandonne les siennes – ses compétences, c'est-à-dire ce qui constitue, comme ensemble de droits et de devoirs, ce que l'on appelle la citoyenneté.

Les compétences des citoyens, ce sont celles de la société en général. Que sont donc les « compétences » d'une société, dira-t-on ? Il s'agit précisément des compétences par lesquelles cette société fait corps, et comme corps social. Il s'agit des compétences qui permettent de produire ce que j'appellerai, au risque d'un néologisme, de la *sociation*[1].

---

1. Dans le langage de Simondon, la *sociation* est le processus de la *transindividuation*. Sur ces sujets, qui sont longuement développés dans les pages qui suivent, cf. aussi Bernard Stiegler et Ars Industrialis, *Réenchanter le monde. La valeur esprit contre le populisme industriel*, Flammarion, 2006, p. 51.

La sociation est la compétence de la société, et non seulement de ses représentants. Pour qu'une société fonctionne, en particulier comme société démocratique, il faut cependant qu'elle puisse déléguer à ces représentants sa volonté, et comme diversité de ses volontés (de ses désirs), qui, bien que diverses, deviennent sociales pour autant qu'elles produisent du *collectif non grégaire* – volontés que ces représentants, donc, incarnent et expriment en principe à travers des organisations politiques et sociales appropriées. Ces représentants sont ainsi mandatés.

La délégation de compétence est une compétence sociale majeure des sociétés démocratiques. Mais celle-ci ne peut s'opérer que pour autant qu'elle ne constitue pas une perte des compétences des citoyens, mais au contraire leur extension, et par leur mutualisation, c'est-à-dire par leur partage et leur mise en débat dans le temps différé des organisations politiques et sociales.

Or, ce temps différé est ce qu'a détruit le temps réel de la communication en direct et des ajustements *just in time* de la politique à l'opinion, devenue par là même une *audience*, et c'est précisément ce qui caractérise la télécratie. Celle-ci est ce qui liquide – à coups de *talk shows* et autres émissions de plateau, qui sont déjà, en soi, de la télé-réalité politique[1] – les *organisations* politiques et sociales, et avec elles, l'opinion.

Les représentants politiques peuvent alors court-circuiter leurs mandants, et, par la même occasion, la démocratie, à laquelle se substituent la démagogie puis le populisme politique. Mais plus généralement, ce sont les représentants politiques et sociaux, des élus du « peuple » aux dirigeants en charge de la « gouvernance » des entreprises (« intéressés » ou « motivés » par le système de

---

1. C'est pourquoi il n'y a pas besoin de créer des émissions de *reality show* politiques, comme le souhaitait un représentant du gouvernement Raffarin : elles existent déjà.

stock-options peut-être plus que par l'avenir de ce qui n'est plus leur entreprise, mais une concession qui leur est allouée par des actionnaires eux-mêmes de passage et qu'ils représentent), ce sont ces représentants politiques et sociaux qui ne représentent plus, de fait, la société dans sa capacité à faire corps, ce corps que l'on dit social pour autant que le lien social qu'est la *philia* le maintient en tant que désir d'un avenir commun.

4. Incompétence sociale des êtres providentiels et perte de participation

Court-circuités en tant que représentants d'organisations sociales par le temps réel et le direct des médias de masse[1] (contraints par exemple d'adapter leurs discours aux rythmes saccadés des émissions de télévision, et de produire des slogans plutôt que des idées), les représentants politiques ont tendance à court-circuiter à leur tour les organisations politiques qui les ont mandatés. Du même coup, ces représentants sociaux, qui ne représentent plus la société, deviennent incompétents : c'est leur qualité de représentants qui fait leur compétence en tant qu'elle est sociale, ce ne sont pas seulement leurs compétences individuelles, psychiques (intellectuelles et affectives), techniques, ou « expertes » en quoi que ce soit.

Dans ce contexte, il est évidemment tentant, pour l'homme et la femme politiques qui ne représentent plus une organisation, de se faire les représentants des pulsions de la société – laquelle projette dès lors tous ses fantasmes dans ces formes de représentations postpolitiques incarnées par un homme ou une femme qui

---

[1]. Tout comme d'ailleurs les sociétés de service court-circuitent les processus sociaux de transindividuation : c'est ce que j'ai essayé de montrer dans *Réenchanter le monde*, *op. cit.*, p. 41 *sq*.

tendent à se poser en êtres providentiels, c'est-à-dire en êtres dont le destin personnel coïncide avec le destin de leur pays[1].

---

1. Il faudrait ici lire Freud patiemment, et j'y reviendrai très en détail ailleurs. Dans l'immédiat, il est fécond de méditer le *lien entre représentants et pulsions* décrit par la *Métapsychologie* : « Il faut considérer, à côté de la représentation, quelque chose qui représente la pulsion et [considérer] que ce quelque chose d'autre subit un destin de refoulement qui peut être tout à fait différent de celui de la représentation. Pour désigner cet autre élément du représentant psychique, le nom de *quantum d'affect* est admis ; il correspond à la pulsion, en tant qu'elle s'est détachée de la représentation et trouve une expression conforme à sa quantité dans des processus qui sont ressentis sous forme d'affects. Dorénavant, dans la description d'un cas de refoulement, il faudra rechercher séparément ce qu'il advient, du fait du refoulement, à la représentation et ce qu'il advient de l'énergie pulsionnelle qui lui est rattachée », Sigmund Freud, *Métapsychologie*, Gallimard, « Idées », 1977, p. 54. Ces propos de métapsychologie nécessiteraient une *métasociologie*, dans l'esprit de ce que j'ai appelé récemment une *sociothérapie* (Dans *Mécréance et discrédit 3. L'esprit perdu du capitalisme*, Galilée, 2006, p. 118) – où la politique est un *soin* pris à la société.

La question centrale qui apparaît dans cette citation est évidemment le *refoulement*, et Freud, à partir d'une analyse de ses effets, pose que le destin de la pulsion et celui de ses représentants divergent à son épreuve. Mais le refoulement est ce qui, lorsque dominent les pulsions, fait place au *défoulement*. Et dans notre cas, ce qui est *défoulé par ces représentants des pulsions que sont les apprentis sorciers*, et à quoi ils s'efforcent de « coller », est *ce qui ne peut à terme que leur échapper* – et c'est en quoi ce sont des apprentis sorciers : le *destin des pulsions* est de se détacher du *destin de leurs représentants*. Quant au *défoulement politique*, sur lequel parient les apprentis sorciers, tel qu'il dénie la différence entre la pulsion et le désir et colle ainsi à la « loi » du populisme industriel, il repose sur l'occultation du fait que la question du désir est celle d'une *économie qu'il faut justement réorganiser contre la domination des pulsions orchestrée par ce populisme industriel*.

Il est très intéressant de lire ici une remarque de Henri Desroches quant au *refoulement de ce que pourrait être une métasociologie par la sociologie*, la *théologie* et le *fondamentalisme* : « Bien des courants

La *sociation*, dans une société démocratique, c'est ce qui garantit la paix, mais c'est aussi ce qui exige une participation de tous (de tous les citoyens) à la vie politique (par le choix de représentants qui rendent des comptes aux organisations dont ils sont les mandataires). La *sociation* est la seule vraie réponse à l'insécurité, et ce parce que l'insécurité est ce qui est nécessairement engendré par la perte de participation.

La perte de participation est ce qui résulte des courts-circuits politiques provoqués par la domination des médias audiovisuels sur la vie publique. Elle délégitime les organisations politiques, en même temps qu'elle crée une sorte de souffrance politique. C'est pourquoi les représentants politiques sont tentés de se détacher de leurs organisations, de les court-circuiter à leur tour, et de s'adresser à cette souffrance en utilisant les mêmes techniques que celles par lesquelles les médias court-circuitent les organisations politiques et sociales : la participation par représentation est ce que singent, simulent, caricaturent et détruisent les techniques contemporaines du marketing politique, issues de la télécratie, et inspirées par elle en tant que télé-réalité, *talk shows*, et autres formes d'« interactivité » pseudo-participative, en s'emparant désormais des blogs, des sites Internet et des technologies de convergence[1], élargissant ainsi leur palette d'outils médiatiques.

---

religieux, de par leur fondamentalisme, sont toujours réfractaires à une recherche sociologique. Du côté des chercheurs, l'unanimité n'est pas faite non plus entre ceux qui revendiquent une distanciation explicative et ceux qui privilégient une participation compréhensive. Une sorte de métasociologie continue de solliciter ce qui pourrait être une métathéologie. Il est cependant peu probable que la sociologie y fasse écho : c'est pour elle un tabou plutôt qu'un totem, même s'il s'agit d'une *sollicitatio ad sublimia* », Henri Desroches, « La sociologie religieuse », *Encyclopaedia universalis*, article « Religion ».

1. Celles-ci sont ce qui fond en un seul et même système audiovisuel, informatique et télécommunication du fait de la numérisation.

Le marketing politique, qui répand la misère politique, s'empare de ces techniques pour en faire des simulacres qui sont la négation même de cette participation sociale sans laquelle il ne saurait y avoir de sociation, c'est-à-dire de paix sociale. Et pourtant, je crois, avec l'association *Ars Industrialis* qui en a fait sa profession de foi[1], que ces technologies numériques, aujourd'hui manipulées par les fossoyeurs de l'avenir démocratique que sont les populistes de la puissance télécratique, sont porteuses d'avenir, précisément contre la télécratie, et pour la reconstitution d'une société industrielle démocratique.

Et plus précisément, je crois :
• que ces technologies sont porteuses de possibilités d'organisations associatives tout à fait inédites ;
• que ces possibilités doivent être mises au cœur d'un projet politique et industriel radicalement nouveau, et
• que *c'est cette possibilité même que masque leur exploitation par les techniques du marketing politique*, empêchant l'émergence d'un *nouveau modèle industriel* dont ces possibilités sont les meilleurs exemples, et dont on sent bien que l'évolution technologique le rend à la fois possible et nécessaire.

Il en va ainsi dans la mesure où les usages politiques des technologies d'information et de communication par le marketing électoral sont ce qui met systématiquement en œuvre des logiques de dissociation, créant des milieux dissociés – et c'est un point que j'ai commencé à développer dans *Réenchanter le monde. La valeur esprit contre le populisme industriel*.

Sur les enjeux de la convergence, cf. *Réenchanter le monde, op. cit*, p. 80 *sq.* et 107 *sq.*

1. Cf. le manifeste d'Ars Industrialis, *ibid.*, et sur http://www.arsindustrialis.org.

5. *Celui qui écoute et celui qui parle : sociation, association, dissociation*

Les milieux dissociés sont des milieux symboliques industriellement désorganisés, c'est-à-dire désocialisés et désymbolisés, et ce sont, en cela, des organisations qui tendent à devenir asociales, c'est-à-dire sans *philia* : sans ces *liens affectifs* qui attachent les uns aux autres ceux qui composent le groupe humain, dont Aristote enseigne qu'ils sont la condition de toute vie politique, et qui sont les seuls qui vaillent (c'est-à-dire qui tiennent) face aux aléas du destin.

C'est parce que ces liens sont de nos jours systématiquement détruits par la télécratie que la police est ce qui est appelé à proliférer toujours plus à l'avenir, condamnant la France à devenir, comme São Paulo, ou comme Los Angeles *down town*, un monde invivable : le lien politique qu'est la *philia* n'existant plus, il faut imposer la paix par la menace et la répression – et par la régression. Ce qui revient à transformer la paix politique en guerre urbaine larvée, sinon en guerre civile, cette violence sociale latente, souvent provoquée par les vexations policières, devenant sporadiquement effective, comme cela arrive déjà, y compris en France, à travers des émeutes ou des actes de transgression irrationnels et désespérés, ou comme cela se traduit par l'organisation de bandes armées face à la désorganisation sociale – ce qui fut récemment le cas à São Paulo.

Cette organisation à tendance asociale détruit ce qui constitue la condition même d'une vie politique, à savoir les milieux associés. Les milieux associés symboliques, qui forment les conditions de la sociation, sont ce qui est détruit par l'application des règles de la division industrielle du travail à la vie symbolique dans son ensemble : cette industrialisation du symbolique a pour effet que les membres de la société se trouvent séparés en producteurs et consommateurs de symboles.

Cette organisation télécratique n'est évidemment pas délibérément faite pour détruire le symbolique – pas plus que le moteur à explosion n'est fait pour détruire l'atmosphère. Mais c'est, en l'état actuel des choses, ce à quoi elle aboutit de fait (tout comme le moteur à explosion tend à étouffer les conducteurs d'automobiles, outre que ces autos, en milieu urbain, deviennent plus lentes que les déplacements à deux roues, et s'autoparalysent, et détruiront ainsi l'industrie automobile si elle n'est pas transformée *assez tôt* en un nouveau modèle industriel).

De plus, mais plus gravement, le marketing, qui est au service des économies d'échelles industrielles, c'est-à-dire de la massification des comportements, entre de fait en contradiction avec la vie symbolique, qui n'est réellement symbolique que pour autant qu'elle produit des singularités à travers les séries d'échanges en quoi elle consiste.

La langue est l'exemple même de ce qu'un milieu symbolique est par structure un milieu associé tel qu'il permet la constitution et l'expression de singularités : dans l'*interlocution* qui est la *vie* de la langue, un destinataire, c'est-à-dire celui qui écoute, ne peut entendre, et être ainsi « destiné » à la parole qu'il écoute et entend, que pour autant qu'il est susceptible de prendre la parole à son tour, et de devenir destinateur et locuteur : de devenir celui qui parle, et qui parle comme *personne* ne pourrait le faire à sa place.

Autrement dit, il n'est possible d'entendre une langue que pour autant qu'il est possible de la parler, et de la parler singulièrement, c'est-à-dire, selon les termes de Saussure, diachroniquement, et la langue est en cela consubstantiellement dialogique : la parole est un échange symbolique, et cet échange forme un circuit, où ceux qui reçoivent, sous forme de mots, une adresse symbolique, renvoient ce qu'ils ont reçu sous forme d'autres mots et vers d'autres adresses. Et par là même, ils participent tout aussi bien à la trans-formation de la langue elle-même : en parlant, ils produisent un processus d'individuation. La langue, pour les locuteurs, constitue à cet égard un potentiel d'individuation, et forme ce que Simondon appelle un fonds préindividuel. En même temps, pour les linguistes, par exemple, elle constitue elle-même un individu, et elle-même, en tant qu'individu collectif, s'individue : elle est une concrétion du *nous* que forment les locuteurs, qui sont eux-mêmes des individus psychiques, des *je*.

Dans le langage, il n'y a pas de destinataires, c'est-à-dire d'auditeurs, qui ne soient pas *aussi* des destinateurs, c'est-à-dire des locuteurs : un *je* parlant ne se constitue comme *je*, c'est-à-dire comme *sujet*, qu'à cette condition[1]. La vie de la langue, c'est l'interlocution. Cette interlocution est ce que les médias audiovisuels de masse court-circuitent et détruisent (et ils court-circuitent du même coup les processus de transindividuation[2], ce qui est particulièrement bien observable dans le langage contemporain), mais c'est aussi ce que l'usage des médias, prescrit par les ficelles du marketing politique, simule et leurre, par la mise en œuvre de techniques « interactives » qui sont précisément le contraire d'une telle association productrice de sociation, c'est-à-dire d'avenir – c'est-à-dire, aussi, je vais le développer longuement dans les pages qui suivent, de désir, et de singularités : d'une multiplicité de désirs capable de produire de l'un comme unité d'un avenir.

---

1. Faute de cela, il devient un *objet* : c'est ce qui se passe avec la désymbolisation des milieux associés que sont les milieux symboliques, c'est-à-dire avec leur dissociation, et c'est ce que l'on a appelé, en particulier dans l'école de Francfort, la réification.

2. Cf. *Réenchanter le monde*, *op. cit.*, p. 41 *sq.* et 93 *sq.*

À cet égard, la politique de communication de Ségolène Royal est particulièrement intéressante. L'intuition de cette femme politique lui dit que le corps politique souffre d'une perte de participation : c'est ce que j'ai appelé dans l'introduction de cet ouvrage la souffrance du désir, et c'est ce à quoi elle s'adresse par l'intermédiaire de son blog, *Désirs d'avenir*. Celui-ci n'est cependant qu'un *simulacre* de sociation : comme je le montrerai plus en détail, il consiste à imposer au milieu symbolique associé qu'est Internet[1] des modalités de fonctionnement inspirées des techniques de communication récemment mises en œuvre par les industries de programmes, telle celle de *Star Academy*, dont Patrick Le Lay est si fier[2]. Le modèle de *Star Academy*, que j'ai étudié dans *De la misère symbolique 2. La* catastrophè *du sensible*, est ce qui permet de produire de la *pseudo*-participation et de la *pseudo*-assocation, des illusions de participation et de sociation, autrement dit, tout en court-circuitant les instances de sociation (c'est-à-dire de transindividuation) que sont les organisations sociales et politiques. Bref, c'est ce qui ne peut que produire à terme encore plus de frustrations et de désillusions.

Au lieu de manipuler les frustrations psychologiques provoquées par la misère symbolique, ainsi transformée en misère politique, Ségolène Royal ferait mieux de développer un véritable programme politique de socialisation des technologies numériques soutenant systématiquement, par une politique publique réinventée, la constitution de nouvelles formes de milieux associés, ce qui serait aussi un projet industriel, c'est-à-dire un nouveau modèle d'économie politique – seule hypothèse plausible pour la reconstitution d'un désir d'avenir.

---

1. Cf. *ibid.*, p. 54.
2. Cf. *ibid.*, p. 119.

6. Le temps des démocrates face à l'irresponsabilité généralisée

Aujourd'hui, les entreprises de services[1], et le marketing en général, et le marketing politique en particulier, tendent à imposer des modes hégémoniquement dissociants d'usages des techniques et des technologies symboliques par l'intermédiaire desquelles, toujours, une société produit de la sociation.

Dans toutes les sociétés, le symbolique est constitué par des échanges que des techniques permettent de contrôler, fondant ainsi ce que l'on appelle le contrôle social. Ces techniques sont aussi bien des rites (dans les sociétés magiques) ou des cultes (dans les sociétés religieuses) que des mnémotechniques telles que l'écriture, dans les Grands Empires et dans les cités antiques, ou des mnémotechnologies, dans les sociétés industrielles et hyperindustrielles. Ces techniques et technologies sont alors ce qui permet tout autant la sociation (et ce qu'elle suppose : l'association – c'est-à-dire la participation – que permettent les milieux associés) que la dissociation.

La société grecque, j'ai essayé de le montrer dans *Réenchanter le monde*, s'est constituée par une socialisation participative de l'écriture alphabétique comme technique de mémoire et d'échange symbolique : c'est par la pratique de cette technique que le citoyen se constitue, et telle qu'elle modifie le rapport à la langue, qui devient ainsi le *logos*, comme citoyen, c'est-à-dire comme sujet de droit. Pour autant, les sophistes avaient déjà tenté, comme l'actuel populisme industriel, mais à une échelle bien moindre, d'imposer un usage dissociant de l'écriture

---

1. Cf. *ibid.*, p. 50.

de la langue – et c'est pourquoi les philosophes les critiquèrent et les combattirent, Socrate en premier lieu.

Platon montre que ce milieu du savoir qu'est la langue, lorsqu'il est transformé par la technique de l'écriture, tend à devenir exclusivement un instrument de pouvoir, et menace la vie de la cité. En même temps, ce sont précisément les techniques de l'écriture qui permettent de constituer une citoyenneté – par l'intermédiaire de l'école cependant, c'est-à-dire à la condition que la cité consente à faire l'effort et l'investissement indispensables pour que la technique qui crée de la dissociation devienne au contraire l'organisation d'un nouveau dispositif d'association, et, au-delà de l'école, par l'intermédiaire de l'Académie et du Lycée, qui sont, comme écoles philosophiques fondées par Platon et Aristote, et comme prototypes des universités, les lieux de l'individuation et de la citoyenneté politiques portées à leur apogée.

Aujourd'hui, école, lycée et université sont en ruine faute de poser comme elle doit l'être la question des milieux associés et des risques de dissociation induits par les changements de techniques et de technologies de mémorisation, d'information, de communication et de relation[1] – et l'un des principaux enjeux de l'élection présidentielle de 2007 en France est d'en tirer les conséquences[2].

Notre époque est confrontée au même danger que celui que représentait la sophistique pour la cité grecque (qui connut la guerre civile), mais ce danger est de nos jours porté au niveau mondial, et elle est confrontée au même impératif d'inventer une nouvelle politique de l'association par la socialisation raisonnée des techniques et tech-

---

1. Ces technologies sont en effet relationnelles. Sur ce point, cf. *ibid.*, p. 39.
2. Entretien avec Nicolas Truong, *Le Monde de l'éducation*, juillet-août 2006, p. 22 *sq*.

nologies de la relation – mais c'est là aussi l'enjeu d'une lutte mondiale, et de nature industrielle.

En tant qu'elles mettent essentiellement en œuvre des dispositifs de télé-communication (télé-graphie, télé-phonie, radio-télé-diffusion, télé-vision, réseau de réseaux, etc.), les technologies d'aujourd'hui constituent, comme organes de pouvoir, comme télé-*cratie*, ce qui menace et ruine de l'intérieur la démo-*cratie*. Mais en tant qu'elles forment des technologies de la relation entre les deux termes que relie un *telos*, c'est-à-dire une *finalité* (un motif, un désir), ces télé-technologies sont aussi la seule voie possible pour inventer de nouvelles formes du lien social et de la paix civile.

Le temps est venu pour les démocrates de montrer la réalité de leur attachement à la démocratie. La société doit se prendre en charge, et s'associer en cela, c'est-à-dire s'organiser, et comme mouvement : se mettre en marche pour faire face à ce qui la menace – un effondrement politique et social sans précédent.

Nous tous sentons l'imminence de ce risque, et tous nous sommes responsables de l'éviter. Il ne suffit pas d'accabler tel ou telle politicien ou politicienne de nous avoir menés là où nous sommes, et si mal partis. Il faut surtout *passer à l'acte* : non pas à un acte destructeur, furieux, suicidaire, ou vengeur, c'est-à-dire pulsionnel, mais à une action – pensée, collectivement réfléchie, débattue et délibérée pour surmonter la très grande difficulté de ce temps.

Se prendre en charge, c'est ne pas se laisser endormir par le déchargement des existences qui caractérise les sociétés dans lesquelles nous vivons, et qui sont en cela de moins en moins sociales, s'il est vrai que le social signifie justement le fait d'être associés. Le déchargement des existences, c'est ce qui conduit au renoncement à la vie en tant qu'elle est, justement, une existence, et non une simple survie. Le déchargement des existences, c'est ce qui résulte du fait que l'économie des services, qui est l'organisation généralisée de la dissociation[1], nous a lentement mais sûrement habitués à ne plus être responsables de nos façons de vivre, les ayant abandonnées à des fabricants de « concepts » marketing – y compris ceux qui entendent aujourd'hui se substituer aux parents, et les débarrasser des difficultés sans cesse plus grandes à élever leurs enfants provoquées précisément par ce marketing lui-même, que ce soit par des émissions matinales spécialement faites pour eux, les enfants, par des jeux vidéos, ou par tant d'autres *facilities*, dont la ritaline[2].

Dans ce contexte, la misère politique consiste à substituer, à la vie politique qu'est la *sociation* par l'association, des concepts-marketing postpolitiques, assénés à coups de slogans populistes, c'est-à-dire irresponsables.

La décharge de soi et de son existence, c'est ce que la société hyperindustrielle a mis au cœur de son système économique, et c'est ce qui produit une irresponsabilité généralisée, dont les hommes et les femmes politiques ne sont que des reflets, en même temps que la traduction fonctionnelle par dénaturation de la démocratie devenue télécratie.

Il faut réenchanter le monde, supposait le titre de l'université d'été du Medef en 2005, et je me suis proposé de prendre au mot ce mouvement des entreprises de France, auquel je propose de réfléchir à la (re)constitution d'un mouvement des personnes physiques et morales de France en général, et que l'on appelle les citoyens et leurs organisations sociales : dans *Réenchanter le monde. La valeur esprit contre le populisme industriel*, je propose des analyses *conceptuelles* qui me paraissent pouvoir renouveler le

---

1. *Réenchanter le monde, op. cit.*, p. 50 *sq.*
2. *Mécréance et discrédit 2. Les sociétés incontrôlables d'individus désaffectés*, Galilée, 2006, p. 142-143.

débat politique, mais aussi économique, y compris comme projet d'entreprise.

Ici même, je propose de *traduire* ces questions au niveau d'une *action* politique : le projet de ce livre est de contribuer à constituer des initiatives qui ouvrent des possibilités alternatives, et qui relancent en cela une critique sociale digne de ce nom, c'est-à-dire : capable d'agir, ou de peser sur ceux qui peuvent agir, et en cela, de les aider à rebâtir de la responsabilité, à commencer par eux-mêmes.

Les aider, c'est, par l'organisation d'une prise de conscience de l'opinion publique, les aider à prendre eux-mêmes conscience d'un danger et à trouver le courage de lutter contre la télécratie, et pour la démocratie. Nul ne peut en effet s'arroger le droit de contester à ceux qui peuvent et veulent agir – les représentants politiques et sociaux, aussi court-circuités qu'ils soient, et aussi tentés qu'ils puissent être de court-circuiter à leur tour le long circuit de la démocratie – qu'ils sont, malgré leurs tentations inconscientes et parfois peu responsables, des démocrates sincères.

Chapitre 2

LE DEGRÉ ZÉRO DE LA PENSÉE

7. Le désespoir politique des Français

Si le désespoir est la perte de l'espoir, et s'il est vrai que l'espoir est ce qui concerne l'avenir (on ne peut espérer que dans et pour l'avenir), on doit parler, à la lecture d'une enquête réalisée par le Cevipof pour le compte du ministère de l'Intérieur, et dont les résultats ont été publiés par *Les Échos* du 17 mai 2006, d'une forme de désespoir des Français : 76 % d'entre eux pensent que « les jeunes », c'est-à-dire, pour un très grand nombre des personnes interrogées, leurs propres enfants ou leurs propres petits-enfants, auront moins de chance que leurs parents de réussir dans la société française de demain – 5 % seulement pensant qu'ils auront plus de chance.

C'est un rapport écrasant – plus de quinze contre un – qui témoigne d'un véritable accablement collectif.

On dira peut-être que le mot désespoir est ici excessif, que les Français sont plutôt pessimistes que désespérés, et que l'on n'est désespéré que lorsque l'on n'a plus d'espoir, tandis que ces Français pessimistes ne sont pas sans aucun espoir. C'est là sans doute une remarque fondée, qui appelle la nuance suivante : les Français ont tendance à perdre l'espoir, plus qu'ils ne sont en effet désespérés, et parmi les 76 % d'entre ceux qui pensent que la jeunesse française à moins de chance que ses parents, certains sont simplement pessimistes, et d'autres tout à fait sans espoir. Il n'en reste pas moins que l'on peut dire que pour une très grande part, ils sont sans aucun espoir du côté politique, ce qui est bien une sorte de désespoir politique : sept sur dix ne font plus confiance ni à la droite, ni à la gauche.

On attribue généralement cet état de démoralisation à la situation économique, et l'on réduit celle-ci aux activités de production de biens de consommation et d'échanges marchands – autrement dit, à l'emploi et à la consommation. Or, il s'agit aussi de l'état moral tel qu'il ne se réduit justement pas à l'emploi et à la consommation : il s'agit de l'état du désir en lui-même, et de *son* économie. Il y a aussi une économie du « moral », ou plus généralement du « mental », et, plus largement encore, de l'esprit – de l'état d'esprit d'une société, d'un peuple, d'une époque. Et cette économie est celle du désir, que Freud appelle l'économie libidinale.

Il y a une économie de ce désir qui semble tant intéresser Ségolène Royal et ses « désirs d'avenir », mais aussi Nicolas Sarkozy[1], qui en parle comme espoir, et qui s'en explique dans *La République, les religions, l'espérance*. Le désir, et l'espoir qui l'anime[2], forment une *énergie*, l'énergie libidinale – qui peut se renverser, lorsque le désir se décompose en pulsions, en énergie du désespoir. C'est cette énergie qui « fait marcher » les sociétés humaines, dans toutes leurs dimensions, et telles qu'elles consistent en relations : relations interpersonnelles, familiales, amou-

---

1. Cf. *Mécréance et discrédit 2. Les sociétés incontrôlables d'individus désaffectés*, Galilée, 2006.
2. Espoir que les Grecs nommaient *elpis*, qui signifie aussi *attente*, et qui se traduit en termes phénoménologiques par *protention* ; cf. sur cette question *Mécréance et discrédit 1. La décadence des démocraties industrielles*, Galilée, 2004, p. 153.

reuses, amicales, relations de travail, relations sociales en général, comme investissement dans la vie collective, par exemple dans la vie politique, relations économiques, relations intellectuelles, artistiques, religieuses – relations *spirituelles* au sens le plus vaste. Et c'est pourquoi une société est dynamique pour autant que les désirs qui la constituent sont forts.

L'économie libidinale de Freud est une théorie générale du désir, des flux de l'énergie libidinale et de toutes les formes d'investissements en quoi elle consiste, c'est-à-dire telle qu'elle permet, comme sublimation, la construction de toutes les relations sociales. Contrairement à ce que laisse croire une vulgate très répandue, la théorie de Freud, comme économie libidinale, ne signifie pas que « tout est sexuel » chez l'homme. Elle signifie bien au contraire que toute pulsion, y compris celle d'origine sexuelle, ne donne du désir humain que pour autant qu'elle est canalisée et « économisée » par l'économie libidinale, qui transforme ainsi l'énergie sexuelle et, avec elle, toutes les autres énergies pulsionnelles, c'est-à-dire toutes les « tendances naturelles », tous les « instincts », en énergie sociale : en « sociation[1] ». Plus précisément, cette transformation est ce qui consiste à lier les pulsions de vie et de mort qui constituent la psyché, liaison qui est une équilibration ou, plus précisément, une métastabilisation par composition de tendances antagonistes[2].

Cette transformation des pulsions en désirs s'accomplit à travers le processus de sublimation[3] : la sublimation est

---

1. cf. *infra*, p. 236 et p. 249.
2. Sur ce point, cf. *Mécréance et discrédit 3. L'esprit perdu du capitalisme*, Galilée, 2006, p. 75 *sq*.
3. « À leur première apparition, [les pulsions sexuelles] s'étayent d'abord sur les pulsions de conservation, dont elles ne se détachent que progressivement… Une partie d'entre elles restent associées aux pulsions du moi tout au long de la vie et les dotent de composantes libidinales [c'est ce que j'ai appelé dans *Aimer, s'aimer, nous aimer*, le

ce qui transfère l'énergie investie dans un objet psychique vers un objet social, et c'est par ce transfert que l'objet psychique devient un objet du désir. Ce transfert s'accomplit à travers le processus que Simondon appelle l'individuation psychique et collective, et il est en cela le mécanisme de la *transindividuation*, qui constitue donc la base de toute sublimation. Dans *Réenchanter le monde*[1], j'ai montré que la transindividuation est ce dont les industries de programmes et les industries de services prennent le contrôle. Or, la transindividuation étant le processus qui est à la base de la sublimation, la prise de contrôle de la transindividuation par les industries de programmes et de services est aussi celle de la sublimation.

Le problème est que cette prise de contrôle aboutit à la destruction de la sublimation : elle consiste à la remplacer par les automatismes mimétiques qui caractérisent les foules (les foules naturelles aussi bien que les foules « artificielles », ou « conventionnelles », comme les appelle Freud, et dont les industries de programmes constituent précisément le cas spécifique de notre époque, comme on va le voir un peu plus loin[2])

L'objet d'amour, en tant qu'il constitue déjà une relation sociale, est par soi un objet de sublimation. Or, la sublimation est ce qui suppose des cadres sociaux, qui

---

narcissisme primordial du moi]. Ce qui les distingue, c'est leur possibilité... de se remplacer l'une l'autre, de façon vicariante, et d'échanger facilement leurs objets. De ces dernières propriétés il résulte qu'elles sont capables de réalisations éloignées des actions imposées par les buts originaires *(Sublimation)* », Freud, *Métapsychologie*, Gallimard, « Idées », 1977, p. 24-25. « Le mot "aimer" […] se fixe […] sur les objets qui satisfont les besoins des pulsions sexuelles *sublimées* », *ibid.*, p. 40, je souligne.

1. *Réenchanter le monde. La valeur esprit contre le populisme industriel*, Flammarion, 2006, p. 41.

2. Cf. *infra*, chap. 6.

établissent les relations comme étant sociales plutôt qu'asociales ou antisociales. Est social ce qui tend à *élever* les investissements de la libido, au sens où cette élévation renforce les liens sociaux et fournit en cela au corps social les motifs de son unité. Autrement dit, le désir est socialement produit – il est le fruit de l'économie libidinale en quoi consiste l'organisation des relations de désir comme relations sociales – et cette production est une transformation des tendances pulsionnelles, une socialisation de ces tendances qui permet de les *contenir* par la constitution d'un surmoi.

En tant qu'elle est en charge de l'organisation des relations sociales, la politique a pour principal objet la production du désir, et, en cela, la protection des conditions qui permettent la constitution d'un surmoi. Si la France va aujourd'hui si mal, c'est parce que l'organisation sociale qu'elle est devenue, et l'économie en quoi elle consiste, aussi bien en tant qu'économie libidinale que comme économie industrielle, tend moins à produire du désir que de la pulsion, ce qui signifie aussi qu'elle tend à détruire les conditions de constitution d'un surmoi.

C'est pourquoi la tentation est forte, dans ce contexte, pour les hommes et les femmes politiques, surtout en période de concurrence électorale, de s'adresser aux penchants pulsionnels, c'est-à-dire grégaires, régressifs et populistes, qui habitent toute opinion publique, plutôt que de parler au désir en tant que lui seul peut élever une société vers son avenir, et comme transformation de ses pulsions.

Désirer, c'est espérer, et désespérer, c'est toujours aussi, d'une manière ou d'une autre, perdre son désir, c'est-à-dire sa capacité à transformer les tendances et les pulsions en force sociale, en dynamisme collectif, en ce que l'on appelle un projet social, disons : en un désir d'avenir. Le désespoir, comme perte de désir, conduit inévitablement à la régression où se libèrent les pulsions – tandis qu'un désir, qui est toujours lié à un espoir, est fondamentalement un rapport à l'avenir.

8. *Sans foi ni loi*

Au-delà de l'économie de la production et de la consommation des biens matériels, il y a une économie du désir, et c'est elle qui constitue le « moral », le « mental », et donc, aussi, les possibilités d'un avenir ; et les êtres humains ne peuvent être massivement démoralisés, comme le sont aujourd'hui les Français, que parce que leur désir va mal. Ce dont témoigne l'enquête du Cevipof, c'est aussi et surtout que l'économie qui produit le désir va très mal : elle va si mal qu'elle suscite une profonde angoisse collective devant ce qui est de plus en plus ordinairement vécu comme un état de dépravation sociale généralisée, elle-même induite par un système économique qui conduit à une augmentation mécanique de la bêtise – et avec celle-ci, du cynisme d'êtres *sans foi ni loi*[1], ou, si l'on préfère, *sans surmoi*.

C'est dans un tel contexte de dépravation que le procureur Jean-Claude Martin, qui instruisit l'affaire de l'assassinat du jeune Ilan Halimi par des malfrats de banlieue, pouvait dire que ceux qui composaient ce groupe de barbares représentaient « le degré zéro de la pensée[2] ». Le crime est très souvent induit par ce degré zéro de la pensée – tout comme le règne de la bêtise conduit au cynisme ; et le crime est une forme extrême du cynisme : celui qui tue pour rien ne croit plus à rien.

---

1. Y compris de ce cynisme économique, c'est-à-dire vénal, qui peut conduire des détenteurs de stock-options à vendre leurs actions et à agir contre les intérêts des entreprises qu'ils sont censés diriger.
2. *Le Monde* du 21 mars 2006.

Or, « le degré zéro de la pensée » dont il est ici question n'est évidemment pas un état naturel des individus humains, résultant, par exemple, d'un système nerveux déficient : si tel était le cas, ce ne serait plus le « degré zéro de la pensée », mais un état de débilité mentale psychopathologique (un handicap psycho-cérébral, et on serait alors conduit à examiner l'hypothèse d'une irresponsabilité juridique des auteurs du crime, ce qui n'est manifestement pas ce que veut dire le procureur Martin). Ou bien le procureur Martin aurait parlé de traits de caractères porteurs de méchanceté, et caractérisant en cela des personnalités responsables.

Le « degré zéro de la pensée » n'est précisément pas de cet ordre : il signifie que ces individus humains, qui devraient être capables de penser, qui ont les qualités requises pour penser, restent *pourtant* au degré zéro de la pensée et sont en cela inhumains. Ils sont bêtes, et ils sont donc aussi méchants. Ils ont les qualités requises pour penser, mais ils n'ont pas les *compétences* elles aussi requises pour penser : sans lesquelles il n'y a pas cette pensée. Or, ces compétences sont sociales, et non psychiques : ce sont les compétences de la sociation, celles qui contiennent les pulsions, et qui les trans-forment en lien social, c'est-à-dire : en attention et en civilité. En surmoi.

Que la transformation de l'énergie pulsionnelle en énergie sociale soit de moins en moins possible dans la mesure où le populisme industriel est ce qui cultive systématiquement le défoulement des pulsions, et en donne sans cesse des exemples identificatoires dépravants, c'est ce que Nicolas Sarkozy semble être incapable ne serait-ce que d'imaginer. Après avoir affirmé qu'il faut « comprendre les causes de la souffrance » des enfants turbulents supposés, selon une enquête de l'Inserm, souffrir d'un « trouble des conduites », et tentant par là de justifier sa politique de repérage de ces enfants turbulents dès l'âge de trois ans[1], il écrit que

> la bande de barbares qui a torturé à mort Ilan Halimi était déjà connue au collège à l'âge de quinze ans pour des comportements violents. Qui a cherché à comprendre cette violence, qui a essayé de leur parler, de leur proposer une réponse qui aurait pu éviter la spirale de la barbarie ? Hélas personne. Je ne sais si mes idées sont toutes justes, mais je sais que la situation actuelle est toute fausse[2].

Comprendre cette violence, et cette souffrance, c'est comprendre que la situation actuelle est celle de la télévision pulsionnelle, qui détruit systématiquement la *sociation* et, avec elle, le surmoi, ce qui ne peut que ruiner la société tout entière ; c'est comprendre que la solution contre cet état de fait n'est pas de prescrire aux enfants des médicaments qui aggraveront les innombrables processus addictifs qui les empoisonnent déjà[3], comme l'admet Nicolas Sarkozy lui-même lorsqu'il dit qu'il faut prévenir l'addiction[4], quelques lignes avant de souligner que le désespoir de la jeunesse française à travers la fréquence du

> suicide des adolescents [est] dramatiquement élevée dans notre pays[5].

---

1. J'ai commenté cette politique dans *Mécréance et discrédit 2*, *op. cit.* Le cœur de cette politique, qui consiste à normaliser, égaliser et homogénéiser les profils psychologiques, à les faire se conformer à un modèle social donné, est ce qui ne peut conduire qu'à stériliser la société et à lui ôter tout dynamisme : c'est une politique qui ignore tout ce que Kant appelle l'insociable sociabilité, et qui constitue précisément pour lui le principe caché mais le plus efficient du devenir social comme transformation des défauts individuels en énergies singulières socialement sublimées.
2. Nicolas Sarkozy, *Témoignage*, XO Éditions, 2006, p. 112.
3. *Mécréance et discrédit 2*, *op. cit.*, p. 142.
4. Nicolas Sarkozy, *Témoignage*, *op. cit.*, p. 112.
5. *Ibid.*, p. 113.

Comprendre cette violence, et cette souffrance, c'est comprendre aussi bien que l'autorité ne se renforce pas par l'autoritarisme, mais au contraire s'y *ridiculise* – ce qui ne signifie absolument pas que la fermeté ne soit pas nécessaire ; mais ce doit être la fermeté de la justice, et non l'expression d'une répression injuste.

Comprendre cette violence, et cette souffrance dont elle est un symptôme intolérable, et leur proposer une réponse, c'est donc s'engager résolument dans une rupture, mais qui ne peut être qu'une rupture avec un modèle industriel devenu toxique pour les esprits et les désirs, c'est-à-dire pour la démocratie elle-même, et qui s'appelle la télécratie. Voilà ce sur quoi Nicolas Sarkozy et Ségolène Royal doivent se prononcer explicitement et clairement, et voilà ce sur quoi il faudra les juger au moment de voter, et voilà ce sur quoi, pour le moment, ils s'entendent pour ne pas parler.

Nicolas Sarkozy n'analyse pas les causes des comportements barbares provoqués par le « degré zéro de la pensée » : il ne traite que les effets. Or, on sait qu'en politique, comme en médecine, traiter les effets sans s'attaquer aux causes, c'est aggraver ces causes : c'est les laisser affaiblir toujours plus l'organisme, puis l'envahir, et finalement le dominer. Quand on s'aperçoit enfin que ce que l'on prenait pour des causes n'était qu'un ensemble de symptômes, il est trop tard : l'affaiblissement est devenu *irréversible*.

L'organisation de la production et de la transmission des compétences sociales qui permettent de transformer des facultés psychologiques en élévation sur les degrés de la pensée, et comme sociation, est le seul remède à ce mal, et c'est précisément le rôle et la responsabilité première des hommes politiques, et c'est la seule vraie question que pose le « degré zéro de la pensée » des tortionnaires d'Ilan Halimi. En se défaussant de leurs responsabilités sur les parents, les juges, les policiers, les médecins, les psychiatres, les travailleurs sociaux, les enseignants, mais aussi sur les enfants et les adolescents, ou, plus facile et plus courant, et abject, sur les pauvres et sur les immigrés, les hommes et les femmes politiques aggravent sans cesse un problème dont « le degré zéro de la pensée » est le résultat direct, qui est la logique de dissociation induite par le populisme industriel, et telle qu'elle pousse vers ce « degré zéro de la pensée », c'est-à-dire vers la liquidation du surmoi, et engendre une situation d'irresponsabilité généralisée dont les hommes et les femmes politiques deviennent parfois eux-mêmes les symptômes les plus désolants, et de très mauvais exemples.

Il n'est possible de parler ici de *degré zéro* que parce que les êtres humains s'élèvent[1], que parce que le niveau de leur pensée est le résultat de l'organisation sociale qui est en charge de produire leur désir en transformant leurs pulsions en énergie sociale, plutôt qu'en tendances destructrices de la société. La pensée, autrement dit, c'est précisément ce qui consiste à transformer des pulsions en énergie sociale : c'est ce qui consiste à produire du désir sous cette forme sociale de l'énergie psychique qui résulte du processus de sublimation. Toute relation humaine est en cela porteuse d'une pensée. Tel est le sens que le XVIIe siècle donnait à l'intelligence – ce que conserve l'expression *vivre en bonne intelligence*.

La pensée est ce qui se produit et s'élève selon des degrés. L'élévation sur les degrés de la pensée, qui se nomme également la civilisation, suppose une organisation que l'on appelle l'éducation. Si la pensée est le résultat d'une organisation sociale, à l'inverse, le degré zéro de la pensée est le résultat d'un défaut d'organisation sociale, ou d'une désorganisation sociale. Cette désorganisation est ce qui résulte de la dissociation, et celle-ci a atteint un tel degré d'abaissement, et parfois d'avilissement, qu'elle est aussi productrice d'irresponsabilité sociale, voire de criminalité, sinon d'irresponsabilité juridique.

---

1. Cf. Bernard Stiegler, *Des pieds et des mains*, Bayard, 2006.

Or, on peut aussi organiser un tel « degré zéro de la pensée », par exemple pour que surviennent des « crimes contre l'humanité », dont, le plus souvent, de larges masses de populations sont complices, sinon elles-mêmes actrices – ayant été réduites *en masses* à ce degré zéro de la pensée qui les rend massivement manipulables et collectivement criminelles, ne serait-ce que par ce que l'on appelle la complicité. De telles situations, qui se sont malheureusement répétées plusieurs fois au cours du XXe siècle, sont induites par la montée de comportements pulsionnels eux-mêmes provoqués par des situations de désordres socio-économiques tels que des processus de régression affectent tout à coup un groupe social, comme ils peuvent affecter l'individu psychique. C'est l'affaire très difficile des historiens d'établir les circonstances dans lesquelles de tels processus, qui conduisent la civilisation à engendrer la barbarie, ont pu se produire.

Il y a cependant aussi des bases psychologiques (mais non neurophysiologiques) à de telles évolutions historiques – et ces bases sont les limites de l'économie libidinale : lorsqu'elles se produisent, elles font apparaître le point où cette économie s'effondre, le point où la civilisation peut régresser vers la barbarie (et ce point est toujours présent, sous forme latente, en toute civilisation : aucune civilisation n'est jamais à l'abri de la régression). Par exemple, dans une situation de panique ou d'émotion puissante, liée à un événement exceptionnel, à un accident, à un fait divers, une foule peut tout à coup se constituer en sorte que les comportements individuels des personnes qui composent cette foule, normalement parfaitement civiles et policées, deviennent grégaires, furieux et criminels.

9. L'organisation télécratique de « foules artificielles »

La constitution des foules, et les conditions dans lesquelles elles peuvent passer à l'acte, sont les objets des analyses de Gustave Le Bon, longuement commentées par Freud :

> Le fait le plus frappant présenté par une foule psychologique est le suivant : quels que soient les individus qui la composent, quelque semblables ou dissemblables que puissent être leur genre de vie, leurs occupations, leur caractère ou leur intelligence, le seul fait qu'ils sont transformés en foule les dote d'une sorte d'âme collective. Cette âme les fait sentir, penser et agir d'une façon tout à fait différente de celle dont sentirait, penserait et agirait chacun d'eux isolément. Certaines idées, certains sentiments ne surgissent ou ne se transforment en actes que chez les individus en foule. La foule psychologique est un être provisoire, composé d'éléments hétérogènes pour un instant soudés, absolument comme les cellules d'un corps vivant forment par leur réunion un être nouveau manifestant des caractères fort différents de ceux que chacune de ces cellules possède[1].

À partir des analyses de Le Bon[2], Freud montre qu'il existe aussi des « foules artificielles[3] », ou « convention-

---

1. Gustave Lebon. *Psychologie des foules*, PUF, 1963, 1971, p. 11, cité par Sigmund Freud, *Essais de psychanalyse*, « Psychologie des foules et analyse du moi », Petite Bibliothèque Payot, 2001, p. 142
2. Les modèles d'auto-organisation connexionnistes et multi-agents des sciences cognitives décriraient les phénomènes analysés par Le Bon en termes d'émergence au niveau collectif de caractéristiques qui n'existent pas au niveau individuel.
3. Cf. *Essais de psychanalyse*, « Psychologie des foules et analyse du moi », *op. cit.*, p. 171 sq.

nelles[1] », qu'il analyse à travers les exemples de l'Église et de l'Armée. Il montre également que de telles foules tendent toujours à se trouver ce que l'on appelle un *meneur* – un « conducteur » ; en allemand : un *Führer*.

Or, les industries de programmes sont aussi ce qui forme chaque jour, et précisément à travers les programmes qu'elles diffusent en masse, de telles « foules artificielles ». Celles-ci deviennent, comme masses (et Freud parle exactement de *Massenpsychologie* : de psychologie des masses), le mode d'être ordinaire et permanent des démocraties industrielles, lesquelles forment du même coup des télécraties industrielles.

Ces nouvelles organisations de foules artificielles, qui sont devenues, en tant qu'elles tirent parti des technologies relationnelles[2] d'information et de communication, le principal appareil de socialisation, posent des problèmes très nouveaux et particulièrement préoccupants. C'est sans doute ce devenir qui constitue l'horizon de ce que Freud nommera, dix ans après avoir écrit *Psychologie des foules et analyse du moi*, un *Malaise dans la civilisation* : celui qui conduira précisément, en Allemagne, à la domination du Führer, et obligera Freud à quitter l'Autriche.

Mais la possibilité de constituer des foules artificielles par les technologies relationnelles, qui sera systématiquement exploitée à travers la radio par Goebbels, aussi bien d'ailleurs que par Mussolini, c'est ce que ne pouvait pas voir Freud en 1921, qui ne connaissait pas encore la radiophonie : les stations de radio ne se répandirent largement en Europe qu'à partir de 1923, la première station de radiophonie ayant été créée aux États-Unis par RCA en 1920.

Freud ne connut jamais la télévision qui met si puissamment en œuvre la pulsion scopique qu'elle combine à la

---

1. *Ibid.*, 1979, trad. S. Jankélévitch, p. 112.
2. *Réenchanter le monde*, *op. cit.*, p. 55 *sq.*

puissance régressive des foules artificielles – tandis que nous vivons, nous-mêmes, sous le règne de cette combinaison, qui forme précisément le règne de la bêtise imposé par le populisme industriel. De nos jours, le désir va donc mal (et avec lui, le « moral » de ces Français dont les déclarations quant à l'avenir de la jeunesse et de leurs propres enfants paraissent désespérés) dans la mesure où l'économie au sens courant, comme activité industrielle de production et de consommation, est désormais dominée par ces appareils à produire industriellement des foules artificielles, qui, bien loin de former un nouveau type de lien social, délient au contraire le social, et substituent la pulsion au désir.

Ce sont ces organisations qui produisent systématiquement, et sans que personne s'y oppose, le « degré zéro de la pensée » : les industries de programmes, en tant qu'elles visent la production d'un temps de cerveau disponible qui vide inévitablement ce cerveau de toute *conscience*, organisent la destruction de cette économie libidinale, elles tendent à transformer le désir individuel en pulsion grégaire, elles organisent industriellement et techno-logiquement la transformation et l'agrégation des individus psychiques en foules mimétiques, par le biais des dispositifs d'hyper-synchronisation des temps individuels que constituent les programmes[1], ce qui conduit à la liquidation du narcissisme primordial des individus, ce dont souffrait Richard Durn, comme j'ai tenté de le montrer ailleurs[2]. Mais cela conduit aussi à la liquidation de ce que l'on pourrait appeler le *narcissisme primordial des groupes sociaux*, ce qui ne peut alors que conduire à l'exacerbation du « narcissisme des petites différences »,

---

1. Sur l'hypersynchronisation, cf. *Aimer, s'aimer, nous aimer. Du 11 septembre au 21 avril*, Galilée, 2003, p. 34 *sq.*, et *Mécréance et discrédit 2, op. cit.*, p. 90, 160 et 199.

2. Dans *Aimer, s'aimer, nous aimer, op. cit.*

comme l'appelait Freud, c'est-à-dire au racisme et à la xénophobie – et c'est là un des résultats les plus désastreux de la transformation de la démocratie en populisme télécratique.

Si le social est avant tout relation, les industries de programmes ont pris le contrôle du social (et forment en cela des « technologies de contrôle ») dans la mesure où elles monopolisent les technologies relationnelles (d'information et de communication), ce qui permet de canaliser les investissements relationnels qui concrétisent le désir vers les marchandises, mais au prix d'une élimination de la conscience dans le temps de cerveau qu'elle rend ainsi disponible sur le marché des audiences. Or, une telle élimination de la conscience est aussi ce qui conduit à liquider le surmoi – sans lequel aucune organisation sociale n'est possible : cela revient à liquider la société elle-même, qui en souffre et proteste, éventuellement furieusement –, cela revient à préparer le terrain de la barbarie.

Dès lors, on peut toujours s'offusquer, particulièrement dans le cours d'une campagne électorale, des comportements antisociaux qui prolifèrent aujourd'hui : si l'on ne s'en prend pas d'abord à ce qui, tirant méthodiquement parti des mécanismes pulsionnels, et des automatismes grégaires qu'ils déclenchent, encourage systématiquement le franchissement de toutes les limites, étant entendu qu'au-delà de chaque limite se tient un nouveau marché, on détourne l'attention des citoyens des vraies questions, et l'on trompe le monde.

Ce qui organise systématiquement ce déchaînement pulsionnel, c'est la télévision devenue en cela pulsionnelle. L'analyse de ces questions montre que le modèle industriel qui sécrète de telles industries de programmes est devenu antisocial, et que ce dont ont besoin la France, l'Europe et le monde, c'est de l'invention d'un nouveau modèle industriel. La destruction du surmoi, c'est ce qui permet d'orienter hégémoniquement les technologies relationnelles vers le contrôle des échanges symboliques organisé en vue d'orienter tous les investissements relationnels vers les marchandises. Mais ce contrôle conduit inévitablement à transformer les milieux symboliques, en tant qu'ils sont structurellement des milieux associés, en milieux dissociés : c'est ce qui conduit à détruire les milieux symboliques. C'est ce qui conduit à une désymbolisation, et donc, inévitablement, à une désocialisation.

10. Ce dont les Français ne veulent pas

Ne pas reconnaître cet état de fait, qui est évident, voire le dissimuler, et en tout cas le dénier, tout en en tenant compte, c'est-à-dire tout en sachant s'adresser à la souffrance du désir qui en résulte (provoquée par la liquidation des narcissismes primordiaux individuels et collectifs), c'est ce qui se traduit en général par l'adoption d'un discours *moraliste*, par la restauration fantasmatique de modèles archaïques, et par la régression vers un autoritarisme infantilisant qui révolte la jeunesse et qui ne peut qu'aggraver la destruction de l'autorité.

Le degré zéro de la pensée n'est jamais un accident, ni dans le pire passé qui aura caractérisé le xxe siècle, comme manipulation des opinions, ni aujourd'hui : le degré zéro de la pensée est une responsabilité collective, et en l'occurrence, c'est, de nos jours, le résultat d'une organisation de l'économie industrielle qui conduit à une destruction de l'économie libidinale, c'est-à-dire à la destruction du désir lui-même, débordé par les pulsions qu'il ne parvient plus à transformer en relations sociales, et qui se libèrent donc comme pur processus de destruction. Cette situation, c'est ce que les apprentis sorciers sont tentés de manipuler pour conquérir le pouvoir. Mais c'est ce qui ne peut, à terme, que leur échapper, et les détruire à leur tour (et nous avec eux).

Cet état de fait, résultat d'un processus de dissociation destructeur des milieux associés hors desquels il n'y a pas de relations sociales, s'est imposé avec l'apparition de la télévision pulsionnelle, et c'est cet état de fait qui désespère les Français quant à l'avenir de la jeunesse française, quant à leurs enfants et leurs petits-enfants, ou, s'ils n'ont pas d'enfants, quant aux enfants et petits-enfants de la France en tant qu'eux seuls constituent un avenir pour la France – mais aussi pour l'Europe, et pour le monde, partout dans le monde.

Le degré zéro de la pensée est ce que tend à produire la réduction de la conscience à du temps de cerveau disponible par le système de médias qui domine aujourd'hui la vie individuelle et collective des Français, et la vraie question est donc, quant au scrutin présidentiel à venir en France, la télévision et la télécratie qu'elle a fini par imposer. Dans la lutte contre le crime, et plus généralement contre l'incivilité, et plus généralement encore, contre les facteurs de division et de conflits sociaux, la première question n'est pas celle de la police, ni celle de l'encadrement militaire, ni même de dispositifs d'îlotiers ou de polices de proximité ou d'autres formes de répression ou de prévention de la délinquance : en ces matières, la première question est celle de l'état moral de la population, tel qu'il correspond à une organisation des relations sociales que dominent désormais les technologies relationnelles.

Même s'ils ne le comprennent pas clairement, les Français, et, plus généralement, les habitants de la France sentent que la démoralisation est organisée, au sens où elle est l'effet induit par une organisation qui devient du même coup une désorganisation : elle est organisée par la dissociation qui correspond aux intérêts d'un marketing à courte vue – en politique comme pour toute autre forme de « produit ». Les Français savent que le matraquage des jeunes consciences par ce marketing est un véritable *poi-*

son social. Les Français savent aussi, lorsqu'ils s'élèvent au-delà de ce vers quoi la politique et la télévision pulsionnelles tentent de les abaisser, que le meilleur moyen de contenir les comportements asociaux, c'est de faire en sorte que la population y répugne.

Une société qui est condamnée à maintenir son ordre social uniquement par la répression est profondément malade, et elle n'est pas politiquement « durable » : elle n'a aucun avenir, elle conduit à terme à importer en France ce qui s'est déjà imposé à São Paulo ou à Los Angeles *downtown*. Voilà ce que savent les Français, et c'est ce qui les déprime : c'est ce dont ils ne veulent pas. Et c'est malheureusement ce à propos de quoi les femmes et les hommes politiques s'avèrent incapables de tenir un discours clair, lucide, convaincant et résolu. Et c'est pourquoi la même enquête du Cevipof fait apparaître que

> sept électeurs sur dix ne font confiance ni à la droite ni à la gauche[1],

ce qui est un symptôme gravissime d'épuisement de la démocratie.

Une affaire comme celle qui a conduit à l'assassinat de Ilan Halimi, et il y en a de plus en plus de cette nature – qui vont du *happy slapping* aux violences sexuelles filmées et diffusées sur téléphone portable, ce qui a commencé dans la prison d'Abou Grahib dont les tortionnaires auront longtemps été protégés par le moralisme puritain de George W. Bush –, c'est ce qui, dans un contexte plus général de dépression économique, rend les Français profondément pessimistes, et provoque leur désespoir : ils sentent que cet état de fait, non seulement se combine avec le sombre devenir économique, mais est provoqué par un capitalisme industriel qui est lui-même

---

1. *Les Échos* du 17 mai 2006, article cité.

devenu structurellement pulsionnel, c'est-à-dire destructeur de la société, ce qui ne peut qu'assombrir encore le paysage économique – même si certains profitent économiquement beaucoup de cette déliquescence : ce sont les profiteurs de la guerre économique.

Chapitre 3

LE CHANGEMENT DU MONDE

11. Du monde entier

Face à la liquidation du surmoi par le populisme industriel, et face au règne de la bêtise et au degré zéro de la pensée à quoi ne peut que conduire cette liquidation, le désespoir politique des Français tient à ce que ceux-ci – qui, parce qu'ils ne sont pas bêtes, *souffrent* de se sentir tirés vers le bas, et savent que ce règne est imposé par la télécratie[1] – ne voient pas comment leur situation pourrait s'améliorer.

Leur montrer comment elle pourrait changer, voilà ce qui constitue la tâche politique primordiale de notre époque : voilà ce qui peut constituer une « rupture », qui est en effet indispensable, et rendre l'espoir.

On me répondra qu'il n'est plus possible de « changer le monde ». C'est évidemment faux : le changement du monde n'est pas seulement possible, il est constant. Le problème est que, pour le moment, il ne change que dans le sens du pire. Le monde change sans cesse – mais ce

---

1. L'organisation du règne de la bêtise, comme télécratie et imposition de « milieux dis-sociés », est décrite dans *Réenchanter le monde. La valeur esprit contre le populisme industriel*, Flammarion, p. 40, qui paraît en même temps que le présent ouvrage.

qui change dans le monde désespère les Français, et en particulier, la jeunesse française, parmi laquelle le suicide est exceptionnellement élevé (mais il s'élève dans toutes les démocraties industrielles).

Ce qui est désespérant dans ce changement, c'est qu'il est subi, et non voulu, et qu'il apparaît constituer une fatalité incompréhensible. Le problème n'est pas de savoir si l'on peut changer le monde, qui n'arrête pas de changer, mais de comprendre en quoi et pourquoi il change, et de faire en sorte, en commençant par une critique de ce qui, dans ce changement, conduit vers le pire, que ce changement aille désormais dans le sens d'un meilleur : qu'il ne soit pas l'expression d'une fatalité, mais la concrétisation d'une intelligence du devenir.

De toute évidence, la condition pour que le monde change en allant vers un meilleur, c'est de lutter contre ce qui conduit vers le pire : la tâche primordiale est donc d'identifier ce qui tire vers le pire. Or, ce qui tire vers le pire, c'est la télécratie comme domination des pulsions, règne de la bêtise et degré zéro de la pensée.

Ce dont souffrent les Français du fait de la télécratie n'est certes pas un mal français, même s'il y a des caractéristiques bien françaises à cette souffrance, et même s'il y a des maux français qui ne procèdent pas simplement de la télécratie, et sur lesquels je vais revenir dans cet ouvrage[1] : la télécratie n'est pas la cause de tous les maux, bien qu'elle soit la principale cause, celle pour laquelle tous ces maux paraissent insolubles, en tant qu'elle installe le règne de la bêtise. Si elle n'est pas la cause de tous les maux, et notamment des maux typiquement français, et il y en a, elle exprime ce qui constitue l'essence du capitalisme contemporain en ce qu'il a d'autodestructeur au plan mondial : elle porte à son comble l'imposition des normes du marketing à toutes les dimensions de l'économie libidinale

---

1. Cf. *infra*, chap. 10.

au point de remplacer le désir par la pulsion, c'est-à-dire de détruire ce désir, et ce, partout dans le monde. On se demande alors comment une politique française pourrait y changer quelque chose.

Le mal de la télécratie, c'est le changement du monde entier dans le sens du pire au sens où la souffrance du désir, c'est-à-dire la désindividuation (la destruction des singularités individuelles et collectives) et la liquidation du narcissisme primordial (individuel ou collectif) sont devenus, avec toutes les destructions psychosociologiques qui les accompagnent, des phénomènes mondiaux. J'en ai analysé des exemples au Japon, à travers les *hikikomori* et les *otaku*[1], en Chine, à travers l'augmentation spectaculaire du nombre de suicides, là aussi[2], aux États-Unis, à travers les crimes « gratuits[3] » frappant souvent des enfants, sans cesse plus nombreux. Mais il y en a des symptômes innombrables, moins effroyables en apparence, dans tous les pays industrialisés.

Cette dimension mondiale du mal télécratique peut évidemment rendre très dubitatif quant à la possibilité de lutter contre lui. Et pourtant, renoncer à le combattre sous prétextes qu'il est devenu mondial, ce serait aussi absurde que de dire que nous renonçons à lutter contre une maladie parce qu'elle est devenue une pandémie. Il faut d'autant plus lutter contre une maladie qu'elle tend à devenir pandémique. Le contraire s'appelle le renoncement face à une supposée fatalité, ce que Nicolas Sarkozy stigmatise à juste titre[4].

---

1. *Mécréance et discrédit 2. Les sociétés incontrôlables d'individus désaffectés*, Galilée, 2006, p. 126-129.

2. *Constituer l'Europe 1. Dans un monde sans vergogne*, Galilée, 2005, p. 27.

3. *Ibid.*, p. 123.

4. « Notre pays traverse une immense crise de confiance que les responsables politiques reçoivent de plein fouet. La caractéristique de notre société est l'absence d'espoir alors que le but de la politique est

La désespérance est donc, fort malheureusement, un phénomène mondial. On a dit à propos du *non* au référendum sur la Constitution européenne qu'il constituait une spécificité française, puis une enquête a fait apparaître que la prétendue « europhobie » (qui est un rejet de ce en quoi les Européens ne reconnaissent pas l'Europe) était majoritaire dans toute l'Europe occidentale à l'exception de l'Espagne[1]. De même, le désespoir politique résultant de la destruction du désir n'est pas seulement celui de la France : c'est la maladie d'un modèle industriel, et elle sévit dans tous les pays industrialisés.

Or, cette maladie conduit à une forme de *désamour* : qu'il n'y ait plus d'espoir dans la France, par exemple, signifie inévitablement la régression de « l'amour pour la France », et cette régression n'affecte pas seulement les

---

justement d'en donner un. Je refuse la fatalité. Le mot, l'idée, les conséquences m'en sont insupportables. Tant de gens ont renoncé. Renoncé à croire que demain peut être plus prometteur. Renoncé à la promotion sociale pour leur famille. Renoncé à un avenir plus heureux pour leurs enfants... Trop de responsables politiques n'ont plus de vision, parce qu'ils ne croient plus dans leur capacité à changer l'avenir. Ils confondent la vision avec la prophétie. Ils croient qu'on leur demande de prédire le futur, alors qu'on leur demande de l'inventer », Nicolas Sarkozy, *Témoignage*, XO Éditions, 2006, p. 11. L'homme ou la femme politique doivent *inventer*, en effet. Je suis profondément d'accord avec ce propos, que j'ai moi-même développé ailleurs en citant cette maxime du Xerox Resarch Center : « La meilleure manière de prédire l'avenir, c'est de l'inventer. » Mais l'homme ou la femme politique doivent *inventer des organisations sociales nouvelles* : le travail du politique, c'est d'inventer des organisations sociales pour aller dans le sens du mieux *en luttant contre ce qui tire dans le sens du pire*, ce qui s'appelle la *régulation*. L'homme ou la femme politique qui prétendent aux plus hautes responsabilités doivent surtout lutter contre « l'absence d'espoir » en s'attaquant aux causes de ce qui conduit vers le pire, et ces causes tiennent d'abord à la destruction de l'économie du désir, et à travers elle, de l'état moral des Français.

1. *Le Monde* du 5 octobre 2005.

populations immigrées : lorsque Jean Clair publie son *Journal atrabilaire*[1], il manifeste par bien des façons son désamour – en particulier pour la France actuelle, et plus généralement pour le monde contemporain. Lorsque Claude Lévi-Strauss déclare s'apprêter à quitter un monde qu'il n'aime plus, il exprime du même coup une forme de désamour pour la France et de désespoir en la France : la France fait partie de ce monde, ce n'est pas l'entité idéale d'un autre monde. Et lorsque 76 % des Français doutent de l'avenir de la jeunesse française, c'est de toute évidence sur le fond d'un doute quant à l'avenir du monde entier – même s'ils signifient certainement par là que, dans le devenir du monde, ils craignent que la France ait beaucoup à perdre.

Ce désamour, qui est une sorte de désespoir que Claude Lévi-Strauss révèle donc individuellement un an et demi avant que les Français le disent collectivement à travers l'enquête du Cevipof, c'est ce qu'exprimait déjà la jeunesse anglaise de Londres lorsque, à travers le mouvement *punk*, elle s'était donné, à la fin des années 1970, cette sinistre sentence : *no future*. Il y a en France et ailleurs du désamour pour la société, française et mondiale, et en particulier, et cela nous intéresse plus spécifiquement ici, en France, surtout à la veille d'un scrutin présidentiel, de la part de 76 % des Français qui confirment ainsi cette désespérante sentence des *punks*, comme de la part de Claude Lévi-Strauss ou de la part de Jean Clair. Un tel désamour provoque une véritable mélancolie, française et mondiale, ainsi que l'a rendu sensible le succès exceptionnel, en France, de l'exposition que Jean Clair, précisément, a organisée au Grand Palais, à Paris, et sous ce titre : *La Mélancolie*. Il y a de la mélancolie, et elle manifeste un désamour, comme il advient toujours lorsqu'un objet d'amour a été perdu, ce qui est aussi la structure du deuil :

---

1. Gallimard, 2006.

> Le deuil est la réaction à la perte d'une personne ou d'une abstraction mise à sa place, la patrie, la liberté, un idéal, etc.
> La mélancolie se caractérise [...] par une dépression profondément douloureuse, une suspension de l'intérêt pour le monde extérieur, la perte de la capacité d'aimer, l'inhibition de toute activité et la diminution du sentiment d'estime de soi[1].

Frappée de mélancolie collective, l'organisation sociale devient productrice de plus de haine et d'envie que d'amitié et d'admiration, elle engendre de la dérision plutôt que du respect, du cynisme plutôt que de l'espoir.

Et c'est *insupportable*. Et cela *ne peut pas* durer.

12. *Sociétés de marché, sociétés d'incivilité*

Un tel monde ne peut pas durer.

Les diverses formes de désamours, nationaux et internationaux, dans le monde entier, provoquent déjà des guerres civiles et des tensions intercommunautaires, porteuses d'immenses malheurs. Et même si elle échappe heureusement encore à ces fléaux, il est certain que la France, compte tenu de son passé colonial, mais aussi de son passé révolutionnaire, et de la forme très spécifique de narcissisme collectif que tous ces facteurs induisent, souffre plus et autrement que d'autres pays de ce désamour national de portée internationale – portée que masquent et en même temps révèlent partout de pitoyables nationalismes, comme aux États-Unis par exemple : la perte du prestige national, qui engendre donc une forme de *mélancolie politique*, est ce qui survient partout, dans le monde

---

1. Sigmund Freud, *Métapsychologie*, Gallimard, « Idées », 1977, p. 148-149.

entier, sous diverses formes et manifestations (ainsi des États-Unis, qui sont aujourd'hui détestés hors de leurs frontières, ce qui affecte profondément leur *self-esteem*, à l'intérieur même de l'Amérique où l'on voit d'autant plus de bannières étoilées) – et j'appelle ici « prestige national » ce qui constitue la *philia* propre aux nations.

Dans ce contexte, il ne faut surtout pas stigmatiser les populations immigrées qui seraient censées ne pas « aimer la France ». Ces populations, qui ne sont pas de souche française de longue date, ont plus de mal qu'auparavant à s'identifier aux idéaux français.. Mais il ne peut en aller ainsi que parce que la France *ne sait plus* produire de tels idéaux : en détruisant son économie libidinale, la télécratie a aussi détruit son dispositif de sublimation, tel qu'il produit des objets politiques et symboliques d'identification collective. Or, produire des idéaux, des idéalités politiques, nationales ou transnationales, par exemple européennes, produire de l'idéalisation et par là de l'amour (il n'y a pas d'amour possible sans idéalisation, et réciproquement[1]), c'est ce sans quoi aucune société humaine ne peut durer.

Dès lors, ce que l'on appelle l'*intégration* ne peut plus se produire normalement. En faire porter la responsabilité aux populations immigrées, qui en souffrent tout comme en souffrent les Français de longue date eux-mêmes, et dissimuler ainsi à ces Français les causes réelles de leur souffrance, tout en accusant précisément les immigrés d'être cette cause, voilà un signe *typique* de la grande misère politique qui règne en France depuis des années, mais qui est malheureusement devenue l'ordinaire de la politique pulsionnelle qui commande le discours des candidats à la présidence de la République française cinq ans après le 21 avril 2002. C'est un énorme échec, dont tous les hommes et les femmes politiques sont responsables,

---

1. Cf. *infra*, p. 141.

aucun n'osant affronter la véritable question, ou bien ne voulant même pas la voir, ne voulant pas la savoir, ne voulant même pas en entendre parler : la question du populisme industriel et de la destruction du désir, de la sublimation et donc du surmoi, sans lesquels il ne saurait pourtant y avoir d'objets d'affection politiques, ni donc de désir de devenir français, et, plus profondément, citoyen.

La France *n'est plus* un objet d'idéalisation ni pour les 76 % des Français, qu'elle inquiète quant à l'avenir de la jeunesse française, quant à leurs enfants et à leurs petits-enfants, ni pour Claude Lévi-Strauss et Jean Clair, ni pour ces jeunes Français d'origine immigrée, et il n'en va ainsi que parce que lorsque le désir s'éteint, ou du moins s'étiole, étant très abîmé – sinon tout à fait naufragé – par l'organisation systématique du populisme industriel à travers la captation télévisuelle du temps de cerveau ainsi énucléé de son temps propre, c'est-à-dire de ce que l'on appelle sa conscience, sans laquelle il ne peut y avoir de pensée, lorsque le désir se meurt parce qu'il ne peut pas durer sans conscience ni pensée, ses objets, et c'est le cas des objets nationaux et en cela politiques comme de tous les autres objets du désir, perdent leur *aura*, leur attractivité, leur capacité de séduction, leurs pouvoirs de charmer : d'enchanter.

Ce désamour pour les objets ordinaires du désir affecte alors plus rapidement et plus visiblement les objets de l'amour les plus socialisés que sont les objets politiques. Les objets de l'amour filial tendent au contraire à être surinvestis, du moins au début, surtout dans les milieux socialement mieux protégés : ils deviennent les objets par excellence d'expression de l'angoisse que provoque la régression du désir ; même s'ils finissent par être atteints à leur tour, ne serait-ce qu'à travers la décharge de responsabilité, à commencer par la responsabilité parentale, qu'induit la société de marché dominée par les entreprises de service – celles-ci détruisant les circuits de la transindividuation familiale comme tous les autres, et même avant tous les autres, les premières autorités court-circuitées étant donc les parents[1].

En même temps que les désinvestissements dans les objets sociaux et politiques affaiblissent le « prestige national », l'amour des nations pour elles-mêmes, et toutes les formes de *narcissisme collectif* issues de la modernité (c'est aussi cela que Weber appelle le désenchantement[2]), la régression de la *philia* engendre cependant toujours aussi, mais par compensation, et comme symptôme lui-même régressif, des formes nationalistes ou régionalistes archaïques, plus ou moins agressives.

Et cela signifie que ce désamour est d'une extrême gravité dans la mesure où il conduit inéluctablement vers des phénomènes de régressions, de nostalgies et de désagrégation de la sphère nationale que ne vient remplacer aucune autre forme de civilité, sinon celle du marché – et c'est là précisément ce que l'on a appelé les « sociétés de marché ». Or, celles-ci deviennent nécessairement et manifestement, sans autre forme de régulation productrice de *philia* que ce marché qui la détruit, des sociétés d'*incivilité*.

Par nature, le marché ne peut produire aucune *philia* parce que ses objets sont par principe calculables et usables, et finalement toujours jetables, tandis que les objets de la *philia* n'ont pas de prix. Dès lors, une société de marché est une société où toute valeur est destinée à se dévaluer et ne peut aucunement durer. C'est parce que les Européens le savent, c'est parce qu'ils savent que

---

1. C'est ce que j'ai appelé la désidentification dans *Mécréance et discrédit 2, op. cit.*, et je vais y revenir *infra*, p. 136.

2. Cf. *Réenchanter le monde, op. cit.*, p. 152; *Mécréance et discrédit 1. La décadence des démocraties industrielles*, Galilée, 2004, p. 101-102, et *Mécréance et discrédit 3. L'esprit perdu du capitalisme*, Galilée, 2006, p. 18 *sq*.

l'Europe qui leur est proposée n'est qu'une société de marché sans *philia*, qu'ils sont devenus en majorité « europhobes ».

Or, la *philia* est indispensable parce qu'une société est toujours *très* fragile, et peut se désagréger *très* rapidement, comme on a pu s'en apercevoir au cours des deux dernières décennies – tandis que la répression policière face aux incivilités, outre qu'elle est par nature désolante, ne fait à la longue qu'aggraver ce qu'elle peut contribuer à contenir à court terme. L'Europe a vécu des phénomènes de désagrégation terriblement tragiques dans l'ancienne Yougoslavie, tendance que l'on a attribuée à la chute du mur de Berlin et du communisme de Tito, alors même que la chute du Mur promettait une unification européenne nouvelle. Mais il y a de telles tendances plus proches de nous, et plus anciennes, qui risquent de venir déstabiliser les formes nationales européennes apparemment les plus paisibles.

On sait par exemple qu'une menace de conflit intercommunautaire pèse sur la Belgique de longue date, et que Wallons et Flamands, en particulier depuis que la crise de l'industrie issue du XIXe siècle a rendu la Wallonie beaucoup moins riche, vivent dans une sorte de conflit larvé. On sait que la langue a été un motif de conflit entre ces deux communautés depuis très longtemps. L'Espagne, la France, l'Italie, l'Allemagne, et pratiquement toutes les grandes nations industrielles se sont constituées par des rassemblements de Régions en Nations, ce qui passait par une domination linguistique en même temps que par un droit commun, c'est-à-dire par l'autorité d'un État unique. De telles unifications se sont souvent faites au prix de conflits, et elles ne sont devenues pacifiques que parce que les bénéfices en devenaient plus ou moins patents et tangibles pour tous. Mais elles ne se maintiennent et ne durent précisément qu'à la condition d'être capables de produire de la *phi-*

lia[1] : à la condition de produire un *désir politique*, c'est-à-dire un « désir d'avenir », un « espoir dans l'avenir », que ce soit par la projection d'un projet national, ou par la contribution nationale à un projet *au-delà* du national – par exemple à un projet européen.

13. *Le danger du communautarisme*

Le danger du communautarisme, en France, ce serait d'importer la possibilité de conflits communautaires qu'un long processus historique en a tenu éloignés.

Il n'y a pas de conflits intercommunautaires en France, en effet, du moins pour le moment : nous y échappons ; nous connaissons des conflits sociaux, des tensions entre ce que l'on n'ose plus appeler des « classes sociales » (tout en continuant cependant à parler de la « classe moyenne »), mais nous n'avons plus jamais eu affaire à des conflits entre communautés depuis l'édit de Nantes (1598), qui mit fin aux guerres de religions en France. La loi sur la laïcité, dont un élément originel se met en place avec l'ordonnance de Villers-Cotterêts (1539), qui unifie le royaume français en imposant une langue française et en faisant du même coup régresser la place du latin, est à cet égard une protection précieuse et constitue le point d'aboutissement d'un long processus typiquement français – à condition de ne pas en faire un *intégrisme laïc*, comme ce fut le cas avec la triste mésaventure du foulard islamique, dans laquelle s'allièrent tant de rancœurs.

Nicolas Sarkozy, en faisant de l'édit de Nantes une sorte de modèle de discrimination positive[2], ignore que,

---

1. Et l'Écosse est de plus en plus hantée par des discours sécessionnistes, au point qu'Anthony Blair a dû lui faire des concessions.
2. Nicolas Sarkozy, *Témoignage*, *op. cit.*, p. 65.

si cet édit fut un progrès en son temps, et un pas vers la loi de 1905, tout comme l'intégration des juifs par la Révolution, un retour au temps d'Henri IV serait une très grave régression. La discrimination positive, c'est le renoncement devant le fait de l'effondrement d'une *philia* politique, c'est un *ersatz* de *philia* qui tente de masquer le désamour politique en le transférant vers les *fantasmes communautaires*, porteurs des plus graves conflits, et qui ne peuvent que susciter, en France, les régressions xénophobes.

La tentation du communautarisme, à laquelle les Églises représentant les communautés chrétiennes sont fort heureusement opposées en France, c'est de substituer à la *philia*, détruite par le marketing (et par les divers courts-circuits qui en résultent dans les processus de transindividuation qui constituent normalement un milieu symbolique et psychosocial), des confessions et des professions de foi pour un autre monde, et devant l'Éternel : c'est régresser vers une sorte de fatalisme pour ce monde-ci.

J'ai déjà montré ailleurs[1] pourquoi une telle tentation est particulièrement dangereuse en période de perte de croyance politique, qui est la forme contemporaine de la mécréance, et dont le discrédit généralisé qui en résulte constitue le terreau du populisme politique : outre qu'elle incite à la destruction de l'unité culturelle et spirituelle de la France, outre qu'elle renonce à lutter contre la destruction des esprits et du surmoi par les industries de programmes et leur populisme sans vergogne, elle conduit, dans les circonstances désespérantes que ressentent tant de Français, à des formes de comportements extrêmes, suicidaires, mais qui se font passer pour des actes sacrificiels, relevant de ce que j'ai appelé la « sublimation négative[2] », et ce, aussi bien chez les intégristes religieux que

---

1. *Mécréance et discrédit 3*, *op. cit.*, p. 72 *sq.*
2. *Ibid.*, p. 74.

dans les sectes, qui prolifèrent désormais dans le monde entier – et en particulier en Amérique, où le communautarisme est la règle.

> Une société dont le sens se perd parce que son action est impossible devient une communauté, et par conséquent se ferme, élabore des stéréotypes ; une société est une communauté en expansion, tandis qu'une communauté est une société devenue statique ; les communautés utilisent une pensée qui procède par inclusions et exclusions, genres et espèces ; une société utilise une pensée analogique au sens véritable du terme, et ne connaît pas seulement deux valeurs, mais une infinité continue de degrés de valeur, depuis le néant jusqu'au parfait, sans qu'il y ait opposition des catégories du bien et du mal, et des êtres bons et mauvais ; pour une société, seules les valeurs morales positives existent : le mal est un pur néant, une absence, et non la marque d'une activité volontaire. Le raisonnement de Socrate *oudeis ekôn amartanei*, selon lequel nul ne fait le mal volontairement, est remarquablement révélateur de ce qu'est la véritable conscience morale de l'individu et d'une société d'individus[1].

14. *L'oubli de la* philia *dans les théories économiques et politiques*

Les processus successifs d'unification et d'élargissement des groupes humains qui jalonnent le devenir anthropologique sont les concrétisations historiques du processus d'individuation psychique et collective qui caractérise le devenir des sociétés humaines, et que régit l'économie libidinale en tant que celle-ci consiste à trans-former

---

1. Simondon, *L'Individuation pyschique et collective*, Aubier, 1989, p. 259.

l'*énergie psychique* des pulsions en *énergie sociale* du désir, ce qui est la condition de constitution d'une *philia* – c'est-à-dire d'une *durabilité du lien social* que Simondon appelle aussi la *métastabilité* du processus d'individuation psychosociale.

Au cours des millénaires, les formes que revêt le processus d'individuation psychique et collective de l'humanité évoluent sans cesse en étroite relation avec l'évolution des techniques qui constituent les supports des fonds préindividuels qui forment la base du potentiel d'individuation psychique et d'individuation collective : tel est le changement du monde – qui ne cesse de s'accélérer avec l'apparition de la grande industrie, qui devient ainsi sensible comme tel, et cette accélération inaugure la conscience historique, et, par bien d'autres aspects, une formidable rupture avec les processus d'individuation psychique et collective antérieurs. Appelons-la la modernité, et incluons-y ce que l'on appelle en histoire les « Temps modernes », au cours desquels se réunissent, à l'époque de la conquête de l'Amérique et de l'invention de l'imprimerie, les conditions d'apparition du capitalisme industriel, c'est-à-dire du machinisme, puis, du fait de ce machinisme, de la mondialisation des marchés.

C'est durant ces « Temps modernes » que se configure le processus d'individuation psychique et collective que l'on appelle depuis la nation (que l'Académie française, créée en 1635, qui est elle-même une institution royale visant à engendrer un *esprit* national, définit à la toute fin du XVIIe siècle, dans son premier *Dictionnaire*, comme ensemble des habitants d'un pays partageant les mêmes lois et la même langue). Mais la nation ne devient l'État-nation qu'au XIXe siècle, que l'on appelle pour cette raison le siècle des nationalités (la prolifération de nations se produisant en Europe à la fois sous l'influence de la Révolution française et par le déclin des empires ottoman et austro-hongrois).

La nation est une nouvelle forme de *philia* tandis que décline ce qui reliait les populations des empires, ou plutôt les populations qui dominaient ces empires, et que l'on appelle le privilégiement. Cependant, de nos jours, la forme nationale – qui s'est déjà réagencée au xxe siècle avec la politique des blocs, le développement des groupes industriels transnationaux et de la financiarisation, le déclin corrélatif de la puissance des États et l'apparition des superpuissances, mais aussi sous les effets d'autres facteurs, en particulier technologiques, et sur lesquels je vais revenir – n'est plus destinée, sans aucun doute possible, à dominer et piloter les processus d'individuation, et c'est ce que beaucoup de nos concitoyens vivent, bien à tort, comme ce qui conduit inévitablement vers le pire, tandis que c'est aussi un argument derrière lequel les hommes et les femmes politiques se retranchent souvent pour ne rien faire.

Or, il ne fait pas de doute que cet affaiblissement de la puissance nationale ne peut que conduire vers le pire si l'on ne sait pas repenser la place des nations dans le déclin de la forme nationale. Car le déclin du national (dont le « déclin de la France » n'est qu'un cas) ne signifie pas sa disparition, et encore moins sa vanité – pas plus que l'apparition des nations n'a fait disparaître les régions, ni ne les a rendues vaines, ce que prouve en particulier le renouveau de leur dynamisme économique et politique aujourd'hui[1]. Ce déclin signifie que la nation n'a plus la place de référence ultime en matière d'individuation, et qu'elle doit désormais composer politiquement, et non seulement diplomatiquement, économiquement ou militairement, avec des nations étrangères qui forment avec elle ou qui devraient former avec elle de nouveaux types

---

1. Et en particulier, leur pertinence au niveau microéconomique, comme le souligne Christian Blanc dans *La Croissance ou le Chaos*, Odile Jacob, 2006, en particulier p. 75 *sq.*

d'organisations politiques et sociales, autrement dit : de nouveaux types de processus d'individuation psychique et collective.

Or, nous savons que ce renouvellement indispensable des formes d'individuation ne parvient pas à émerger : c'est précisément ce qui a causé l'échec du projet d'Union européenne politique. Et s'il en va ainsi, c'est parce qu'une nouvelle organisation de la *philia*, c'est-à-dire une nouvelle forme de production d'idéalités sociales, qui seule permettrait de reconstituer des processus d'individuation nouveaux, est rendue impossible par la domination des sociétés de marché, qui sont précisément aussi des sociétés de désindividuation, c'est-à-dire de désublimation, conduisant au désespoir et menant inéluctablement vers l'incivilité, tandis que l'Union européenne s'est précisément pensée exclusivement comme une telle société de marché.

Reste que l'invention d'une nouvelle modalité de l'individuation en Europe, comme nouvelle organisation de la *philia*, commence au plan des nations européennes, et passe par l'invention d'une nouvelle forme politique nationale : ce n'est qu'à partir des expériences nationales se projetant dans ce qu'il faut appeler l'*internation*[1] européenne que cette dernière pourra se former. Cette projection ne peut être que celle de la reconstitution d'un désir national se projetant dans le désir de cette internation qui reste à inventer, mais qui ne pourra s'inventer que comme l'invention d'un nouveau désir de vivre ensemble, d'une

---

1. Je reprends ce terme à Marcel Mauss. L'internation, c'est un espace qui n'est pas le résultat des relations entre des nations constituées avant lui, qui serait souveraines, autodéterminées, etc., mais ce qui donne lieu à des localités dans des flux, localités qui n'existent que par leur relation à l'internation. Ce que Simondon nomme une relation transductive, et où la localité est un processus d'individuation singulier dans le flux d'un processus plus large, celui des flux où se constitue l'internation.

nouvelle forme de *philia*, et qui ne peut être qu'une nouvelle façon de vivre, un mode de vie européen, *a European way of life*[1].

Projetée dans l'Europe, la nouvelle forme nationale passe par une politique régionale. Après l'inscription des régions dans le régime des nations, on a vu revenir en Europe des formes de régionalisation des pouvoirs politiques, à la fois sous l'impulsion de la Commission européenne, qui y voyait souvent l'occasion de court-circuiter les États avec les politiques transfrontalières, et, en France même, avec la décentralisation organisée par Gaston Defferre. On a mis en évidence qu'à l'époque des *télé*communications et des *télé*technologies désormais dominantes, de nouvelles pertinences d'action, de coopération et de prise de décision apparaissaient aux niveaux régionaux, sur le plan de l'innovation économique, comme l'a souligné Pierre Veltz[2]. On a aussi prôné de raisonner en termes de *clusters* et au niveau d'agencements régionaux en matière de recherche, d'innovation et de développement industriel, en particulier au niveau des PME, comme l'a récemment soutenu Christian Blanc[3]. J'ai moi-même développé cette thèse dans un rapport pour la région Nord-Pas-de-Calais et le programme Irisi de la Commission européenne[4].

Dans le même temps, le téléguidage de la logistique et de la production permis par ces technologies conduisait à une déterritorialisation où le « global » pouvait piloter le « local » en court-circuitant les niveaux nationaux, qui sont

---

1. Sur ce point, cf. *Réenchanter le monde*, *op. cit.*, p. 85 *sq.*
2. Pierre Veltz, *Des territoires pour apprendre et innover*, Éditions de l'Aube, 1994.
3. Christian Blanc, *La Croissance ou le Chaos*, *op. cit.*
4. *Société de l'information : les nouvelles frontières du développement régional*, Programme Irisi, Commission européenne et Région Nord-Pas-de-Calais, Initiative interrégionale pour la société de l'information, 1996.

aussi fiscaux, réglementaires, légaux, etc. On a insisté, avec des arguments plus ou moins rigoureux, sur les nouvelles formes de socialité et de conjonctivité inventées par les sociétés en réseaux[1], au moment où semblait devoir régresser, pour toutes sortes d'autres motifs, qu'il faudrait réexaminer au plus près, l'autorité des États centraux – le contexte étant par ailleurs, en France, la place nouvelle que devait prendre l'Europe comme niveau supranational d'initiative publique et de régulation.

Reste posée la question de *ce qui relie*, qui n'est jamais traitée dans ces analyses : dans toutes ces transformations, ce qui n'est jamais thématisé, c'est précisément la question de la *philia*, alors qu'elle constitue manifestement le cœur des psychologies politiques et économiques. On parle certes en économie de « l'élément psychologique », ainsi qu'en management, ou de « facteur humain » : on appelle alors cela motivation, finalités des acteurs économiques, confiance, sécurité, demande sociale, etc. Mais ces concepts manquent précisément la question de la *philia* en tant que celle-ci constitue l'économie libidinale, et non les mécanismes comportementaux que tentent d'y substituer des figures du marketing et du management devenues surannées, qui trompent autant les acteurs économiques et politiques que les consommateurs.

Il en va ainsi parce que l'on considère que le marché a remplacé la *philia*. Et l'on a tout à fait tort, puisque, au lieu de la remplacer, il l'a détruite. Or, une société sans *philia* n'est pas durable – et c'est pourquoi la société de marché n'est pas viable. La complexité de cette question est ce que Lionel Jospin a négligé d'étudier en profondeur, plutôt que d'en faire un slogan de marketing politique – ce qui l'a conduit au 21 avril 2002, et à la présidentiabilité subséquente de Ségolène Royal.

---

1. Cf. Manuel Castels, *La Société en réseaux*, Fayard, 1998, et Jeremy Rifkin, *L'Âge de l'accès*, La Découverte, 2000.

Il est urgent que les théories économiques et politiques réévaluent la place de la *philia* dans les organisations sociales, et prennent acte du fait qu'en fin de compte, la *philia* est le *contraire* même des comportements obtenus par les techniques du marketing, du management ou de la gestion publique ou privée, sous les noms de confiance, de motivation, de communication, de demande sociale, etc. Ces techniques, qui eurent en leur temps une réelle efficacité, conduisent de nos jours à l'*exténuation* de la *philia*, qui est le désir commun, le véritable « désir d'avenir » : elles génèrent de la pulsion, parce qu'elles sont soumises aux canons du populisme industriel, c'est-à-dire de la télécratie.

Revisiter ces questions nécessite de refaire un peu de philosophie politique – mais aussi, comme j'en propose une esquisse dans le chapitre 6, de revisiter les questions de la *Massenpsychologie*, comme l'appelle Freud citant Le Bon, Mac Dougall et quelques autres penseurs de ces questions.

Chapitre 4

LE JEU DES FORCES DU MONDE ET *NOUS*,
LE PEUPLE QUI MANQUE

*15. Le changement techno-économique du monde
comme jeu de forces centripètes et la politique
comme invention de forces centrifuges*

Dans ce changement du monde qui est constant, et qui paraît nous mener au pire, se produisent d'innombrables processus centrifuges qui viennent du monde entier, c'est-à-dire du dehors, qui renforcent les tendances à l'atomisation, lesquelles menacent en permanence les processus d'individuation psychique et collective, mais qui sont aussi les conditions de leur dynamisme.

Un processus d'individuation psychique et collective est métastable, et cela signifie qu'il est toujours en équilibre instable, à la limite du déséquilibre : c'est ce qui lui permet de se trans-former. Cette trans-formation consiste à *adopter* les forces centrifuges, c'est-à-dire : à en faire des forces centripètes.

Cette trans-formation, c'est *son avenir*. Mais cet avenir peut *aussi* être sa *destruction*. Ce qui fait que les forces de trans-formation d'un tel processus ne deviennent pas des forces de destruction, c'est qu'elles sont liées par un désir commun. Le rôle d'une puissance publique, et en particulier de la présidence d'une république, c'est avant tout de préserver les facteurs de dynamisme de devenir des facteurs de destruction, et pour cela, de cultiver et entretenir la *philia* commune, de faire en sorte que les facteurs de dynamisme soient mis au service de cette *philia*, dont le nom courant est le désir, contre les tendances pulsionnelles qui forment cependant l'énergie primaire du désir lui-même.

De fait, les facteurs potentiels de dynamisme fonctionnent aujourd'hui, dans le monde entier, et particulièrement en France, comme des facteurs de désindividuation : ces processus centrifuges, qui fragilisent les individuations collectives et donc psychiques, provoquant le pessimisme et même le désespoir politique, installant le désamour pour le monde et la mélancolie face à ce changement du monde vers le pire, ces processus de désindividuation sont ce qu'une pensée politique devrait renverser en nouveaux processus d'individuation, en forces centripètes, en projet d'avenir et en nouveaux objets de désir.

Actuellement destructeurs, mais potentiellement porteurs d'avenir à condition de faire l'objet d'une politique publique aujourd'hui totalement absente des propositions politiques des candidats potentiels à la présidence de la République, ces processus sont produits par des mutations de tous ordres, et en premier lieu par les facteurs technologiques, qui conditionnent tous les autres – ce qui ne signifie précisément pas qu'ils les déterminent, puisque, au contraire, ils les *indéterminent*, si l'on peut dire ; et c'est précisément dans cette mesure que leur pouvoir centrifuge peut devenir centripète, et que le « poison » est aussi le « remède ». Ces mutations ont notamment pour conséquences :

1. des changements de valeurs économiques (baisse des unes, montée des autres) ;
2. des changements de priorités économiques (nou-

veaux secteurs stratégiques, caducité d'activités industrielles anciennes) ;

3. l'affaiblissement des liens traditionnels, religieux et familiaux – le désenchantement par la modernité industrielle puis par la montée des sociétés hyperindustrielles de services, qui court-circuitent et détruisent les savoir-vivre, ce qui conduit ce désenchantement à son *extrémité* qui est *aussi* son *point de rupture* [1] ;

4. l'affaiblissement des communautés professionnelles par la régression ou la précarité des savoir-faire en général, et de ce fait, la précarité des emplois, ce qui induit une dévalorisation psychologique aussi bien qu'économique du travail ;

5. l'affaiblissement des organisations sociales issues du monde de la grande industrie, syndicats, partis, mutuelles, coopératives, etc. ;

6. l'intensification des flux de marchandises et de personnes, comme c'est bien connu, et ancien ;

7. mais aussi, et *surtout*, *l'intensification des flux de symboles qui produisent paradoxalement une désymbolisation massive*, et sont le fait d'une organisation devenue entièrement télécratique du symbolique[2].

Cette désymbolisation est le problème le plus grave, l'empoisonnement le plus certain du désir, qui compromet tout avenir, et pas simplement en France : rien ne fragilise plus profondément les processus d'individuation psychique et collective, aujourd'hui, que le court-circuit des processus de transindividuation par les industries de

---

1. *Mécréance et discrédit 3. L'esprit perdu du capitalisme*, Galilée, 2006, p. 18-19.
2. Sur la liquidation du symbolique qui résulte de cet état de fait, cf. Dany-Robert Dufour, *L'Art de réduire les têtes, sur la nouvelle servitude de l'homme libéré à l'heure du capitalisme total*, Denoël, 2003.

programmes pulsionnelles détruisant la conscience dont le cerveau humain devrait être le foyer, et par les économies de services qui liquident les savoir-vivre, et avec eux l'attention sociale, en déchargeant les consommateurs de leurs existences, c'est-à-dire de leurs responsabilités.

Si ces facteurs de désindividuation sont néanmoins aussi les bases, et les seules bases, à partir desquelles il est possible et indispensable de former et d'inventer de nouvelles formes d'individuation psychique et collective (mais sur lesquelles aucune personnalité et aucune organisation politique ne travaille ni ne s'exprime), cela signifie qu'il faut analyser politiquement et économiquement à quelles conditions les processus de transindividuation peuvent être ainsi court-circuités, et comment ces courts-circuits peuvent être régulés et inversés par une politique de soin porté aux milieux symboliques sans lesquels une individuation psychosociale devient impossible – et avec elle un avenir, c'est-à-dire un désir d'avenir.

Le soin porté au symbolique, c'est ce qui se traduit dans le discours de Nicolas Sarkozy par ses propositions de politique confessionnelle, et lui permet de ne pas poser la question de la télécratie, c'est-à-dire : de la *maintenir* au cœur de notre misère politique, symbolique, spirituelle et finalement économique. Et que le symbolique soit d'abord le partage et en cela la participation, c'est ce à quoi Ségolène Royal s'adresse « symboliquement » à travers son propre blog comme lieu d'échange et de participation. Mais outre le fait que le niveau de cet échange témoigne à la fois d'un désir immense de participation de la part des personnes qui y contribuent et d'une absence totale de pensée et d'organisation de cette participation de la part de Ségolène Royal elle-même, la question d'une politique publique des forces d'individuation et de désindividuation portée par les technologies du symbolique est totalement absente des propositions politiques de cette candidate à la candidature.

Que la forme nationale soit condamnée à régresser, d'une part, et que d'autre part, cette régression, en tant que symptôme d'une régression de la *philia*, et à travers elle, du désir en général, coïncide avec une mélancolie généralisée, en France en particulier, mais aussi dans le monde entier, et sous des formes sans doute très variées, et parfois très violentes, ce sont là deux faits inéluctables qui signifient que si la forme *nationale* de la *philia* ne peut que s'amenuiser, sinon s'éteindre, il n'en reste pas moins qu'une *autre* forme de *philia* doit venir la remplacer : il n'y a pas de société humaine sans qu'une *philia* la lie et la préserve de l'atomisation et de la guerre civile, et l'entretien d'une telle *philia* est toujours aussi une politique de ses « instruments spirituels », qui sont aussi *les instruments de sa transindividuation*[1].

C'est vrai de la société magique et tribale comme des Grands Empires dynastiques et de la société basilique, de la cité grecque, de l'Occident féodal chrétien, des monarchies, parlementaires et absolues, et, finalement, des nations industrielles désormais hyperindustrielles. Et à cet âge hyperindustriel, cependant, les instruments spirituels sont devenus, comme technologies de l'esprit, la principale production de l'activité industrielle et l'infrastructure technique des industries de services, des industries de programme et de la télécratie. Et c'est là un changement majeur, et une rupture sans précédent, dans l'histoire des processus d'individuation.

Car le marché ne peut pas constituer la *philia* que les

---

1. Sur les instruments spirituels, cf. *Réenchanter le monde. La valeur esprit contre le populisme industriel*, Flammarion, 2006, p. 142-151 – et parmi les instruments spirituels, il y a les instruments du rituel et les instruments du culte, dont je parlerai dans un petit ouvrage à venir, *Prendre soin. Agriculture et industrie*. Sur le rapport entre transindividuation, instruments spirituels et plus généralement technologies de l'esprit, cf. *infra*, p. 159 *sq*.

instruments spirituels se doivent de produire. C'est évidemment ce qu'il tente de faire, afin de détourner l'énergie libidinale que constitue cette *philia* vers ses propres objets d'investissement. *Mais il n'y parvient pas* : à travers la télécratie qui est devenue sa loi, il la détruit en remplaçant le désir par la pulsion, à la fois grégaire et centrifuge, fusionnelle en même temps qu'explosive. Si le marché prétend la constituer, c'est parce que l'économie libidinale est devenue le cœur de la vie économique du capitalisme industriel, et depuis longtemps. Mais la nouvelle économie libidinale ne peut pas être portée par l'économie capitaliste : celle-ci tend à la détruire parce qu'elle ne sait faire que calculer, là où l'objet du désir qu'est la *philia* ne peut consister qu'à demeurer incalculable. Dès lors, les instruments spirituels ne fonctionnent plus que comme des technologies de contrôle.

16. *Le sens contraire du pire, et ce que n'a pas compris Lionel Jospin*

Que cette incalculabilité demeure vive dans certaines manifestations publiques devenues des supports privilégiés du marché des temps de conscience, tel le football, ne doit pas nous masquer que le marché est *par nature* ce qui fait obstacle à la *philia*.

La grandeur de Zinédine Zidane réside, outre son jeu, dans un geste qui a sublimé tout calcul, et qui a donné un sens profond, profondément politique et absolument *inespéré*, à la Coupe du monde de football 2006 : le sens de ce que les Grecs appelaient l'*aidôs* (que l'on traduit par honte, mais aussi par honneur). Zinédine Zidane aura été, en cela, « l'honneur de la France ». Et les Français ne s'y seront pas trompés : le lendemain du match de cette Coupe du monde au cours duquel il dut sortir du terrain après avoir été provoqué par un adversaire, et ayant ainsi fait perdre son équipe, 61 % d'entre eux disaient lui avoir « pardonné », 74 % disaient admirer l'équipe qu'il avait dirigée, et 78 % le considéraient être le meilleur joueur de cette coupe[1]. Ces Français *aiment* Zidane. Et cela les rend heureux (et cela fait enrager Jean-Marie Le Pen et quelques autres). Car qu'est-ce qui peut rendre *plus* heureux qu'*aimer* ?

Zinédine Zidane est devenu un symbole encore plus puissant parce qu'il a préféré perdre un match qui couronnait toute sa carrière plutôt que de perdre ce qu'il considérait être alors son honneur, et les Français l'ont bien compris, et ils l'ont admiré pour cela. Une individuation psychique et collective, sans laquelle ne peut se former aucun espace politique, est ce qui cultive de tels symboles qui tirent vers le meilleur, en indiquant le sens contraire du pire, à savoir qu'il y a un au-delà du calcul, et que cet au-delà est cependant sur terre, et, précisément pour cela, qu'il peut et doit faire l'objet d'une politique, et pas seulement d'une politique confessionnnelle : il faut « croire en ce monde », disait Deleuze pour cela.

Cette politique d'un au-delà du calcul qui n'est pourtant pas simplement confessionnelle, ni simplement culturelle, doit être aujourd'hui une politique industrielle. Car le symbolique, dont le football est une expression, sportive et parfois festive, c'est d'abord ce qui organise la vie de tous les jours dans ses moindres détails : c'est ce qui forme les recoins les plus intimes et les plus inconscients de nos âmes, ce qui trame et conduit les plus imperceptibles soubresauts de nos gestes. Et c'est cela même dont les industries de services et les industries de programmes se sont emparées pour le soumettre totalement au calcul, ce qui conduit à sa désymbolisation, à sa pulsionnalisation et à sa grégarisation : au populisme industriel comme destruction des savoir-vivre que sont les échanges symbo-

---

[1]. Sondage CSA publié par *Le Parisien* du 11 juillet 2006.

liques, et à la destruction de la *philia* qui n'est que comme trame de tels savoir-vivre.

Cette industrialisation du symbolique n'est pas la cause de sa destruction par essence, mais par accident : il n'en va ainsi que parce que le modèle industriel que met en œuvre cette industrialisation est caduc, et totalement inapte à soutenir une économie politique et industrielle de la *philia* – ce qui est le seul avenir possible pour une individuation psychique et collective retrouvée. Faute d'une politique qui renverse l'état de fait qui consiste à imposer aux milieux symboliques le modèle industriel issu du XIXe siècle, qui domina encore la première moitié du XXe siècle, et qui permit à la grande industrie d'exploiter les ressources naturelles (mais aussi de les épuiser), les sociétés hyperindustrielles s'effondreront, et c'est là le premier enjeu politique en France, comme dans tous les pays industrialisés.

Ars Industrialis soutient, comme c'est développé dans *Réenchanter le monde. La valeur esprit contre le populisme industriel*, que c'est uniquement en tirant parti des nouveaux milieux techniques associés[1] que constituent les nouveaux instruments spirituels, à savoir les technologies culturelles et cognitives numériques, que pourra s'inventer le nouveau modèle industriel – ce dont les candidats à la candidature, en France, ne disent pas un mot : ni eux, ni leurs conseillers ne semblent en avoir la moindre idée. Et une telle politique ne peut être qu'une lutte de la démocratie contre la télécratie, qui est le mépris de la démocratie[2].

---

1. *Réenchanter le monde*, *op. cit.*, p. 143.
2. Cf. Jacques Rancière, *La Haine de la démocratie*, La Fabrique, 2005. Je ne suis pas sûr que la question de la haine quant à ce qui menace la démocratie soit juste. Qu'une telle haine existe, c'est une évidence. Qu'elle constitue une question politique et philosophique n'en est pas pour autant évident. J'y reviendrai dans un prochain ouvrage.

Parce que le marché *ne peut pas* constituer la *philia* – c'est en cela que l'économie de marché ne devrait pas aboutir à la société de marché, c'est-à-dire à la société dissociée –, l'avenir industriel nécessite une nouvelle politique publique, et une *nouvelle forme de puissance publique*, régionale[1], nationale et européenne, qui ouvre à l'activité industrielle des possibilités tout à fait inédites. La question de la différence entre économie de marché et société de marché, et la nécessité d'empêcher le marché d'imposer ses règles à *toutes* les dimensions de la société, forment un ensemble de questions dont Lionel Jospin a tenté d'esquisser une formulation, mais qui a été finalement ressentie, malgré ses qualités de dirigeant national et son intégrité, comme son *impuissance publique*. Ce qu'il n'a pas compris lui-même, c'est que, dans cet ensemble de questions, la première de ces questions est technologique (telle est la conviction d'*Ars Industrialis*), et que, réciproquement, l'avenir de la technologie, aussi étrange et paradoxal que cela puisse paraître tout d'abord, est du côté de la *philia*.

Lionel Jospin n'a pas compris, autrement dit, que l'enjeu de la société de l'information, sujet politique qui le conduisit à nommer un conseiller dans son cabinet[2], c'était précisément de ne pas devenir une société de marché, et c'est ce qui lui a été reproché après son dis-

---

1. Je citais précédemment un ouvrage de Christian Blanc, *La Croissance ou le Chaos*, Odile Jacob, 2006, qui défend l'idée d'une telle politique au niveau régional, inspirée des travaux de Michael Porter, et mettant en œuvre le concept de *cluster*. Ce que n'interroge pas Christian Blanc en revanche, c'est la limite du modèle industriel lui-même. Et bien qu'il critique vivement l'Agence d'innovation industrielle et le rapport Beffa, et avec des arguments très convaincants, il ne précise pas non plus le rôle de la politique industrielle des niveaux nationaux et transnationaux.

2. Jean-Noël Tronc, aujourd'hui directeur du marketing d'Orange, ancien consultant du cabinet d'audit Andersen Consulting.

cours d'Hourtin, le 30 août 1999, par un communiqué de presse de l'association Iris notamment : au moment où il prétendait dénoncer l'évolution de l'économie de marché vers les sociétés de marché, il organisait cette évolution lui-même par les mesures qu'il proposait pour le développement de la « société de l'information » – précisément comme société de marché, c'est-à-dire : de dissociation[1]. Cela ne signifie pas nécessairement une duplicité : c'est plutôt le symptôme d'une absence d'analyse sérieuse de ce que sont les « sociétés de marché ».

De ces sociétés de marché, il est possible de donner la définition que voici : ce sont les sociétés dans lesquelles le marché court-circuite les longs circuits de la transindividuation, c'est-à-dire les circuits du désir[2].

Lionel Jospin n'a pas compris :

1. que le symbolique est le premier enjeu politique, en tant que ce qui forme le lien sans lequel les sociétés se sentent menacées (ce qui hypertrophie évidemment le sentiment d'une insécurité par ailleurs réelle, et cela joua un rôle important dans le scrutin du 21 avril) ;

2. que les forces technologiques qui peuvent former aussi bien des milieux associés que des milieux dissociés sont spontanément et toujours d'abord des forces centrifuges (dissociantes) ;

3. que c'est l'objet même de la politique d'en faire les forces centripètes (associantes) du désir politique, tout

---

1. « Déclarations du gouvernement à Hourtin : Au-delà des beaux discours, la société de marché s'organise », cf. www.inms.sgdg.org/liste/199908/msg00018. html. Sur ce thème, cf. aussi Jacques Robin, « Notre type d'économie de marché fonde bien la société de marché », www.globenet.org/transversales/generique/numeros/62/pointdevue.html.

2. J'ai analysé plus avant la question de ce que j'appelle ici le circuit du désir dans *De la misère symbolique 2. La* catastrophè *du sensible*, Galilée, 2005, p. 226.

aussi bien que, par là même, d'un nouveau dynamisme économique ;

4. qu'à l'époque de la convergence des technologies numériques, cette question doit être mise au cœur d'une nouvelle politique industrielle et d'un dynamisme économique retrouvé.

Outre cela, et parce qu'il n'a pas su analyser les causes de la dissociation, et par exemple les comportements de ceux que Jean-Pierre Chevènement croyait devoir appeler des « sauvageons », il a vu sa base électorale se fragmenter, il n'a pas su la rassembler, la relier.

17. Nous, « le peuple », et nos représentants

C'est parce que la communauté des représentants politiques *dans son ensemble* n'a *aucune* intelligence de la dimension technologique du désir, de l'esprit, du dynamisme aussi bien que des forces de destruction qu'elle porte (en tant qu'elle est techno-logique), au sein des processus d'individuation, et du fondement politique que constitue de ce fait la *philia*[1], que cette communauté des représentants politiques ne représente plus grand monde, et que le populisme industriel, qui exploite cette technologie à son profit exclusif, règne sans partage. Que les représentants politiques n'en aient pas l'intelligence tient à de très nombreuses causes (dont, en France, la nature et l'organisation de la formation supérieure, dans les grandes

---

1. Sur cette question, qui nécessiterait évidemment de plus amples développements, cf. *Aimer, s'aimer, nous aimer. Du 11 septembre au 21 avril*, Galilée, 2003, p. 28, et surtout *Mécréance et discrédit 3*, *op. cit.*, p. 93. Le tome 5 de *La Technique et le Temps*, à paraître, lui sera intégralement consacré.

écoles et plus encore à l'ENA), mais il y en a trois qui dominent :

D'une part, toute la tradition philosophique, mais aussi psychanalytique, a consisté à dissimuler cette dimension techno-logique de l'esprit et du désir.

D'autre part et surtout, affronter ces questions, c'est aussi, et inévitablement, affronter les industries de programmes et s'opposer à leurs intérêts immédiats, c'est s'opposer à la télévision, et à la télécratie qui déforme aujourd'hui l'opinion en audiences, qui est devenue la misérable réalité de la démocratie. S'opposer à un tel état de fait, c'est donc risquer de se trouver *coupé* de ce qui n'est plus une opinion publique, de ces cerveaux dont il s'agit d'évacuer la conscience, de ce qui est manipulé en permanence comme système réflexe d'où il s'agit d'évacuer toute réflexion par ces industries de programmes dont les intérêts économiques, directs et indirects, sont colossaux : il suffit de se pencher sur la situation du groupe Bouygues, propriétaire de TF1.

Enfin, et en conséquence, tout comme Anthony Blair s'est acoquiné avec Rupert Murdoch en Angleterre, et s'en est rapidement retrouvé l'otage, les « présidentiables » recherchent toujours les faveurs de ce que l'on a appelé le « quatrième pouvoir » – qui est devenu le premier – avant tout en devenant eux-mêmes des acteurs de ces programmes de télévision, faisant de la télé-réalité politique, et par là de l'audience, cultivant systématiquement leurs personnages et leurs discours dans le sens de ce qui, devant ces audiences télécratiques, *détruit l'opinion* et avec elle la *démocratie*. Dès lors, ils s'autosuggestionnent ce qu'ils disent devant les caméras pour s'en convaincre eux-mêmes (faute de quoi ils ne seraient pas convaincants), autrement dit ils s'aveuglent, et d'autre part, détruisant cette instance critique qu'est l'opinion, contribuant à la court-circuiter pendant qu'ils devraient la représenter comme puissance de transindividuation, ils perdent eux-mêmes toute capacité critique quant à leur propre situation[1]. Dès lors, ils ne croient plus ni dans la puissance de l'opinion qu'ils confondent avec les audiences, c'est-à-dire avec l'audimat, ni dans le sens de leur propre action, ni donc dans la *puissance publique* qu'ils représentent : ce sont les *nouveaux mécréants*, ils deviennent cyniques, et ils sont perçus comme tels. Ils sont alors *discrédités*, et la démocratie avec eux.

Cet état de fait est ce qui résulte de l'apparition de ce nouveau type de foule artificielle qu'est le canal de radio-télédiffusion, et qui forme un nouveau *group mind*, selon le concept de Mac Dougall, auteur qui fut étudié de près par Freud puis par Adolf Hitler, ainsi que par les spécialistes du marketing et de ce qui en constitue l'origine, les *public relations*, originellement conçues par Edward Bernays, un neveu de Freud dont j'ai rappelé ailleurs le rôle majeur dans l'usage de théorie de la libido pour la formation des masses de consommateurs[2].

Or, ce qui est vrai du marketing des marchandises l'est aussi de ces produits politiques que sont les présidentiables. Tout comme la captation du désir détourné vers

---

1. Lionel Jospin est l'un des seuls à avoir su résister, et pendant longtemps, à cette machine à broyer les personnages potentiellement historiques. C'est ce qui lui a longtemps valu l'estime des Français, y compris au-delà de sa « base électorale », et c'est ce qui le situa longtemps en position de « présidentiable » *par excellence*. On pouvait cependant s'attendre à un effondrement dans le fait qu'il laissait Claude Allègre, son ancien directeur de cabinet au ministère de l'Éducation nationale devenu ministre de ce même portefeuille, ouvrir la voie aux pires discours populistes que l'on avait entendu à la télévision depuis son origine même (à l'exception évidemment de l'extrême droite). Claude Allègre, l'un des êtres les plus vulgaires qui aient prétendu représenter le peuple français, était *l'homme de confiance* de Lionel Jospin : il y avait dès l'origine un problème de fond.

2. *Mécréance et discrédit 1. La décadence des démocraties industrielles*, Galilée, 2004, p. 148.

les marchandises finit par le détruire, et finalement par transformer ces marchandises en supports de comportements addictifs, puis en dégoût, le marketing politique qui canalise la libido vers ses candidats aux responsabilités détruit cette libido, qui s'appelle cependant la *philia*. Il détruit donc la politique, et détruit ces candidats eux-mêmes en tant que *représentants* politiques, qui ne représentent plus qu'eux-mêmes, et qui sont devenus des gestionnaires des pulsions (quand ils n'en sont pas des manipulateurs).

C'est lamentable, profondément antidémocratique, mais c'est évidemment aussi en grande partie inconscient ; cela demeure impensé de la part de ces prétendants parce que c'est induit par ce que l'on appelait, il y a maintenant des décennies, l'*idéologie*.

La libido, en tant que *philia*, est précisément l'objet du politique par excellence, et le fait que les hommes et les femmes politiques de notre temps se soumettent à l'exploitation télécratique de cette puissance au prix de la production d'une *impuissance publique*, c'est-à-dire en acceptant la transformation des opinions en audiences, et par là du désir en pulsions, est littéralement désolant. Tous ne s'y prêtent évidemment pas de la même façon, mais aucun n'y échappe. Aucun ne peut y échapper d'ailleurs, et la question n'est pas de faire reproche à quiconque de cet état de fait : la question est que désormais, à notre époque où le populisme industriel est manifestement devenu la plaie de la cité, ces hommes et ces femmes politiques :

• d'une part, prennent conscience de cet état de fait, en tant qu'ils *nous représentent*, mais ne peuvent pas nous représenter correctement dans de telles conditions qui *nous* court-circuite, « nous », c'est-à-dire « le peuple » en tant que puissance d'une individuation psychique et collective,

• d'autre part, combattent cet état de fait, et se donnent les moyens – c'est-à-dire *nous* donnent les moyens, et par des propositions politiques qui sont nécessairement aussi des propositions de politique industrielle – de le dépasser.

La démocratie ne peut consister (et être par là *consistante*) que dans la critique d'une telle situation, que dans la distinction, autrement dit, entre démocratie et télécratie (*krinein*, origine du mot critique, signifie distinguer) – mais qui ne se dissimule pas, pour autant, que la démocratie a *toujours* été habitée par une *tendance* télécratique [1].

Que la philosophie française, à la fin du XXe siècle, n'ait pas facilité une telle critique, c'est évident : elle a posé, bien à tort, que l'idée de critique appartenait au passé (à la métaphysique, au discours de la maîtrise, etc.). Autrement dit, l'état de fait dominant n'est pas simplement le fait des représentants politiques ou des acteurs économiques, et des facteurs technologiques, c'est aussi celui du monde intellectuel, et en particulier des philosophes, qui sont là pour aiguillonner la cité – ce sont des taons, dit Socrate [2] – mais aussi pour aider les hommes et les femmes qui ont le courage (toujours ambigu, mais dont il faut toujours leur faire le crédit qu'il comporte nécessairement un au-delà des seules « ambitions personnelles ») de revendiquer l'épuisante responsabilité d'une action publique.

Parce que la dimension technologique du désir, et donc de la *philia*, *peut* faire l'objet d'une politique nationale et internationale, il n'y a *aucune fatalité* à ce que la démocratie se dissolve dans la télécratie, et que le capitalisme s'autodétruise du même coup, et nous détruise avec lui – que nous soyons habitants de la France ou de quelque pays du monde que ce soit. Mais les hommes et les femmes politiques n'en viendront à considérer l'avenir dans cette perspective que sous la pression de l'opinion qui saura se former, se reconstituer au-delà de la télécratie, contre sa

---

1. *Réenchanter le monde*, *op. cit.*, p. 74-80.
2. Platon, *Apologie de Socrate*, 30e.

réduction au misérable statut d'« audience » et en luttant elle-même contre son devenir-audience.

Tel est précisément l'enjeu de tout ce qui se joue sur Internet. C'est ce que Ségolène Royal a senti. Mais aux affaires, il ne suffit pas de sentir : il faut aussi penser. Et d'autre part, la pensée d'un représentant du « peuple » est du côté de ce « peuple » : par lui-même, un représentant du « peuple » ne pense pas grand-chose ; c'est le « peuple » qui doit penser pour lui, lui ou elle, qui ne fait que catalyser cette puissance de penser collectivement – qui ne fait qu'individuer ce fonds préindividuel qu'est un peuple. On me dira que c'est justement ce que veut être le blog de Ségolène Royal : je répondrai que c'est exactement le contraire – ou plus précisément, que c'en est une *parodie*.

C'est à *nous*, « le peuple », de jouer : la balle est dans notre camp. Et pourtant... et pourtant, on attend d'un homme et d'une femme politique qu'ils aient des idées, et des idées qui leur soient propres, qui soient les leurs, et qui leur confèrent leur indispensable autorité, qu'ils soient *en avance* sur leur temps, et donc sur l'opinion, qu'ils révèlent à cette opinion ce qu'elle porte en puissance, en tant que fonds préindividuel, de nombreux degrés au-dessus du zéro de la pensée, et qu'eux mieux que les autres, en tant que représentants politiques, sont censés être capables d'individuer collectivement, devraient savoir faire passer à l'acte – l'acte de ce peuple qui manque, comme le dit Paul Klee.

Comment penser cela tout en continuant à définir les hommes et les femmes politiques comme des *représentants* du peuple, c'est-à-dire *comme des interprètes du désir* du peuple, et non comme les porte-parole des pulsions populistes, par la libération desquelles se *défait* le peuple, c'est-à-dire : par lesquelles se détruit le processus d'individuation, plutôt qu'il ne s'y trans-forme (et ne s'y individue) ?

Cette question est celle de la transindividuation, et des représentants du préindividuel en tant qu'ils transindividuent celui-ci dans les milieux symboliques associés et contre les forces de dissociation (de désindividuation). Ces facteurs de transindividuation, ces catalyseurs, ce sont des représentants, et il y en a de toutes sortes : les représentants politiques en sont une catégorie particulière. Tout parent est par exemple un représentant – de sa famille et de ses enfants : il est doté en cela d'une autorité, dite parentale, et devant la loi, mais la loi ne suffit pas à fonder cette autorité, car celle-ci se mesure à sa capacité à transindividuer sa famille, c'est-à-dire à la former, et par là à l'introduire devant la loi en tant que représentant capable de se constituer en support d'un *processus d'identification primaire*, comme on va le voir.

La moindre organisation sociale suscite plus ou moins formellement des représentants et des porte-parole – mais la formalisation de cette représentation ne suffit jamais à sa représentativité : elle nécessite aussi un processus d'identification qui est la clé de toute *philia*. La vie politique est une façon spécifique, et qui a ses règles, appelées des lois, de donner à l'individuation des représentants – et ces lois sont ce qui concrétise socialement une identification. Il y en a d'autres catégories de représentants, dans la société politique comme dans d'autres formes de sociétés, c'est-à-dire dans d'autres formes de processus d'individuation. Dans la société politiquement organisée, il y a des représentants non politiques qui représentent pourtant aussi l'individuation *dans son ensemble*, et même *au-delà* des frontières du processus d'individuation psychique et collective auquel ces représentants appartiennent. C'est par exemple le cas des artistes[1], et plus généralement du monde de l'esprit, y compris religieux. Tous ces représen-

---

1. Je me suis penché sur cette question dans *De la misère symbolique 2*, *op. cit.*

tants sont, avec les représentants politiques, des transducteurs[1].

Or, les conditions d'émergence des représentants, sous toutes les formes, dans tous leurs rôles, sont intimement liées aux techniques par lesquelles se forme cette histoire, et en tant que ces techniques surdéterminent et par là indéterminent[2] les conditions de la transindividuation. C'est en cela que les représentants politiques ont une prise sur l'individuation et, à travers elle, sur la *philia*. Mais avant d'étudier ces questions, et les facteurs de transindividuation dans leur ensemble, il nous faut cependant revenir vers la question de l'individuation en général, et ouvrir un nouveau chapitre pour préciser ce qu'il en est de ces questions dans le contexte très spécifique des sociétés de marché.

---

1. Cf. *infra*, p. 98 et p. 115.
2. Cf. *supra* sur les tendances centrifuges, p. 79 *sq*.

Chapitre 5

LES « SOCIÉTES DE MARCHÉ » ET *NOUS*

18. *Idéal du moi et idéal de la population*

Nous, c'est-à-dire « le peuple », c'est ce qui se produit comme processus d'individuation psychique et collective, comme singularités rassemblées de *je*, comme singularités d'individus psychiques rassemblés par le désir de former ce *nous* : cet individu collectif.

Ce peuple manque, déclare donc Paul Klee. Il *nous* manque : nous *nous* manquons – et ce, parce que le *nous* devient un *on*[1]. Mais qu'il manque, cela signifie aussi et d'abord qu'il est sans cesse en cours d'individuation : il est ce qui n'est pas donné, ce qui se forme et se déforme, ce qui se fait défaut, restant toujours à venir. Il est l'avenir en cela. Ce peuple, c'est l'avenir de la population comme ce qui l'unit, c'est le processus de son individuation jamais achevée, toujours à recommencer, et cela s'appelle aussi l'Histoire.

Le peuple, en cela, n'existe pas : il est une idée qui se forme dans la population, et par laquelle le peuple consiste comme le *désir* de cette population. Et en cela, le peuple

---

1. Cf. *Aimer, s'aimer, nous aimer. Du 11 septembre au 21 avril*, Galilée, 2003, p. 17.

est à la population ce que l'*idéal du moi* est au moi. Le peuple est l'idéal de la population, qui devient du même coup l'idéal du peuple qui s'invente ainsi.

Un scrutin présidentiel devrait être l'occasion d'une telle invention.

Cette *invention*, c'est ce que Jacques Derrida a mis en évidence en étudiant la genèse de la Déclaration d'indépendance des États-Unis d'Amérique – où Thomas Jefferson, qui parle au nom du peuple alors même que le peuple n'existe pas encore, puisqu'il parle pour le constituer[1], joue le rôle transducteur entre la population et le peuple comme désir de cette population, désir qui se forme dans l'opération même de transduction, c'est-à-dire dans un *après-coup*, tout comme Simondon montre que la fabrication d'une brique résulte d'une opération de transduction entre le potentiel préindividuel de l'argile et la forme du moule, qui informe la matière de cette argile depuis sa plus intime structure moléculaire[2] : l'individuation est une transduction, c'est-à-dire une relation transductive, où c'est la relation qui, comme acte, constitue les termes par le fait qu'elle les met en relation. Telle est aussi la responsabilité du représentant politique – qui doit cependant, pour cela, inventer aussi le moule.

Ce moule, c'est, au niveau de l'individuation psychique et collective, et comme invention politique toujours aussi technique (comme technique organisationnelle – juridique, économique, administrative, financière, fiscale, etc.), ce qui opère un nouveau type de transduction du transindividuel, tandis que le transindividuel est typique de l'individuation psychique et collective qui est le régime

---

1. Jacques Derrida, *Otobiographie*, Galilée, 1984, p. 22 ; et mes commentaires dans *Constituer l'Europe 2. Le motif européen*, Galilée, 2005, p. 55-56.

2. Simondon, *L'Individu et sa genèse physico-biologique*, Jérôme Millon, 1995, p. 38-46.

d'individuation des êtres humains et des sociétés qu'ils forment et où l'individu est constitué par le collectif et comme ce par quoi il s'extériorise :

> Le rapport entre l'individu et le transindividuel se définit comme ce qui *dépasse l'indivdu tout en le prolongeant* : le transindividuel n'est pas extérieur à l'individu et pourtant se détache dans une certaine mesure de l'individu[1].

Le fruit de cette extériorisation, c'est ce qui forme le transindividuel en tant que ce qui unit l'individu au collectif par le fait que ce collectif constitue l'intérieur de l'individu comme rapport à son extérieur :

> L'individualité psychologique apparaît comme étant ce qui s'élabore en élaborant la transindividualité ; cette élaboration repose sur deux dialectiques connexes, l'une qui intériorise l'extérieur, l'autre qui extériorise l'intérieur[2].

Ces rapports d'intériorité et d'extériorité qui ne s'opposent pas mais composent sans cesse, c'est la question du politique même, et c'est elle qui nécessite l'invention de « moules », c'est-à-dire de ces *techniques du transindividuel* dont les hommes et les femmes politiques sont des inventeurs – dans la mesure où

> il y a dans l'invention quelque chose qui est au-delà de la communauté et institue une relation transindividuelle[3].

Or, dans la mise en relation que réalisent ces « moules », les fonds préindividuels, par exemple la langue, en tant que

---

1. Simondon, *L'Individuation psychique et collective*, Aubier, 1989, p. 156.
2. *Ibid.*, p. 157.
3. *Ibid.*, p. 266.

milieu associé[1], mais aussi, de façon plus générale, tous les systèmes qui se co-individuent avec les individus psychiques, et forment à travers eux des individus collectifs, que l'on peut décrire comme langue (système linguistique métastabilisé par des transindividuations linguistiques, que Saussure décrit comme synchronie de la langue), comme droit (comme système juridique, métastabilisé par des transindividuations jurisprudentielles et parlementaires), comme système économique (dont les acteurs économiques sont les transducteurs métastabilisant des relations économiques qui sont elles aussi des transindividuations et des relations en cela – qui, aujourd'hui, avec les technologies R, tendent cependant à court-circuiter les autres transducteurs), comme système technique (qui rend possible des technologies R, mais qui est plus généralement la base de tous les autres systèmes, comme on le verra), etc., tous les potentiels préindividuels dont sont aussi porteurs ces individus collectifs pour les individus psychiques, constituent les possibilités aussi bien que les limites qui donnent à l'action politique son jeu, étant entendu par ailleurs que l'action politique, comme transduction, c'est-à-dire comme mise en relation, est essentiellement une opération non seulement de transindividuation, mais de méta-transindividuation : c'est une métastabilisation des conditions dans lesquelles pourront se concrétiser les transindividuations à venir (et des transductions à venir).

Car le représentant politique de l'individuation, et plus encore celui qui préside une république démocratique, est en position d'opérer des transductions entre les systèmes eux-mêmes, et là se forment précisément les possibilités méta-transindividuelles, ce que j'ai appelé dans *Réenchanter le monde* les possibilités de méta-transformations.

---

1. Cf. *supra*, p. 30 *sq.*

On me dira que c'est là un discours de métaphysique politique, et que de nos jours, la question qui intéresse les Français, et plus globalement les humains, c'est leur survie, c'est leur « fin de mois », c'est l'avenir de leurs enfants, comme nous l'avons vu. À cela, je répondrai que justement, c'est par la capacité que le processus d'individuation psychique et collective qu'est le peuple français aura à se trans-former, et à se trans-former dans ses conditions générales d'individuation, et en cela, à se méta-transformer, et ce, à l'époque de la télécratie, et pour retrouver un fonctionnement réellement démocratique, que ce peuple saura inventer un avenir économique et industriel, porteur d'une nouvelle prospérité, étayée sur son désir d'avenir, et ouvrira ainsi un avenir à sa jeunesse retrouvée.

L'*idéal de la population*, c'est-à-dire le peuple, c'est donc un désir (que le populisme, industriel ou politique, décompose[1] en pulsions). Mais ce désir est ce qui se produit socialement, comme on l'a vu dans les chapitres précédents, et selon les règles d'une économie : l'économie libidinale, qui est elle-même tramée de relations transindividuelles. De même que l'argile a une structure moléculaire qui rend possible la production des briques et nécessaire la forme du moule[2], il y a une structure du désir qui permet de faire des choses, et qui empêche de faire n'importe quoi – sauf à détruire ce désir même, et ce désir en tant qu'il doit pouvoir être celui de *n'importe qui* en tant que cet individu qui, nous dit Jacques Rancière, forme la démocratie.

---

1. Je tiens à ce verbe dé-composer dans la mesure où le désir est strictement ce qui com-pose les pulsions de vie et de mort. Sur ce point, cf. *Aimer, s'aimer, nous aimer*, op. cit., p. 42, et *Mécréance et discrédit 3. L'esprit perdu du capitalisme*, Galilée, 2006, p. 89-95.

2. Simondon, *L'Individu et sa genèse physico-biologique*, op. cit., p. 44-45.

Il faut désormais s'approcher plus près des conditions générales d'une telle production (du désir, et du désir du *n'importe qui* démocratique, qui n'est donc pas n'importe quoi), et telles qu'elles sont configurées par cette structure du désir, et de leurs conditions historiquement concrètes de trans-formation – car le désir est essentiellement désir de trans-formation, laquelle est constituée par la technicité originaire de ce désir.

19. Retour sur la télécratie
comme destruction de l'identification primaire et source fondamentale de l'anxiété sociale

L'idéal du moi est ce qui se forme sur la base des processus d'identification, et c'est aussi vrai de l'idéal de la population : les processus d'individuation, psychiques ou collectifs, supposent des processus d'identification dont il faut distinguer deux stades : l'identification primaire, et l'identification secondaire.

J'ai récemment rappelé[1] que la *psyché* de l'enfant se constitue par ce que Freud appelle l'identification primaire : il désigne ainsi l'intériorisation par l'enfant du modèle parental, que l'on appelle aussi l'*imago*, processus par lequel l'enfant adopte et reproduit des critères comportementaux de ses parents – eux-mêmes inscrits dans le surmoi. Cette adoption qui se produit dans la prime enfance a une force particulière : elle est quasiment indélébile, et elle est l'origine de la formation de l'idéal du moi. Elle fournit à l'individu psychique des critères qui sont essentiels à son devenir adulte dans la mesure où celui-ci consiste en une série d'identifications secondaires, c'est-à-dire d'attachements à d'autres per-

---

1. *Mécréance et discrédit 2. Les sociétés incontrôlables d'individus désaffectés*, Galilée, 2006, p. 82-90.

sonnes, à d'autres objets d'affection, de tendresse, de sublimation et d'admiration, et qui forment sa personnalité par sédimentation :

> Le caractère du moi résulte de la sédimentation des investissements d'objets abandonnés, [...] il contient l'histoire de ces choix d'objets[1].

Mais au cours de ces identifications secondaires, des conflits se produisent dans le *moi* de l'individu psychique : à travers elles, il adopte de nouveaux objets auxquels il s'identifie, et ceux-ci peuvent s'avérer incompatibles les uns avec les autres, et menacer l'unité même du *moi*[2]. C'est ici qu'intervient comme arbitre l'*idéal du moi*, qui garantit ainsi l'*unité* de ce *moi*.

De même, l'*idéal de la population* qu'est l'idée du peuple, et dont les hommes et les femmes politiques sont des représentants, est ce qui doit apporter l'unité du processus d'individuation psychique et collective qu'est un espace public, par exemple une république démocratique comme la France, face aux identifications secondaires que sont aussi les processus d'adoption de ce que j'ai nommé ci-dessus les forces centrifuges du dehors. Cette unité est alors ce qui peut trans-former les forces centrifuges en forces centripètes, en forces « du peuple », autrement dit : en puissance du processus d'individuation.

Or, au niveau de l'individuation psychique, la télévision et le marketing tendent à se substituer à l'objet d'identification primaire que constitue le couple parental, et par là même, à détruire le surmoi à sa racine. Mais ils modifient

---

1. Sigmund Freud, « Le moi et le ça », *Essais de psychanalyse*, Petite Bibliothèque, Payot, 2001, p. 271.
2. Ce qui trouve aussi sa possibilité dans ce que Simondon appelle les *déphasages* de l'individuation, et constitue en cela la dynamique même de ce processus, que l'arbitrage de l'idéal du moi vient cependant *métastabiliser* et en cela, aussi, *transindividuer*.

également ainsi, comme par bien d'autres voies (dont ce que j'ai appelé dans ce qui précède la dissociation décrit le mécanisme général), les conditions premières de la transindividuation au niveau de l'individuation collective : ils court-circuitent les possibilités de former un idéal du peuple à partir des fonds préindividuels que porte la population en ruinant le désir de cette population.

Car de même qu'il y a une identification primaire au couple parental pour l'individu psychique, il y a une identification primaire à un processus d'individuation de référence pour l'individu collectif, et que détruisent les courts-circuits dans la transindividuation : c'est ce que nous allons bientôt examiner en détail. Que l'identification primaire s'ajointe originairement avec un processus d'individuation de référence, c'est ce qui apparaît par exemple dans le fait qu'en intériorisant l'*imago* parentale à travers la langue maternelle, l'individu psychique se projette tout aussi bien dans l'individuation collective précisément en tant qu'elle forme par la transindividuation une individuation de référence, c'est-à-dire constitutive d'un individu collectif qui constitue lui-même un surmoi.

Le détournement d'identification, aussi bien pour l'individu psychique, par exemple l'enfant, que pour l'individu collectif, qui est précisément infantilisé en cela, mis en position infantile devant l'appareil télécratique, et qui devient par là un *on*, et non plus un *nous*, c'est ce qui constitue la base de la télécratie, et c'est ce qui repose sur la constitution d'un type spécifique de foules artificielles. Ce détournement produit une désidentification et une désindividuation psychiques aussi bien que collectives. Mais c'est aussi ce qui fait apparaître de nouvelles formes d'identifications régressives (c'est le sujet du chapitre 6).

Or, dès lors que s'affaiblissent les processus d'individuation, et que surviennent la perte d'individuation psychique et la perte d'individuation collective sous les effets induits par la télécratie, le défaut d'individuation devient producteur d'anxiété sociale, avec tout ce qui l'accompagne de perte de confiance, immobilismes, tétanisations diverses, possibilités de manipulation par la peur, xénophobies et racismes, discours sécuritaires de tous poils, moralismes archaïsants, homophobies, et tant d'autres phobies.

Le paradoxe est que la domination hégémonique des critères du marché sur les évolutions sociales, qui est la cause profonde de cette fragilisation des processus d'individuation, apparaît alors précisément comme ce qui seul permet encore de différer la destruction totale du collectif, comme la seule issue pour combler la perte d'individuation, où le peuple n'est plus simplement ce qui fait défaut – comme fait défaut l'objet de tout désir –, mais où l'idée même de peuple, en tant qu'idéal de la population, est devenue purement et simplement inconsistante, creuse, vaine, dégoûtante même : broyée par les mécanismes pulsionnels dans lesquels le peuple s'évanouit comme populisme – de droite ou de gauche. La « défense de la consommation » devient alors le seul objet « politique » – et la croissance, hors de laquelle il n'y a pas d'avenir, je le crois comme Christian Blanc et avec bien d'autres, est *confondue* avec la consommation, laquelle fabrique artificiellement des besoins, qui sont eux-mêmes confondus avec des désirs [1].

Du coup, le marché, qui détruit l'individuation, apparaît comme ce qui reste quand il n'y a plus rien : une sorte de squelette, ou plutôt un fantôme cachant ce squelette. Comme consommation, le marché devient ce qui

---

[1]. Ces questions ne sont pas du tout claires aujourd'hui dans le débat autour de la nécessité ou au contraire de l'absurdité d'une « décroissance ». Ce sujet est encore trop souvent, pour le moment, l'occasion d'opposer des deux côtés des points de vue caricaturaux.

constitue désormais l'unique horizon de toute identification collective, que le marché pénètre donc encore plus, c'est-à-dire creuse et décompose encore plus, et rend autrement dit encore plus absurde : c'est le temps où apparaissent – outre les partisans de la décroissance et les commandos dits « anticonsommation » – les « alterconsommateurs », avec leurs paradoxes si aisés à démonter par ailleurs ; et c'est ce que décrit somnambuliquement, sans très bien le vouloir ni le savoir, l'ouvrage médiocre mais par cela même intéressant de Gilles Lipovetsky, *Le Bonheur paradoxal*[1].

Le problème est que cette identification collective est devenue structurellement régressive (il suffit de penser au rapport délirant et très infantilisé de certains automobilistes à leur véhicule, substituts d'objets transitionnels souvent pathétiques, et orientés à l'envers – dans le sens de la régression, précisément) et qu'elle crée une situation écologique planétaire littéralement catastrophique. Et pourtant, sur ce fond de régression, la situation s'aggrave d'autant plus rapidement que le marketing en tire systématiquement parti, le manque appelant le comble du manque qui, comme son nom l'indique (ce comble du manque qui, en le comblant, le reconstitue au plus haut degré), l'aggrave à l'extrême : c'est ce que l'on appelle un cercle vicieux, et c'est ce qui installe le stade de la *consommation addictive*[2], ce que la population sait cependant très en profondeur, et ce savoir, qui est aussi un non-savoir (parce qu'il est refoulé, par la population elle-même, mais aussi

---

1. Gilles Lipovetsky, *Le Bonheur paradoxal. Essai sur la société d'hyperconsommation*, Gallimard, 2006.
2. Qui a fait l'objet d'une séance publique d'*Ars Industrialis*, avec les participations des médecins Jean-Pierre Klein et Marc Valleur, enregistrée et téléchargeable en podcast, www.arsindustrialis.org/activites/groupesdetravail/souffranceetconsommation, et dont j'examine la question dans *Mécréance et discrédit 2, op. cit.*, chap. 4.

par toute l'idéologie des « sociétés de marché »), est par lui-même un facteur très gravement anxiogène, parce qu'il est à l'origine de la perte du narcissisme primordial, et de l'estime de soi qui l'accompagne : il engendre le dégoût de soi et des autres [1], et parfois la haine (moins de la démocratie que de la population, devenue voisinage indifférencié et anonyme, mais du même coup perçue, et par le redoutable mécanisme de la projection [2], comme hostile). Voire la fureur.

20. Les marques comme foules artificielles déterritorialisées : marketing tribal, marketing neuronal, marketing viral

C'est sur la base de cette misère symbolique, spirituelle et politique, qui détruit l'organisation psychique et collective formée autour des objets d'identification familiaux, politiques et idéaux en général (fruits de la sublimation), que se recomposent autour des marques des organisations de « niches ». Mais cette « recomposition » est une inéluctable *décomposition*[3], et une *différance*[4] de cette décomposition, et comme une *différance décomposée* : le *différement*, dans le temps, de la décomposition, mais aussi sa *différenciation*, qui donne l'*illusion* de produire des singularités, et c'est sur cette illusion que fonctionnent les mécanismes d'identification très éphémères que constituent les marques, qui, précisément parce qu'ils sont éphémères, ne

---

1. C'est précisément le thème de *Aimer, s'aimer, nous aimer*, *op. cit.*
2. Sigmund Freud, *Métapsychologie*, Gallimard, « Idées », 1977, p. 94.
3. Celle-là même qui, dé-composant le *je* et le *nous*, donne le *on*, cf. *Aimer, s'aimer, nous aimer*, *op. cit.*, p. 17.
4. Selon le concept de Jacques Derrida.

peuvent pas être les supports d'une individuation durable, c'est-à-dire d'une trans-individuation du psychique et du collectif, de ce qui fait de l'individuation une méta-stabilité. Ce qui supporte le transindividuel procède en effet de la durée et

> s'institue en éternité objective, en monument plus durable que l'airain, en langage, institution, art, œuvre[1].

> Le monde psychologique doit être nommé univers transindividuel plutôt que monde psychologique, car il n'a pas d'existence indépendante ; par exemple la culture n'est pas une réalité qui subsiste d'elle-même ; elle n'existe que dans la mesure où les monuments et les témoignages culturels sont réactualisés par des individus et compris par eux comme porteurs de signification[2].

Les mécanismes très éphémères d'identification aux marques ne peuvent pas être les supports d'une individuation durable à la fois parce qu'ils sont éphémères et parce qu'ils court-circuitent les processus de transindividuation : ils doivent aller vite, constituer des cycles de rotation rapide pour l'amortissement accéléré du capital, et ils sont en cela incompatibles avec les circuits intrinsèquement longs de la transindividuation.

Il en résulte une méta-*instabilité* chronique, plutôt que la métastabilité d'une individuation, et c'est ce qui restaure toutes les formes de tribalismes, mais de tribalismes éphémères (comme les tatouages *délébiles* – du latin *delebilis* « destructible », de *delere* : « détruire ; effacer, biffer » – dont le marché est actuellement florissant) – et l'on parle précisément de *marketing tribal*. Dans le même temps, le marketing neuronal déclenche, par excitation

---

1. Simondon, *L'Individuation psychique et collective*, *op. cit.*, p. 109.
2. *Ibid.*, p. 153-154.

des dispositifs très primaires du système nerveux, les comportements les plus grégaires qui puissent être, tandis que les techniques du marketing viral suractivent les tendances mimétiques.

Ces techniques du marketing contemporain ont pour but et pour effet de court-circuiter ce que Leroi-Gourhan appelle les programmes socio-ethniques. Par ce concept, l'anthropologue caractérise les comportements des groupes humains tels qu'ils ne sont précisément pas réductibles à des déterminations biologiques, physiologiques ou même psycho-physiologiques, mais se fondent sur la « liberté par rapport à la tradition » que permet l'extériorisation de la mémoire des groupes sur des supports techniques, et qui est la seule voie possible de transmission de leur expérience de générations en générations (sous l'autorité et avec le critère, ajouterai-je après Freud, de l'identification primaire), tout comme elle est la condition, je l'ai montré ailleurs en détail, de la transindividuation[1].

Cette transmission cumulative est ce que l'on appelle la culture. Je l'ai analysée et décrite comme le processus de constitution d'une mémoire épiphylogénétique qui vient s'ajouter aux mémoires phylogénétiques et épigénétiques caractérisant tous les êtres vivants sexués[2], et rend ainsi possible l'individuation psychique et collective, c'est-à-dire l'apparition de l'humain.

Or, les programmes socio-ethniques, tels que décrits par Leroi-Gourhan, et que les techniques du marketing contemporain court-circuitent, sont également *idiomatiques* : comme corps de règles, ils tolèrent la variabilité dans la mise en œuvre de ces règles, et ils deviennent dès lors des vecteurs de singularités individuelles ou

---

1. « L'apolitique de Simondon », *Revue philosophique*, PUF, 2006.
2. Cf. *Philosopher par accident. Entretiens avec Élie During*, Galilée, 2004, p. 79, et *La Technique et le Temps 1. La faute d'Épiméthée*, Galilée, 1994, p. 185.

collectives, ils véhiculent la diversité diachronique des *je* tout en permettant la constitution synchronique des *nous*. Ce sont des milieux symboliques, et en cela, ce sont des idiomes, vecteurs des idiosyncrasies psychiques autant que collectives – bien au-delà du linguistique.

Au même titre que la langue, qui procède originairement du « processus d'extériorisation », comme l'appelle Leroi-Gourhan, et par lequel l'humanité extériorise techniquement sa mémoire, les programmes socio-ethniques forment des milieux associés au sein desquels les individus psychiques et collectifs cultivent savoir-faire et savoir-vivre, et sont en cela des peuples, et non seulement des populations (ou des « peuplades »), c'est-à-dire qu'ils déploient à travers ces savoirs des formes de surmoi, et ce, bien avant la constitution par les Grecs de ce que ceux-ci appelleront le *dèmos*, c'est-à-dire la forme de peuple issue de la démocratie que détruit la télécratie.

Ces programmes régulent les comportements collectifs, et ils constituent en cela, par le fait d'être ainsi partagés par le groupe, l'unité même de ce groupe – celui-ci participant dans son ensemble, par la seule pratique de ces programmes, à leur individuation, à leur évolution, à leur trans-formation, et aux inventions idiomatiques qui sont les sources de cette trans-formation.

Cependant, dans un groupe, tous les individus psychiques ou sous-groupes d'individus psychiques ne sont pas régis intégralement par les mêmes programmes socio-ethniques : il existe des clans, qui correspondent d'ailleurs souvent à une division du travail (comme on le voit encore en Afrique contemporaine par exemple). Certains membres du même groupe, c'est-à-dire du même processus d'individuation, constitués comme *nous* par le partage de ces programmes socio-ethniques qui constituent en fin de compte les milieux préindividuels, détiennent des savoirs et ont des comportements que d'autres membres du groupe n'ont pas : un médecin ne se comporte pas, au moins professionnellement, comme un mécanicien. De plus, il existe des sociétés plurilingues, alors même que les individus qui parlent ces diverses langues considèrent appartenir à la même société. Ou encore, tous les habitants d'un même pays, d'une même nation, ne font pas partie de la même classe sociale. On pourrait multiplier les exemples sans fin.

C'est sur le fond de ces programmes que les marques se constituent en s'en démarquant, si j'ose dire, et en se démarquant du même coup des territoires : elles ont précisément pour objectif de remplacer les marqueurs qui viennent d'abord des ancrages territoriaux, qu'ils soient ethniques ou politiques, et dont les programmes socio-ethniques organisent la lisibilité, constituant ainsi la lisibilité de l'organisation sociale dans son ensemble.

De ce fait, et comme l'art, et plus généralement comme tous les fruits de l'esprit, qui forme ainsi le spirituel, religieux ou non, et comme les idées politiques démocratiques, les marques sont intrinsèquement déterritorialisées. Mais comme marqueurs de masse et hors territoires, elles constituent des marchés de masse, et font l'objet d'une psychologie des masses, d'une *Massenpsychologie* qui est aussi une psychologie des foules ordinaires, ou « naturelles », comme les appelle Freud, mais en tant qu'elles sont elles-mêmes des foules éphémères et artificielles (à la différence d'autres foules artificielles, qui ont justement pour but, en s'artificialisant, de lutter contre le caractère éphémère des foules). Comme toutes les foules, elles déclenchent des mécanismes profondément pulsionnels, ainsi que des processus d'identifications régressives très spécifiques – très proches de ce que Freud décrit comme la horde primitive.

Nous verrons ci-dessous que leur constitution en tant que foules artificielles suppose la création d'autres foules artificielles, qui forment en quelque sorte des *méta-foules artificielles*, et qui sont précisément les industries de programmes de la télécratie. Mais nous verrons aussi que la formation des foules artificielles pourrait être l'origine même de la constitution des processus d'individuation psychique et collective de référence, et que, de la foule artificielle à l'individuation, en passant par les éphémères foules naturelles, ou ordinaires, il y a une continuité qui reste à étudier en détail, et pour laquelle je proposerai des esquisses d'analyses dans le chapitre suivant.

Nous verrons aussi que l'école est dans un rapport originaire à ces foules artificielles, avec lesquelles elle lutte, qu'elle est aujourd'hui mortellement menacée, pour cette raison, par l'organisation télécratique (les marques envahissant d'ailleurs l'école comme terrain privilégié de développement viral et tribal), et que c'est l'un des tout premiers impératifs politiques de lutter contre cet état de fait intolérable en reconstituant politiquement un horizon d'individuation de référence.

21. *Les processus d'individuation de référence comme constitution de la* philia

Comme nous l'avons vu, les groupes sociaux ne se constituent pas simplement par le fait de partager les mêmes programmes socio-ethniques. Car il arrive souvent qu'ils se distinguent par de tels programmes, tandis qu'ils appartiennent à un même groupe, plus vaste. Et cela signifie que tous ces programmes ne se valent pas : certains constituent la base de ce qu'il faut donc appeler un *processus d'individuation de référence*, tandis que d'autres délimitent et séparent, au sein de ce processus d'individuation de référence, des processus d'individuation fonctionnels, à travers lesquels s'individuent des milieux fonctionnels, qui font que la société fonctionne, qui forment des systèmes, et qui reposent sur la division du travail (que par ailleurs, mais je ne développerai pas ce point ici, l'état actuel de la grammatisation[1] transforme en pertes de savoirs – savoir-faire, savoir-vivre, savoir théorique[2]).

Ces sous-groupes, qui sont liés à des systèmes, où dominent des transducteurs, c'est-à-dire des représentants[3], sont des sous-groupes d'individuation psychique et collective, et en cela de transindividuation, qui ne se suffisent cependant pas à eux-mêmes, bien qu'ils tentent souvent de s'autonomiser.

Dans certaines sociétés, ces divisions sont aussi ce qui organise un degré d'appartenance à l'individuation, certains s'en trouvant exclus (les esclaves dans la société grecque) ou minorés (les serfs dans la société féodale, le tiers état dans la monarchie, où la roture n'est pas censée s'individuer).

Outre le fait que plusieurs processus d'individuation régulés par des programmes socio-ethniques constituent un processus de référence qui les relie, je peux appartenir à plusieurs processus d'individuation, y compris hors de ce qui constitue pour moi le processus d'individuation de référence, et me trouver inscrit et individué dans et par plusieurs *nous* : tout comme il y a des identifications secondaires par lesquelles je m'autonomise par rapport à l'identification primaire (sans jamais l'effacer cependant : elle demeure toujours le critère en cas de conflit – c'est une boussole psychologique), la circulation des supports de forces centrifuges, qui sont par nature déterritorialisées – qui peuvent être des mots, des langues étrangères,

---

1. Sur ce concept, voir *De la misère symbolique 2. La catastrophè du sensible*, Galilée, 2004.

2. Il l'est en partie dans le second chapitre de *Réenchanter le monde. La valeur esprit contre le populisme industriel*, Flammarion, 2006, « Contre le règne de l'ignorance », p. 101, et il fait l'objet d'un ouvrage en cours sur le travail.

3. Leroi-Gourhan l'a montré dans le cas de ce qu'il appelle la « cellule ethnique », et je l'ai commenté dans *La Technique et le Temps 1, op. cit.*, p. 64 *sq.*

des codes, des objets, des idées, des brevets, des personnes, des touristes par exemple, et les personnes prises dans des flux migratoires, et bien sûr les marchandises en général, et les flux de symboles en général – fait que je m'inscris de plus en plus irrésistiblement dans ce que l'on appelle, aujourd'hui, une multi-appartenance.

Cette situation, qui s'est considérablement intensifiée au cours des dernières décennies, sous les effets conjugués du développement technologique, du marketing et de la mondialisation, n'est pourtant pas nouvelle du tout : sauf peut-être dans de très rares formes de vie humaine quasiment autarcique, les groupes humains, c'est-à-dire les processus d'individuation, vivent d'échanges entre groupes, entre individus collectifs, et ces échanges trament des liens, des tissus et des conjonctions de multi-appartenances qui sont d'ailleurs indispensables : elles apportent au processus d'individuation la néguentropie sans laquelle il ne se trans-formerait pas – sans laquelle il ne s'individuerait pas.

Il n'en demeure pas moins que pour m'individuer, je dois m'identifier à un processus d'individuation psychosocial de référence, qui constitue en dernier ressort l'ensemble des critères qui arbitrent mon individuation psychique aussi bien que mon individuation sociale : sur la base duquel s'étaye ma conscience, et mon libre arbitre, en tant qu'il s'y forme une identification primaire à un *nous* qui régule les identifications secondaires en quoi consistent, précisément, les individuations des sous-groupes issus de la division du travail, de la division en classes, de divers particularismes, etc, et de la multi-appartenance induite par les afflux externes au groupe de référence, et provenant de ce que Simondon appelle l'*out-group*[1].

Certes, les notions de conscience et de libre arbitre procèdent d'un certain type d'individuation psychosociale,

---

1. Simondon, *L'Individuation psychique et collective*, *op. cit.*, p. 177.

et il en va ainsi parce qu'il y a une histoire des processus d'individuation psychique et collective de référence : l'ethnie, qui est sans doute la première *après la horde*, si ce « mythe scientifique » de la horde doit être conservé[1], est ce que la cité grecque vient casser après qu'elle a pris elle-même la forme d'une société basilique, tandis que les Grands Empires soumettent les ethnies à l'individuation dynastique ou pharaonique. Il y a des processus d'individuation de référence qui reposent sur la religion, d'autres sur le territoire. Et il y a des conditions pour constituer certains d'entre eux, comme par exemple le fait de partager une même langue, ou une même loi, etc. Il y a aussi des luttes entre processus d'individuation de référence concurrents, et pour une même population – guerres de religions, comme c'est bien connu, mais aussi conflits linguistiques, comme il y en a en Belgique, etc.

Dans tous ces cas, c'est dans le processus d'individuation de référence que se constitue la *philia* : elle est ce qui produit cette référence comme référence, ce qui distingue le processus en tant que « de référence », et comme relation : une relation transductive qui transindividue, *via* des transducteurs, qui sont donc en fin de compte des métatransducteurs. Au fil des siècles, l'individuation socioethnique se transforme et conduit sinon à la destruction des couches ethniques, en tout cas à leur minoration, et à la constitution d'autres processus d'individuation de référence. Et depuis près de deux siècles (mais nous n'en prenons conscience qu'après coup), ce sont les grands processus d'individuation de référence religieux et sociopolitiques qui s'affaiblissent à leur tour, dans la lutte commerciale et marchande qui tente d'imposer d'autres formes d'individuation qui pour le moment font défaut.

Je peux être médecin, tu peux être juriste, il peut être maçon, elle peut ne pas trouver de travail, et cela ne

---

1. Cf. *infra*, p. 146 *sq*.

devrait pas nous empêcher pas de vivre ensemble, bien au contraire : c'est ainsi que nous formons une société d'êtres qui se rendent services. Mais il y a des savoirs et des comportements qui doivent être partagés, sans lesquels nous ne pourrions même pas nous rencontrer, ni donc nous rendre service : ce sont eux qui sont la condition de la *philia*.

Or, le marché, qui s'est emparé de ce dénominateur commun, détruit les processus d'identification à une individuation de référence. L'extériorisation technique, qui permet de produire les programmes socio-ethniques qui sont à la base de l'activité idiomatique et caractérisent l'individuation comme individuation *psychique et collective*, c'est aussi ce qui permet le court-circuit de la transindividuation par le marketing, l'économie des services, les industries de programmes et la télécratie : l'extériorisation technique devient ici une *perte* de savoir-faire et de savoir-vivre, là où elle était, dans l'individuation ethnique, puis dans l'individuation politique (mais *via* l'école, et je vais y revenir), le *support* de *l'individuation comme production de savoirs*.

L'individuation comme production de savoirs est ce qui relie l'ethnique au politique – l'ethnique que le politique cependant renverse en idéal d'universalité – et en cela, elle est ce qui *fait* l'unité de l'humain, mais qui, lorsque cela fait défaut, fait place à la prolifération de l'inhumain [1].

---

[1]. Ce savoir, qui est constitué, disent les Grecs, par deux sentiments, *dikè* et *aidôs*, le sentiment de la justice et de l'injustice d'une part, de l'honneur et de la honte d'autre part, ce savoir qui se constitue ainsi comme projection dans l'universel, c'est *aussi* la *philia*. La *philia* est produite et cela signifie que ces sentiments, qui sont pour les Grecs en quelque sorte des conditions *a priori*, doivent être *cultivés* – et ils sont ce que cultive en tout premier lieu, et comme conditions de la *philia*, le savoir qui se forme à travers l'histoire des processus d'individuation de référence.

Ce savoir, en tant qu'il se transforme en passant de l'ethnique au politique, c'est ce qui permettait jusqu'à présent à cette *philia* de se *déterritorialiser* – bien avant les marques –, et de s'ouvrir à ce que Kant appela le *cosmopolitisme*. Or, la régression tribale, neuronale et virale, c'est ce qui reconstitue au contraire une « humanité » atomisée par le fait d'une autre forme de déterritorialisation, et, par le fait de cette atomisation résultante, nécessairement agressive. Car elle fait apparaître l'universel (et la politique et la démocratie même, pour laquelle elle se fait passer[1]) comme un danger, comme sa pure réduction au marché, c'est-à-dire au calcul, et comme ce qui est par principe incompatible avec la singularité : comme une force centrifuge.

Les Français sont politiquement et économiquement désespérés parce qu'ils savent bien que les sociétés de marché *ne sont pas* porteuses d'avenir. La *philia*, c'est ce qui se constitue comme processus de transindividuation, c'est-à-dire de symbolisation, tandis que la société de marché, c'est ce qui tend, à travers ses foules artificielles mercantiles, comme marques et économies de services archaïques parce qu'organisées selon un modèle industriel caduc, à court-circuiter tous les processus de transindividuation, et à les remplacer par des milieux dissociés, auxquels les citoyens, réduits au statut de consommateurs, ne peuvent pas prendre part.

Ainsi les sociétés de marché détruisent-elles le désir, qui ne peut se concrétiser que comme capacité à la fois psychologique et sociale de symbolisation.

---

[1]. Ceci est la *véritable* cause d'une *haine*, en effet, de la démocratie, et non seulement de son mépris.

22. *Définition de la société de marché*

La régression (provoquée par les identifications régressives) s'impose en monopolisant l'accès aux technologies relationnelles, dont elle fait des technologies de contrôle, et non d'individuation : elle liquide les idiomes, c'est-à-dire les longs circuits de la transindividuation.

Le politique, c'est en principe ce qui constitue l'universalité comme seul horizon possible de quelque singularité que ce soit, mais en organisant au contraire des circuits longs de transindividuation assurant en droit à tous les citoyens d'y prendre part (d'y participer), de près ou de loin, en personne ou par représentation. La condition est cependant de cultiver effectivement les singularités, et en cela les idiomes (entendus ici au sens large de pratiques des milieux symboliques), par des politiques publiques conduites explicitement selon ce motif, faute de quoi l'universel devient ce que Hegel appelait un formalisme vide, en général accompagné d'un spiritualisme creux[1].

C'est ce que fit Jules Ferry à la fin du XIXe siècle. Aujourd'hui, la condition de la politique, conçue en premier lieu comme ce qui donne leurs horizons d'universalité aux singularités, c'est de lutter contre la tendance de la « société de marché », c'est-à-dire de la télécratie, à s'imposer comme processus d'individuation de référence. Et c'est ainsi que l'on peut définir une société de marché : une société de marché est une société qui pose comme principe fondamental de son fonctionnement que l'individuation se fait par le marché, qu'il faut pour cela contrôler en totalité la transindividuation, et que l'organisation

---

1. Hegel, Préface de la *Phénoménologie de l'Esprit*.

sociale requise pour concrétiser un tel fonctionnement est la télécratie.

S'il faut impérativement lutter politiquement contre une telle tendance, c'est parce que, tandis que la politique est d'abord ce qui doit prendre soin des individus dans le collectif, la fermeture de l'accès au transindividuel que provoque inévitablement le court-circuit de la transindividuation est ce qui engendre nécessairement une pathologie psychique aussi bien que sociale :

> La pathologie mentale est au niveau du transindividuel ; elle apparaît lorsque la découverte du transindividuel est manquée, c'est-à-dire lorsque la charge de nature qui est dans le sujet avec l'individu ne peut rencontrer d'autres charges de nature en d'autres sujets avec lesquels elle pourrait former un monde transindividuel de significations ; la relation pathologique à autrui est celle qui manque de significations, qui se dissout dans la neutralité des choses et laisse la vie sans polarité ; l'individu se sent alors devenir une réalité insulaire ; abusivement écrasé ou faussement triomphant et dominateur, le sujet cherche à rattacher l'être individuel à un monde qui perd sa signification ; la relation transindividuelle de signification est remplacée par l'impuissante relation du sujet à des objets neutres, dont certains sont ses semblables [1].

Les sociétés de marché sont ce qui fait exploser toutes les formes d'espace et de temps *publics* autres que celles qui sont produites par les marchés, liquidant par là l'idée même d'*action* publique (c'est-à-dire aussi l'idéal du peuple, et donc le peuple) : tout est organisé pour que ce soit le marché qui fasse l'unité et garantisse la « société de marché » contre la destruction de l'individuation col-

---

1. Simondon, *L'Individuation psychique et collective*, *op. cit.*, p. 203.

lective, et bien qu'il en soit la cause en tant qu'il court-circuite les processus de transindividuation. C'est cette situation littéralement absurde qui *vide* l'espace et le temps publics, et qui donne le sentiment d'insularité et la perte de la signification « remplacée par l'impuissante relation du sujet à des objets neutres, dont certains sont ses semblables ».

Et parce que le marché, lorsqu'il n'y a plus d'autre référence, liquide la transindividuation en la court-circuitant, l'individuation de référence comme marché n'a strictement aucune dimension éthique ou surmoïque : elle devient alors inévitablement un mécanisme purement mimétique et grégaire. C'est-à-dire extrêmement dangereux.

La transindividuation, c'est ce qui fait que, m'individuant comme *je*, en parlant par exemple, c'est-à-dire devenant (en acte) ce que je suis (en puissance) par le simple fait de m'exprimer, de me découvrir à moi-même par cette expression, et, par là, de m'inventer en m'extériorisant, de me cultiver au sens où, prenant soin de moi, je me produis moi-même, la transindividuation, ainsi entendue, est ce qui fait que parlant, je contribue à faire que les autres parlent à leur tour, singulièrement, et pourtant en partageant mon langage, en le reprenant à leur compte y compris en s'y opposant, en le trans-formant et en l'individuant à nouveau : la transindividuation est ce qui forme le *nous* – ce qui le forme en le trans-formant, transformation qui est le circuit à l'intérieur duquel se forment des signes, des symboles, des mots, des objets sociaux porteurs de significations et qui relient ceux entre lesquels ils se tiennent, et qui par là font corps. (C'est le processus de métastabilisation d'une synchronie du *nous* par le concours des diachronies que constituent les *je*[1], ce qui est aussi la question

---

1. Dans *Aimer, s'aimer, nous aimer*, *op. cit.*, p. 36.

originairement posée par les penseurs présocratiques, fondateurs de cité, comme rapport de l'Un et du Multiple[1].)

La transindividuation est donc ce qui *relie* le psychique au collectif : c'est la concrétisation du processus d'individuation psychique et collective, ce qui trans-forme le psychique en collectif et le collectif en psychique, c'est-à-dire, aussi, les intérêts psychologiques égocentrés en intérêts sociaux idéalisés et sublimés – c'est ce qui transforme les pulsions en désirs.

Cette trans-formation des *je* par le *nous* et du *nous* par les *je* est d'emblée et d'un même mouvement la trans-formation du milieu symbolique à l'intérieur duquel seulement les *je* peuvent se rencontrer comme un *nous*, tout comme les poissons ne peuvent se rencontrer qu'à la condition qu'il y ait de l'eau. La différence entre les poissons et les individus psycho-sociaux et désirants que nous sommes, c'est que les poissons ne transforment pas l'eau, tandis que nous ne cessons de changer de milieux symboliques (ce que sont aussi les milieux techniques) : c'est ainsi que le monde ne cesse de changer. La question est qu'il peut ainsi aller vers le pire, autant que vers le meilleur, ce qui est épargné aux poissons – comme souci, mais non comme dommage.

La trans-formation du milieu symbolique, c'est par exemple celle de la langue même. Certes, tous ne participent pas également à cette trans-formation, et il y a toujours des instances qui la régulent par représentation. Mais tous doivent pouvoir y participer en quelque façon. C'est ce qui s'appelle le *pouvoir du peuple* (que Jacques Rancière désigne comme *n'importe qui*[2]), le *cratos* du

---

1. Cf. *Réenchanter le monde, op. cit.*, p. 77. La construction de ce thème en Grèce antique fera la principale matière du quatrième tome de *La Technique et le Temps*.

2. Ce que dit Jacques Rancière de la démocratie comme gouvernement de *n'importe qui* est juste, mais en l'état demeure excessive-

dèmos, la démo-cratie. Tout le monde participe à cette trans-formation du milieu symbolique plus ou moins directement et quotidiennement : un parent, un ami, un homme ou une femme dans une relation sociale avec un autre homme ou une autre femme (ou un enfant), avec qui il ou elle se co-individuent, tout comme un travailleur avec d'autres travailleurs (qui ne sont en cela ni esclaves ni serfs), entretiennent et trans-forment un savoir-vivre ou un savoir-faire qui est à la base même de toute transindividuation – et comme *philia*.

Quant aux instances de représentation, qui régulent cette transindividuation, et qui, lorsqu'elles sont politiques, la méta-transindividuent, elles peuvent être incarnées par des individus remarquables, respectés et influents, des hommes ou des femmes politiques, des religieux, des artistes, des écrivains, des scientifiques, des philosophes, des gens de l'esprit, des entrepreneurs, des représentants syndicaux, des responsables d'organisations de toutes sortes, des mandataires de divers mandants, ou bien être des institutions, Académie française, Assemblée nationale, tribunaux, instances de délibération de toutes sortes, etc.

La trandindividuation, fruit des échanges interindividuels, est ce qui se métastabilise à travers des autorités symboliques diverses : chaman, sorcier, prêtre-roi (*basi-*

---

ment formel. La question est de savoir comment on *constitue* ce *n'importe qui* en *participant*. Et c'est ici qu'il faudrait relire *Protagoras*, ce que je ferai ailleurs, et une autre fois, avec Tom Cohen. Rancière n'examine pas les conditions de cette participation. De même qu'il néglige la perte de savoir du prolétaire (ce qu'il appelle le prolétaire est le travailleur manuel paupérisé, ce qui est une lecture convenue mais fausse du *Capital*), il ignore l'acquisition des savoirs du citoyen, ou des citoyens, c'est-à-dire du peuple. Comme dans son esthétique, il manque une pensée de l'organologique. Car *il y a une organologie politique*, et c'est ce qui doit être pensé impérativement dans la lutte de la démocratie contre la télécratie.

leus), pharaon, archonte, etc. Ces autorités, qui sont autorisées à décréter et imposer les synchronies (par exemple l'Académie française telle qu'elle donne des définitions), sont des instances de sélection : elles élisent, parmi les processus de transindividuation, ceux qui font référence – et que l'on appelle des élites –, et par là, elles les accomplissent en les reconnaissant comme processus de trans-individuation, en quelque sorte en les intronisant. Mais du même coup, elles constituent l'individuation de référence elle-même. Toutefois, cette sélection ne peut faire référence que pour autant qu'elle représente aux yeux des représentés l'autorité à laquelle ils s'identifient – et qui est une forme d'affection, c'est-à-dire de *philia*.

23. Éléments d'organologie politique

La *philia*, c'est ce que produit le *et* de l'individuation psychique *et* collective en tant que processus de transindividuation qui, bien que tous y participent, suppose des processus de représentation, de délégation et d'investissements d'autorité *par identification* – par exemple dans des héros, des saints, des artistes, des hommes ou des femmes publics, des penseurs, des sportifs, etc., mais aussi des institutions qui incarnent une autorité, et qui s'est elle-même sédimentée *comme fonds préindividuel* au cours des identifications secondaires qui ont formé l'*histoire* du processus d'individuation, tout comme il y a une sédimentation des choix d'objets dans l'histoire de l'individu psychique.

Or, ce *et* est toujours ce qui est surdéterminé par la socialisation d'une technique sociale, ethnique, religieuse ou politique. Car le milieu de l'individuation est d'abord la mémoire comme milieu associé :

> La matière mentale devenue mémoire ou plutôt contenu de mémoire est le milieu associé au moi présent[1].

Et toute mémorisation, qui est donc la condition de la transindividuation, puisqu'elle est la réalité concrète de l'individuation psychique en général, fait jouer ce que j'ai appelé après Husserl des *rétentions*[2]. Or, les rétentions psychiques, qui peuvent être primaires (par exemple ce que je retiens dans le cours d'un événement que je vis présentement) ou secondaires (par exemple ce que j'ai vécu dans le cours de mon existence passée, et éventuellement immédiatement passée, mais que je ne vis plus présentement), tandis que les rétentions collectives peuvent être secondaires (comme souvenirs collectivement conservés dans la mémoire des *je* qui forment un *nous*) ou tertiaires (comme mémoire enregistrée et conservée dans les objets de toutes natures qui forment un monde, certains de ces objets étant spécialement conçus comme supports de mémoire : les grimoires, registres, *hypomnemata*[3] en général, mais aussi les appareils et dispositifs des technologies relationnelles), ces rétentions psychiques composent toujours déjà avec le fonds rétentionnel tertiaire qui est nécessairement à la fois psychique et collectif, et supporte en cela la transindividuation. C'est pourquoi

> le transindividuel est ce qui est à l'extérieur de l'individu comme au-dedans de lui. [...]

---

1. Simondon, *L'Individuation psychique et collective*, *op. cit.*, p. 164.
2. Pour un résumé de cette théorie des rétentions, cf. par exemple *Philosopher par accident*, *op. cit.*, p. 74-86. Et pour des développements sur les rétentions secondaires collectives, cf. *Mécréance et discrédit 1*, *op. cit.*, p. 152-157.
3. Sur ce concept, cf. *Réenchanter le monde*, *op. cit.*, p. 43-45, et *Mécréance et discrédit 1. La décadence des démocraties industrielles*, Galilée, 2004, p. 107-115.

Il y a une antériorité du transindividuel par rapport à l'individu[1].

Mais si le milieu associé au moi est d'abord mémoire, ce qui s'y trame en s'y transindividuant est signification :

> La signification n'est pas de l'être mais entre les êtres, ou plutôt à travers les êtres : elle est transindividuelle[2].
> La signification est un rapport d'êtres, non une pure expression ; la signification est relationnelle, collective, transindividuelle, et ne peut être fournie par la rencontre de l'expression et du sujet[3].
> La seule chance pour l'individu, ou plutôt pour le sujet, de se survivre en quelque façon est de devenir signification, de faire que quelque chose de lui devienne signification[4].
> Participant à l'individuation collective, le sujet infuse quelque chose de lui-même (qui n'est pas l'individualité) à une réalité plus stable que lui[5].

Autrement dit, le milieu de cette individuation étant 1) mémoire, et en cela 2) signification, il existe des rétentions secondaires collectives et ce sont elles qui forment la trame du transindividuel comme tissu de significations – pour autant cependant qu'elles sont stabilisées par un quelconque pouvoir de référence, et donc d'identification, et par des rétentions tertiaires qui prolongent l'individu hors de lui.

Un processus de sélection psycho-social, c'est-à-dire un processus de transindividuation, est toujours ce qui sélectionne dans des rétentions primaires à travers les

---

1. Simondon, *L'Individuation psychique et collective*, *op. cit.*, p. 195.
2. *Ibid.*, p. 199.
3. *Ibid.*, p. 200.
4. *Ibid.*, p. 207.
5. *Ibid.*

filtres de rétentions secondaires elles-mêmes organisées par des rétentions tertiaires[1]. Dès lors, *l'organisation des rétentions tertiaires* est ce qui surdétermine tous les processus de transindividuation, c'est-à-dire : ce qui conditionne le devenir de la *philia*. Et dans la mesure où l'organisation des rétentions tertiaires en général relève d'une organologie générale, la constitution de la *philia*, c'est-à-dire la question politique en tant que telle, c'est ce qui doit être pensé à partir d'une *organologie politique*.

D'autre part, la technique qui supporte cette organologie et qui surdétermine en cela le *et* de l'individuation est ce qui constitue le *télos* de cette individuation : ce qui relie à distance (*télé*) tout en produisant une finalité (un *télos*) qui est par nature à venir, qui *reste* distante (*télé*), qui est en cela l'avenir même, c'est-à-dire le *désir d'avenir*. À cet égard, *un fonds* télécratique constitue toute forme de pouvoir, *cratos*, y compris la démocratie, qui n'est représentative que dans cette mesure : la démocratie, c'est ce qui envoie des représentants la représenter à distance (il n'y a pas de démocratie directe : celle-ci, qui repose sur le court-circuit du temps différé et long de la transindividuation par le temps réel, est précisément ce que les industries de programmes imposent comme télécratie, et elle devient immédiatement pulsionnelle. Le direct ou le temps réel ne sont pas le temps de la démocratie, mais du marché, c'est-à-dire aussi de la télécratie. Le temps de la démocratie est le temps de la réflexion, qui ne peut être qu'un temps différé).

Mais, comme nous allons le voir, ces représentants peuvent aussi être ou devenir des *meneurs*.

Reste que la démocratie comporte en elle, et comme système de représentation, c'est-à-dire d'action et de communication à distance, et par l'intermédiaire d'un

---

1. Cf. *De la misère symbolique 2*, *op. cit.*, p. 233-234.

autre, du *télos* qui est aussi la condition de toute finalité, de tout motif, de tout désir, et c'est pourquoi nous devons poser en principe premier que la démocratie est ce qui régule la télécratie dans ce qu'elle peut avoir de manipulateur, mais sur quoi, et comme technique de représentation, sociale ou instrumentale, elle se fonde cependant. C'est précisément parce qu'il en va ainsi que l'écriture, comme technique relationnelle, peut être à la fois ce qui fonde la cité et ce par quoi la sophistique la menace radicalement[1].

La trans-formation des milieux symboliques est possible parce que la vie humaine est constituée par le processus d'extériorisation qui forme l'épiphylogenèse intrinsèquement technique et *artificielle* : les milieux humains sont des accumulations d'artifices, objets usuels, symboles ou formes d'organisations précaires et sans cesse remplacés par d'autres artifices, objets, symboles et organisations – séries de remplacements qui font systèmes et qui forment autant d'*époques de l'identification secondaire collective*. Et parce qu'il y a organisation, précisément, j'entends ici organisation sociale, la transindividuation se fait majoritairement par délégation selon les possibilités de l'organologie politique, qui constitue ainsi l'actualité de la démocratie effectivement réelle.

Nous voyons à présent de façon assez précise pourquoi et comment il est possible de traiter politiquement de l'impasse des sociétés de marché comme sociétés télécra-

---

1. Cf. *supra* et *Réenchanter le monde*, *op. cit.*, p. 79. Mais c'est également pour cela que c'est un sophiste, Protagoras, qui défend la démocratie contre l'aristocratie de Socrate – et depuis un discours sur la technique dont il faudra revisiter les implications. J'annonce depuis déjà deux ans une *Aristocratie à venir* dans laquelle je compte soutenir que le *peuple en acte* est cependant le *pouvoir du meilleur*, c'est-à-dire l'aristocratie *réelle*, ce qui suppose ce que j'appelle un *otium* du peuple. Ce sera le thème du quatrième tome de *Mécréance et discrédit*.

tiques : nous voyons clairement que l'enjeu politique primordial est de mettre un terme au populisme industriel par le développement d'une politique des conditions technologiques de la transindividuation, et comme socialisation des technologies R – et que cela suppose une organologie politique.

Une telle organologie doit cependant faire appel aux ressources de la pensée freudienne. Car les technologies R ont formé, au cours du siècle précédent, principalement comme technologies électroniques, analogiques puis numériques, les supports de *nouvelles formes de foules artificielles* qui ont radicalement modifié le régime des processus d'individuation psychique et collective, et surtout des processus d'individuation psychique et collective de référence : il s'agit précisément des canaux de radiotélédiffusion, qui constituèrent la possibilité technique des industries de programmes comme nouvelles formes de calendarités et de cardinalités[1], de synchronisation et d'orientation, c'est-à-dire de transindividuation.

C'est pourquoi nous devons revenir à présent vers ce que Freud appelle les foules naturelles et artificielles, pour tenter de comprendre en quoi elles permettent des processus d'identification *régressifs* par la manipulation desquels les industries de programme et plus généralement la télécratie prennent le contrôle des processus d'individuation psychique et collective et tentent de se poser en processus d'individuation psychique et collective de référence.

---

1. Sur ces thèmes, cf. *La Technique et le Temps 3. Le temps du cinéma et la question du mal-être*, Galilée, 2001, p. 183, et *Aimer, s'aimer, nous aimer*, op. cit., p. 25.

Chapitre 6

IDENTIFICATIONS RÉGRESSIVES ET FOULES ARTIFICIELLES

24. La foule naturelle comme « descente sur les degrés de l'échelle de la civilisation » et perte de la volonté

Il ne peut y avoir d'individuation de référence, sur la base de la transindividuation, et comme un régime de celle-ci, que parce qu'il y a des processus d'identification primaires et secondaires au niveau de l'individuation collective, et non seulement au niveau de l'individuation psychique. Freud a pensé l'identification essentiellement au niveau psychique. Et pourtant, dans sa méditation sur la psychologie des foules, il a ouvert la voie à une pensée en termes d'individuation psychosociale, c'est-à-dire transindividuelle, et non simplement psychologique.

La lecture provisoire et sommaire que je propose ici de *Massenpsychologie und Ich-Analyse*, traduit en français sous le titre « Psychologie des foules et analyse du moi »[1],

---

1. Antoine Bourguignon s'explique très clairement et sur ce choix de traduction, dans : Sigmund Freud, *Essais de psychanalyse*, Petite Bibliothèque Payot, 2001, p. 134-135. Il n'en reste pas moins que la disparition de la référence à la masse, et non à la foule, rend difficilement compréhensibles certains passages du raisonnement de Freud, et en particulier le passage de la foule naturelle à la foule

vise à introduire à cette question de l'identification pensée au niveau psychosocial comme individuation et transindividuation, mais aussi comme possibilité de courts-circuits dans la transindividuation – à la veille, en France, d'un scrutin présidentiel hors du commun, et dans un contexte politique où la télécratie, dans le monde entier, tire systématiquement parti, en tant que généralisation d'un nouveau type de foules artificielles (d'organisations artificielles des masses), des processus que Freud décrit comme des *identifications régressives*. Je reviendrai plus avant vers la question de l'identification collective dans un ouvrage plus spécifiquement consacré à Freud[1].

Freud introduit son analyse en posant que les processus sociaux doivent être radicalement distingués des processus narcissiques[2] : ces derniers sont tournés vers le moi, tandis que les processus sociaux procèdent d'investissements vers d'autres objets que le moi. Cela ne signifie pas que le narcissisme ne joue pas de rôle dans la constitution du social, bien au contraire : tout d'abord, il faut que le narcissisme constitue un investissement dans le moi pour que celui-ci puisse détourner cette énergie, ainsi canalisée, vers des objets d'amour qui seront ceux des identifications secondaires, et non plus ceux de l'identification primaire – qui est aussi à la base de la constitution de l'idéal du moi, par là du moi lui-même, et en cela, du narcissisme ; sur cette base se constitue ensuite ce « narcissisme collectif » qui peut conduire à ce que Freud appelle le « narcissisme des petites différences », ce dernier procédant d'une souffrance et d'une pathologie de

---

artificielle. Elle atténue également et fortement la portée psychosociologique du propos de manière générale.

1. *La Technique et le Temps*, tome 5, à paraître aux éditions Galilée.

2. Freud, « Psychologie des foules et analyse du moi », *op. cit.*, p. 137.

l'individuation de référence (au sens où Simondon parlait ci-dessus[1] de pathologie).

Cet essai, où Freud tente de penser génétiquement les éléments constitutifs – et en cela archaïques – de la psychologie sociale, avec l'hypothèse sous-jacente que les bases archaïques ont toujours tendance à revenir lorsque sont réunies les conditions d'une régression psychologique, repose sur l'étude de ce que l'on appelle, dans les pays anglo-saxons, *group mind* ou *herd instinct*[2], et, surtout, sur « l'âme des foules », concept central de la théorie de l'âme collective de Gustave Le Bon[3].

Celui-ci souligne que, dans la formation d'une foule éphémère, et que Freud appellera naturelle, il y a disparition du sentiment de responsabilité, contagion mentale et perte de la volonté de la part des individus qui composent la foule[4]. Cette « contagion » de masse est apparentée, pour Freud, au phénomène de suggestion comme on en trouve dans l'influence hypnotique, où l'hypnotiseur et l'hypnotisé forment ce qu'il appelle une « foule à deux », et il s'agit alors, pour ce qui concerne la contagion de masse où se forme « l'âme des foules », de savoir qui remplace l'hypnotiseur. Mais c'est une question que ne pose pas Le Bon, qui souligne en revanche que la contagion mentale typique des foules induit une « descente sur les degrés de l'échelle de la civilisation » et une « baisse du rendement intellectuel » : elle tend vers le degré zéro de la pensée, et constitue un changement vers le pire[5].

L'« âme des foules » se forme en régressant vers des comportements archaïques, que Le Bon suppose être ceux

---

1. Cf. *supra*, p. 119.
2. Freud, « Psychologie des foules et analyse du moi », *op. cit.*, p. 138.
3. *Ibid.*, p. 142.
4. *Ibid.*, p. 144-147.
5. *Ibid.*, p. 148.

des groupes humains qu'il appelle « primitifs[1] », et Freud lui-même reprendra bientôt cette idée à son compte, au titre du « mythe scientifique », hérité de Darwin, de la « horde primitive », ce qui lui permettra d'introduire la figure du père, qui, dans l'analyse de Le Bon, se dissimulerait sous la figure du meneur, mot qui est donc traduit en allemand par *Führer*.

Cette âme des foules naturelles, c'est aussi ce qui constitue le noyau archaïque mais dynamique (comme tendance composant avec une contre-tendance) de ce qui forme ces foules artificielles que sont les masses organisées.

25. *Le fait social comme superposition de types de « foules artificielles » et l'inscription de la psychologie du moi dans la psychologie des masses*

Au meneur peuvent être substitués des représentants symboliques de ce meneur, ou de l'idée que peut incarner un meneur, et c'est particulièrement vrai de ce que Freud propose d'analyser comme des foules artificielles que forment les masses d'hommes organisées par des artifices : c'est le cas des drapeaux et des insignes dans l'Armée, aussi bien que des icônes, des reliques, des monuments ou des instruments du culte dans l'Église. Ce point, qui sera évoqué par Freud, mais qu'il n'approfondit pas, est très important parce que :

– d'une part, il fait intervenir des *rétentions tertiaires* dans la constitution de ces groupes moins éphémères que les foules naturelles que sont les foules artificielles, ou masses organisées ;

– d'autre part, les *marques*, selon mes propres analyses, font également fonctionner de tels mécanismes de

---

1. *Ibid.*, p. 151.

substitution et d'agglutination de masses d'êtres humains autour d'elles qui s'érigent alors en fétiches.

Or, le fait social en général est constitué, note Freud, par une superposition de types de foules[1] : ces formations de foules, ou de masses, naturelles ou artificielles, c'est-à-dire organisées par des artifices, apparaissent ici comme des types très élémentaires de processus d'individuation psychique et collective, plus ou moins archaïques, mais qui peuvent aller jusqu'à un processus d'individuation psychique et collective de référence s'il est vrai que l'Église est un tel processus en même temps qu'une « foule artificielle » : quels qu'ils soient, ces divers types font tous apparaître un *group mind*, selon le concept de Mc Dougall[2]. Cet *esprit de groupe*, à la base de l'*esprit de corps*, dit Freud, est fondé par un intérêt commun pour un objet si puissant qu'il se traduit par une modification de l'activité psychique des individus[3], qui peut, en particulier, engendrer une levée des inhibitions pulsionnelles.

Ces effets peuvent cependant être éclipsés par une organisation supérieure des foules (ou des masses) que sont encore ces foules artificielles, une organisation qui contient ces archaïsmes, mais qui les trans-forme comme le désir trans-forme les pulsions qu'il contient. Cette contention (qui est toute tramée de rétentions et de pro-tentions) est ce qui organise, dans les masses, un esprit de groupe où se constitue une solidarité sociale selon les possibilités organologiques des artifices mobilisés, et qui peut aboutir à la formation d'un processus d'individuation psychique et collective de référence.

---

1. *Ibid.*, p. 157.
2. *Ibid.*, p. 158.
3. *Ibid.*, p. 163.

26. *Les racines archaïques de la* philia *et les foules naturelles et artificielles comme processus d'identification régressive*

Ici, la question centrale est celle de l'identification : c'est comme articulation d'identifications primaires et secondaires collectives que les foules et les masses se forment et éventuellement s'organisent durablement au point de se métastabiliser en processus d'individuation. Pour introduire cette question, Freud apporte une définition de la libido particulièrement lumineuse, et très proche de la définition qu'Aristote donne de la *philia* en tant qu'*énergie sociale centripète* :

> Libido est un terme emprunté à la théorie de l'affectivité. Nous désignons ainsi l'énergie, considérée comme grandeur quantitative – quoique pour l'instant non mesurable –, de ces pulsions qui ont affaire avec tout ce que nous résumons sous le nom d'amour. Le noyau que nous avons désigné sous ce nom d'amour est formé naturellement par ce qu'on appelle d'ordinaire amour et que chantent les poètes, l'amour entre les sexes, avec pour but l'union sexuelle. Mais nous n'en dissocions pas ce qui, outre cela, relève du mot amour, ni d'une part l'amour de soi, ni d'autre part l'amour filial et parental, l'amitié et l'amour des hommes en général, ni même l'attachement à des objets concrets et à des idées abstraites. […] Toutes ces tendances sont l'expression des mêmes motions pulsionnelles qui dans les relations entre les sexes poussent à l'union sexuelle, et qui dans d'autres cas sont certes détournées de ce but sexuel ou empêchées de l'atteindre, mais qui n'en conservent pas moins assez de leur nature originelle pour garder une identité bien reconnaissable (sacrifice de soi, tendance à se rapprocher)[1].

---

1. *Ibid.*, p 167.

Cette définition, qui est un rappel, a pour but d'introduire l'idée que ce sont aussi des « relations amoureuses » qui constituent l'âme des foules :

> Nous allons donc maintenant risquer l'hypothèse que les relations amoureuses (en termes neutres : les liens sentimentaux) constituent également l'essence de l'âme des foules. [...] La foule doit manifestement sa cohésion à un pouvoir quelconque. [...] On a l'impression que, si l'individu isolé dans la foule abandonne sa singularité et se laisse suggestionner par les autres, il le fait parce que le besoin existe en lui d'être avec eux en accord, plutôt qu'en opposition, et donc peut-être après tout de le faire « pour l'amour d'eux »[1].

Autrement dit, c'est sur la base d'une nécessité de la *philia* intrinsèque à *toutes* les formes de groupes, selon une modalité très singulière et *très archaïque* de la *philia*, que les foules se constitueraient.

Et cependant, cette *philia* est trans-formée par une *régression*, ce *n'est pas* la *philia* telle qu'elle constitue les groupes « hautement organisés », qui sont à la base des processus d'individuation de référence, puisqu'elle n'est plus du tout du même type que celle de l'homme qui n'est pas pris dans une foule : elle est *désinhibée* par rapport aux pulsions, elle est une

> descente sur les degrés de l'échelle de la civilisation

qui provoque une

> baisse du rendement intellectuel

et qui est aussi une

---

1. *Ibid.*, p. 168-169.

absence de liberté de l'individu dans la foule[1].

C'est autrement dit une sorte de changement vers le pire, dont nous allons voir que, tout en faisant fonctionner le mécanisme de la *philia*, il le déclenche en quelque sorte à contre-courant : comme processus d'identification *régressive*, qui est aussi une forme de désidentification psychique.

Il y a divers types de foules ou de masses d'hommes organisées, dont les foules naturelles, qui sont très éphémères, avec ou sans meneur, et des foules ou des masses organisées beaucoup plus durables[2]. Celles-ci ont, pour une part, les mêmes caractéristiques de perte de l'esprit critique et d'abandon de la liberté individuelle, mais Freud souligne que pour les faire durer, les stabiliser, et finalement pour les métastabiliser (s'il est vrai que l'Église, par exemple, est un processus d'individuation), il faut user de contrainte extérieure et d'artifices[3] et contenir relativement le processus de régression archaïsant : il s'agit en quelque sorte de récupérer de l'archaïsme la puissance de l'identification régressive qu'il déclenche, tout en autorisant des processus de sublimation exclus dans la désinhibition complète des pulsions qui caractérise les foules naturelles.

Dans de telles foules artificielles et masses organisées, comme l'Église et l'Armée, il y a toujours un chef (le commandant en chef de l'Armée, le Christ de l'Église – et la hiérarchie qui les représente, mais dont ne parle pas Freud) ; mais ce chef, qui occupe la place du meneur dans la foule naturelle, peut lui-même être remplacé par une

---

1. *Ibid.*, p. 175.
2. *Ibid.*, p. 171.
3. « Dans les foules, les attributs "stable" et "artificiel" semblent coïncider ou au moins dépendre intimement l'un de l'autre », *ibid.*, p. 172, n. 1.

idée ou par un symbole[1] – et en vérité, par tout un système de symboles constitué de ces artifices qui forment la base organologique de ces organisations.

Un caractère paradoxal des foules se montre alors dans le phénomène de la panique comme désagrégation des foules : le phénomène typique du *group mind*, c'est-à-dire de la perte de liberté individuelle, se manifeste plus que jamais dans ce comportement panique de la foule, alors même qu'il est ce qui vient la désagréger. On voit ici que la foule naturelle est un cas limite, et ne peut être pour cette raison qu'un phénomène passager, où ce qui reliait les individus composant la foule, et qui lui donnait sa cohésion, l'âme des foules, est brutalement suspendu, et

> on aboutit au paradoxe que cette âme des foules s'abolit elle-même dans l'une de ses manifestations les plus frappantes[2].

Le phénomène de la foule naturelle, autrement dit, ne peut pas durer : il forme une courbe en cloche, avec apparition rapide et destruction tout aussi rapide, constituant une sorte de métastabilité éphémère, et extrêmement instable. Il constitue une oscillation, dans laquelle il apparaît et disparaît.

Or, tout se passe comme si le phénomène social, en tant que superposition de types de masses organisées plus ou moins artificielles, c'est-à-dire plus ou moins proches de ce qui caractérise les foules « naturelles », mais allant jusqu'à des processus d'individuation psychique et collective de référence, c'est-à-dire très élaborés et raffinés, telle l'Église, oscillait entre de telles formes de métastabilités, extrêmement instables, d'une part, et ces métastabilités très stabilisées, sinon tout à fait figées, que seraient

---

1. *Ibid.*, p. 173.
2. *Ibid.*, p. 177.

d'autre part ces masses artificiellement organisées, dans lesquelles, là aussi, la liberté individuelle peut être très restreinte, quoique la sublimation y joue un rôle extrêmement puissant – la vie sexuelle étant suspendue dans l'Armée comme dans l'Église, ce que Freud néglige étonnamment de remarquer, sauf lorsqu'il se réfère, à la fin de l'étude, à la horde primitive, mais il ne parle alors précisément pas de sublimation, puisque les fils, totalement soumis au père primitif, n'ont justement *pas encore* accès à la sublimation, et Freud n'a pas l'air d'accorder d'importance à ce point qui est pourtant celui où l'on passe de la horde à la société.

27. *Identification collective et narcissisme de groupe*

C'est par une transformation et une complexification de telles oscillations que se produirait la métastabilité par laquelle se formerait un *idéal* de l'individuation collective, dans lequel à la fois un groupe parviendrait à se former et à durer, et où ceux qui le composent garderaient une liberté relative. Cet équilibre précaire est ce que décrit Freud en se référant à la parabole des porcs-épics de Schopenhauer :

> Par un froid jour d'hiver, des porcs-épics, en compagnie, se serraient de très près les uns des autres pour éviter, grâce à leur chaleur réciproque, de mourir de froid. Bientôt, cependant, ils sentirent leurs piquants réciproques, ce qui de nouveau les éloigna les uns des autres. Mais lorsque le besoin de se réchauffer les amena de nouveau à se rapprocher, ce second mal se renouvela, si bien qu'ils furent ballottés entre les deux souffrances jusqu'à ce qu'ils aient finalement trouvé une distance moyenne leur permettant de se tenir au mieux [1].

---

[1]. Schopenhauer, *Parerga et Paralipomena*, II, XXXI, cité par Freud, *ibid.*, p. 182.

Or, c'est ce même rapport de proximité distante qui régit les relations entre les groupes humains et leurs narcissismes de groupes, écrit Freud[1]. Le narcissisme est ce qui constitue les groupes humains en les opposant les uns aux autres, tout en reliant, comme narcissisme de groupe, les membres de chaque groupe, limitant en cela leur propre narcissisme psychique. La suspension complète de ce narcissisme psychique, c'est ce qui est caractéristique de cette forme limite du groupe humain qu'est la foule naturelle, et dont nous allons voir qu'elle est en réalité toute proche du troupeau et possédée par un *herd instinct*, une pulsion grégaire :

> Aussi longtemps que se maintient la formation en foule ou aussi loin qu'elle s'étend, les individus se conduisent comme s'ils étaient uniformes.

La limitation du narcissisme psychique caractérise les groupes humains en général, et permet la formation d'un narcissisme collectif, indispensable à la constitution des processus d'individuation de référence, et qui nécessite un processus d'identification. Mais dans le cas de la foule naturelle, il ne s'agit pas seulement d'une limitation du narcissisme psychique : il s'agit de sa complète destruction.

C'est pourquoi il faut poser que

> l'essence de la formation en foule réside en des liens libidinaux d'une *nouvelle sorte* entre les membres de la foule[2]

qui relèvent de ce que la psychanalyse décrit plus généralement, en tant que phénomènes d'identification,

---

1. *Ibid.*, p. 183.
2. *Ibid.*, p. 185. C'est moi qui souligne.

> comme expression première d'un lien affectif à une autre personne[1],

et qui est la relation du petit enfant à ses parents, où

> l'identification aspire à rendre le moi propre semblable à l'autre pris comme « modèle »[2].

Mais l'identification peut aussi, chez l'adulte, se produire comme situation pathologique de régression : c'est le cas de Dora étudié auparavant par Freud. Enfin et surtout, de tels comportements d'identification se présentent aussi dans la vie quotidienne comme par exemple lorsque

> l'une des jeunes filles d'un pensionnat vient de recevoir, de celui qu'elle aime en secret, une lettre qui suscite sa jalousie et à laquelle elle réagit par une crise d'hystérie, [et que] quelques-unes de ses amies, au courant du fait, vont alors attraper cette crise [...] par voie de contagion psychique. Le mécanisme est celui d'une identification fondée sur la capacité ou la volonté de se mettre dans une situation identique. Les autres aimeraient aussi avoir un rapport amoureux secret[3].

Or, ici, l'identification apparaît à la fois comme le dispositif psychique le plus ancien et comme la base de toutes les formations de communautés :

> Premièrement, l'identification est la forme la plus originaire du lien affectif à un objet ; deuxièmement, par voie régressive, elle devient le substitut d'un lien objectal libidinal, en quelque sorte par introjection de l'objet dans le moi ; et troisièmement, elle peut naître chaque fois qu'est perçue à nouveau une certaine communauté

---

1. *Ibid.*, p. 187.
2. *Ibid.*, p. 189.
3. *Ibid.*, p. 190.

avec une personne qui n'est pas objet des pulsions sexuelles. Plus cette communauté est significative, plus cette identification partielle doit pouvoir réussir et correspondre ainsi au début d'un nouveau lien.

[…] Le lien réciproque entre les individus de la foule [ou de la masse organisée] est de même nature que cette identification née d'une communauté affective importante, et nous pouvons supposer que cette communauté réside dans le type du lien qui rattache au meneur[1].

Mais il faut ici ajouter aussi : ou à ses substituts, objets, symboles et artifices en tous genres. Cette possibilité de délégation, de vicariance et de représentation, totalement absente de l'analyse de Freud, mais sur laquelle Simondon insiste tant dans les processus de transindividuation, est évidemment la base de l'organologie politique dont la constitution des foules artificielles est aussi la genèse.

28. *Idéalisation, pulsion et identification dans les nouvelles formes de foules artificielles*

Ici, Freud rappelle que la conscience est l'héritière, comme instance critique, du narcissisme psychique originaire qui a engendré l'idéal du moi, c'est-à-dire le mécanisme d'élévation par lequel le *moi*, se projetant dans cet idéal du moi qui est *le sien*, mais qu'il *n'est pas*, se transforme. Or, dans l'état amoureux durable, l'objet aimé peut se substituer à cet idéal du moi, et c'est ce que Freud appelle l'*idéalisation* de cet objet aimé :

Dans l'état amoureux une certaine quantité de libido narcissique déborde sur l'objet. Dans maintes formes d'état amoureux, il devient même évident que l'objet sert

---

1. *Ibid.*, p. 190-191.

à remplacer un idéal du moi propre, non atteint. On l'aime à cause des perfections auxquelles on a aspiré pour le moi propre et qu'on voudrait maintenant se procurer par ce détour pour satisfaire son narcissisme[1].

À la page suivante, Freud remarque que

> cet abandon du moi à l'objet [...] ne se distingue déjà plus de l'abandon sublimé à une idée abstraite[2].

Et l'on peut comparer l'état amoureux à l'hypnose, où, comme dans l'idéalisation de l'objet aimé,

> l'hypnotiseur prend la place de l'idéal du moi[3].

C'est à partir de cet ensemble de considérations que Freud propose une définition de ce qu'il appelle la *foule primaire* :

> Une telle foule primaire est une foule d'individus, qui ont mis un seul et même objet à la place de leur idéal du moi et se sont en conséquence, dans leur moi, identifiés les uns aux autres[4].

Notons ici que ces foules relativement éphémères que sont les audiences de chaque programme des industries de programmes et de la télécratie sont précisément constituées par le fait qu'un seul et même objet retient leur attention. C'est ce que j'ai appelé l'hypersynchronisation des temps de conscience[5], par laquelle, comme l'a ensuite précisé

---

1. *Ibid.*, p. 197.
2. *Ibid.*, p. 198.
3. *Ibid.*, p. 199.
4. *Ibid.*, p. 202.
5. *Aimer, s'aimer, nous aimer. Du 11 septembre au 21 avril*, Galilée, 2003, p. 42.

Patrick Le Lay en personne, ces temps de conscience disparaissent pour laisser la place à un temps de cerveau disponible énucléé de cette conscience. Ces analyses de Freud nous permettent de comprendre comment le contrôle des agencements de rétentions produit par cette hypersynchronisation est aussi ce qui permet de déclencher des mécanismes d'identification régressive – ce n'est évidemment et heureusement pas également vrai de tous les programmes – par lesquels la télécratie peut tenter de se constituer en processus d'individuation de référence.

La foule ordinaire, avec tous les caractères qui aboutissent à cette définition,

> donne une image évidente de régression de l'activité psychique à un stade antérieur [mais] [...] peut être évitée, pour une large part, chez les foules artificielles, et hautement organisées[1]

qui peuvent en cela devenir des processus d'individuation de référence. Quant à la régression, elle n'est possible que parce que chaque individu, et chaque groupe humain en chaque individu, est habité par une « pulsion grégaire », *a herd instinct* dont ne peut pas être isolée, finalement, la *philia*. Car celle-ci, en tant que tendance des vivants à se rassembler en troupeaux ou en foules, et qu'Aristote mentionne aussi dans son *Éthique*, est bien une composante pulsionnelle *fondamentale* de cette *philia* en tant que manifestation de l'incomplétude de l'individu isolé[2].

En cela, la pulsion grégaire participe aussi et originairement au processus de transindividuation, même si cette tendance, lorsqu'elle aboutit à la foule où l'individu aliène sa liberté, est un cas limite, comme nous l'avons déjà vu,

---

1. Freud, « Psychologie des foules et analyse du moi », *op. cit.*, p. 203.
2. *Éthique à Nicomaque*, 1155a.

de l'individuation : c'est une tendance qui culmine dans le narcissisme collectif (lequel transforme le transindividuel en ensemble de clichés, de préjugés), mais qui compose toujours déjà avec sa contre-tendance dont le foyer est le narcissisme psychique. Ce n'est que par cette composition que le social se constitue comme *nous* où s'individuent des *je*, faute de quoi il n'y a plus que le *on* qui caractérise les foules.

Et c'est parce que cette pulsion est toujours là que tous nous sommes sans cesse susceptibles de régresser et de nous trouver pris, à tout moment, dans les mécanismes identificatoires archaïques dont regorgent les sociétés de marché. La tendance toujours présente peut être catalysée dans toutes sortes de circonstances, et déclencher tous les processus décrits à propos des foules éphémères sur la base du mécanisme de l'identification comme de véritables dispositifs de capture – au sens donné à cette expression par Gilles Deleuze commentant les analyses proposées par Rémy Chauvin de la relation entre la guêpe et l'orchidée.

Et c'est le cas avec l'exploitation par les artifices de la foule artificielle télévisuelle de ce que Freud appelle des idoles :

> Que l'on pense à la troupe exaltée de femmes et de jeunes filles amoureuses qui se pressent autour du chanteur ou du pianiste qui vient de se produire. Sans doute, en faudrait-il peu à chacune d'entre elles pour être jalouse de l'autre, mais devant leur nombre et l'impossibilité qui y est liée d'atteindre le but de leur sentiment amoureux, elles y renoncent, et au lieu de se prendre aux cheveux les unes des autres, elles agissent comme une foule unie […]. Elles ont pu, rivales à l'origine, s'identifier les unes aux autres grâce à cet amour égal pour le même objet, elles rendent hommage à l'idole dans des actions communes[1].

---

1. Freud, « Psychologie des foules et analyse du moi », *op. cit.*, p. 208.

Si cette tendance grégaire est à la base de tout esprit de corps, y compris dans les foules artificielles hautement organisées qui peuvent cependant éviter pour une large part, disait Freud, les effets de la régression qu'elle permet de déclencher, force est de constater que les processus d'identification qui gouvernent les sociétés de marché, foules artificielles hautement organisées s'il en fut, exploitent au contraire systématiquement cette tendance et les identifications régressives qui l'expriment.

Sur la base de substituts divers, de marques, mais aussi de présentateurs, et de toutes sortes d'artifices et dispositifs de capture de ces tendances identificatoires archaïques réactivant la pulsion grégaire (dans les publicités, les génériques, les décors, les rythmes, les rires artificiels déclencheurs de réflexes mimétiques, par les mécanismes pulsionnels scopiques les plus grossiers, qui sont aussi les plus efficaces), et compte tenu du fait que les foules sont par nature éphémères, intermittentes, mais que l'on peut les stabiliser temporairement, et déclencher le phénomène oscillatoire en activant ces mécanismes d'identification, les industries de programmes, comme méta-systèmes de production de foules artificielles intermittentes, sont ce qui organise, par l'intermédiaire de ces programmes, des successions de processus d'identification plus ou moins régressifs (certains pouvant être aussi très raffinés), et qui forment ce que l'on appelle une chaîne, ou un canal – qui enchaîne et qui canalise les temps de cerveau disponible.

Ce dispositif industriel d'activation des identifications régressives, qui sont la base psychosociologique du populisme industriel, capturée par une organologie politique et télécratique spécifique, et que nous allons bientôt étudier de plus près, est d'autant plus efficace qu'il se développe en période de désenchantement, c'est-à-dire de régression – au double sens de recul et de résurgence compensatoire (sous des formes archaïques) – aussi bien de la foi religieuse, dans le Christ par exemple, que du patriotisme et des destins nationaux, et, finalement, par l'extension même de cette télécratie, des idéaux politiques ou sublimatoires en général.

Dès lors, devant impérativement occuper au maximum le temps d'antenne des industries de programmes en tant que succession de processus d'identification régressive, les représentants politiques, issus de cette forme de foule artificielle très organisée qu'est une cité, sont irrésistiblement tentés de faire eux-mêmes fonctionner ces mécanismes régressifs d'identification, et de devenir avant tout des personnages télévisuels, c'est-à-dire télécratiques – au risque d'abandonner toute ambition démocratique.

29. *De l'idéal de la foule à l'idéal du peuple comme sociation*

Ces mécanismes trouvent leur source la plus profonde, selon Freud, dans la horde primitive. Rappelant l'hypothèse, qu'il reprit donc à Darwin dans *Totem et tabou*, du passage de la horde du père à la communauté des frères, il avance que tout ce qui caractérise la psychologie des foules

> correspond à un état de régression à une activité psychique primitive, telle qu'on pourrait justement l'assigner à la horde originaire. La foule nous apparaît donc comme une reviviscence de la horde originaire [qui peut] se reconstituer à partir de n'importe quel agrégat humain[1].

Et les foules artificielles comme l'Église et l'Armée, en tant qu'elle soumettent des égaux à un chef, sont des « transpositions idéalistes » des rapports dans la horde

---

1. *Ibid.*, p. 212-213.

originaire. C'est également sur cette « base archaïque » que s'établit le pouvoir de l'hypnotiseur. Dans tous ces cas, foules avec meneur, foules artificielles ou hypnose, c'est la figure du père originaire qui se reconstitue.

> Le meneur de la foule demeure toujours le père originaire redouté, la foule veut toujours être dominée par une puissance illimitée, elle est au plus haut degré avide d'autorité, elle a, selon l'expression de Le Bon, soif de soumission. Le père originaire est l'idéal de la foule qui domine le moi à la place de l'idéal du moi [1].

Quel est alors le rapport de cet *idéal de la foule* avec ce que j'ai appelé l'*idéal du peuple* [2] ?

Tout processus d'individuation, en tant que groupe d'individus psychiques reliés par un objet commun, procède de cette psychologie des foules et des masses, et constitue une foule artificielle. Et Freud pose ici que l'individu psychique appartient à *plusieurs* de ces foules artificielles activant divers processus d'identification :

> Chaque individu pris isolément est une partie constitutive de différentes foules, lié par identification de différents côtés, et a édifié son idéal du moi selon les modèles les plus divers [3]

au cours de ses identifications secondaires qui sont donc des entrées successives dans des mécanismes d'identification, plus ou moins inscrits dans des dispositifs sociaux de capture, mais qui s'opèrent sur la base d'une identification à la fois psychique et collective.

---

1. *Ibid.*, p. 219.
2. Cf. *supra*, p. 103 *sq.*
3. Freud, « Psychologie des foules et analyse du moi », *op. cit.*, p. 221.

> Chaque individu pris isolément participe donc de plusieurs âmes des foules, âme de sa race, de sa classe, de sa communauté de foi, de son État, etc., et peut par surcroît accéder à une parcelle d'autonomie et d'originalité.

Or, Freud n'interroge pas ici l'identification primaire collective que constitue le surmoi, et qui est la condition de l'identification primaire psychique, c'est-à-dire la source de cette « parcelle d'autonomie et d'originalité ». Celle-ci constitue l'individuation psychique plénière et en acte que veulent être la citoyenneté et les formes les plus sublimées de la subjectivation, et, comme nouveau principe d'individuation collective reposant sur l'identification aux idéalités issues de la sublimation et constituant en cela les sources des singularités, elle nécessite bien sûr d'être cultivée, le paradoxe apparent étant alors que ce sont ces foules artificielles, qui proviennent d'un principe de soumission, qui sont aussi susceptibles de produire cette culture de soi et des autres.

Freud ne dit pas un mot de ces questions dans la stricte mesure où il ne distingue pas le passage de la horde primitive du père à la société des frères comme ce qui fait passer la pulsion (par l'intermédiaire d'un meurtre, avec une arme, c'est-à-dire une technique, c'est-à-dire par une transgression qui est aussi l'institution de la loi[1]) du côté du désir, et en déclenchant le processus de la sublimation. Il n'en dit pas un mot bien que le frère qui achève, après le meurtre collectif du père, l'ouverture de ce passage, soit, selon Freud, le poète[2], c'est-à-dire celui qui, par excellence, représente le milieu symbolique comme milieu associé des singularités dans

---

1. *Mécréance et discrédit 3. L'esprit perdu du capitalisme*, Galilée, 2006, p. 83-87.
2. Freud, « Psychologie des foules et analyse du moi », *op. cit.*, p. 231.

la structure originairement idiomatique et dialogique de l'individuation.

Cette production de la sublimation est celle d'une autre forme d'idéalisation par laquelle, précisément, la pulsion grégaire se trans-forme en processus d'association, c'est-à-dire de sociation, c'est-à-dire de participation, telle que le milieu symbolique se forme en se métastabilisant comme processus d'individuation psychique et collective, et comme processus d'individuation psychique et collective de référence, précisément par la constitution du symbolique en régime d'idéalités, et non seulement d'artifices visant à produire des foules durables.

Il devient alors très clair que ce qui permet le mécanisme du court-circuit de la transindividuation, c'est-à-dire de régression du libidinal, qui constitue la *philia*, vers le pulsionnel archaïque, qui reste cependant en permanence à la base de cette *philia*, et comme ce qu'elle contient depuis toujours, c'est ce qui réactive cette « scène primitive », ou cette forme archaïque du groupe humain, où la pulsion grégaire déclenche le mécanisme d'identification qui provoque la « soif de soumission ».

Or, de telles régressions peuvent être organisées : elles relèvent de ce que j'avais appelé précédemment l'organisation du « degré zéro de la pensée », fruit de ce que Le Bon décrit comme « descente sur les degrés de l'échelle de la civilisation » qui provoque une « baisse du rendement intellectuel ». Elles mobilisent alors des techniques, dont celles de l'hypnose et du mot d'esprit sont des cas particulièrement étudiés par la psychanalyse. Et il est *évident* que les techniques de la télécratie, et en particulier, l'exploitation combinée des effets, d'une part de l'hypersynchronisation des temps de conscience, qui installe de fait une situation d'identification régressive, nous savons maintenant pourquoi, et d'autre part de la pulsion scopique, et du jeu des regards qui s'y installe, côté spectateur comme côté spectacle, où se produisent aussi les phénomènes de suggestion et de contagion para-hypnotiques qui constituent les foules, sont ici particulièrement efficaces.

Et pourtant, ce sont aussi ces techniques qui permettent, à l'inverse, d'organiser des circuits longs de la transindividuation. C'est précisément ce en quoi consistent l'école, et, plus généralement, toutes les pratiques sociales, c'est-à-dire, en fin de compte, artificiellement organisées (l'organisation de foules artificielles étant donc la base de toute organologie politique), de ce que j'ai appelé, après Platon, Derrida et Foucault, l'*hypomnésis* et les *hypomnémata*. Ce thème, qui fera l'objet du chapitre suivant, nous ramènera vers les enjeux politiques les plus pressants du prochain scrutin présidentiel en France.

L'école, comme lieu de ce que j'ai appelé un *otium* du peuple[1], et plus généralement, tout ce qui vise à constituer de telles pratiques de l'*otium* ou de la *skholè*, sous toutes leurs formes, y compris religieuses, et bien sûr artistiques et contemplatives, au sens le plus vaste (au sens de la *theoria*), sont ce qui vise à cultiver un idéal du moi, et avec lui, une culture de soi et des autres (Foucault parlait du gouvernement de soi et des autres), et donc un idéal du peuple, au sein d'un processus d'individuation psychique et collective de référence. Et c'est ce qui vise ainsi à prendre soin de ce processus d'individuation de référence[2].

Car la différence entre *moi* et *idéal du moi*, tout comme entre *population* et *idéal du peuple*, est ce qui doit faire l'objet d'un soin, *therapeuma*, *cura*, et d'une culture entendue en ce sens qui ne peut être que celui d'un culte[3]. Freud souligne pour cette raison la *faiblesse ordinaire* de la différence entre le *moi* et l'idéal du moi, faiblesse qui

---

1. *Mécréance et discrédit 1. La décadence des démocraties industrielles*, Galilée, 2004, p. 133 *sq*.
2. Cf. *Prendre soin, Agriculture et industrie*, à paraître.
3. *Mécréance et discrédit 1*, *op. cit.*, p. 191 *sq*.

facilite évidemment le déclenchement des mécanismes les plus archaïques de l'identification, raison pour laquelle les candidats au pouvoir sont *toujours* tentés par l'organisation de la régression identificatoire et, aujourd'hui, par la facilité d'exploiter les mécanismes de la télécratie qui favorisent l'*indifférenciation* du moi et de l'idéal du moi :

> La séparation du moi et de l'idéal du moi n'est, chez de nombreux individus, guère avancée, les deux coïncident encore facilement, le moi a souvent conservé l'autosatisfaction narcissique antérieure. Le choix du meneur est très facilité par cet état de choses. Il lui suffit souvent de posséder les propriétés typiques de ces individus, avec un relief particulièrement net et pur[1].

Il y a alors indifférenciation du moi et de l'idéal du moi, de la *population* et de l'*idéal du peuple*, parce que le phénomène de régression vers la horde – c'est-à-dire au stade qui précède la constitution du désir en propre – induit inévitablement le court-circuit de la transindividuation : la régression vers la figure du père originel, c'est celle d'un retour à un mécanisme d'identification qui date d'*avant* la constitution du circuit long du désir, d'avant l'individuation psychique et collective comme trans-individuation de tous par tous. Le père originel est celui qui confisque le processus d'individuation, et qui interdit en cela la participation. Les figures basiliques, pharaoniques et dynastiques en sont plus ou moins d'autres formes. Mais c'est ce qu'institue la télécratie « démocratiquement », si l'on peut dire : dans la « société télécratique de marché », il n'y a pas de « dictateur », de *Führer*, mais une succession de processus d'identifications régressives constituées par les programmes concoctés par le populisme industriel, où les

---

1. Freud, « Psychologie des foules et analyse du moi », *op. cit.*, p. 222.

prétendants politiques aux fonctions suprêmes tentent de devenir sinon des idoles, du moins des « animaux médiatiques », grands prédateurs d'audiences.

En règle générale, les identifications non régressives contrôlent et organisent les processus de transindividuation en conférant à leurs objets le statut de représentants et d'autorités (parentales ou sublimatoires). C'est pourquoi l'on ne peut pas séparer identification, sublimation et transindividuation. C'est sur cette base, mais en la renversant, que le processus de désidentification psychique par identifications régressives est exploité par tous les acteurs de la télécratie, y compris les « vedettes » politiques, qui, en court-circuitant la transindividuation et en organisant par là la désublimation[1], tirent parti de l'infantilisation que crée ce « petit écran » devant lequel on écoute sagement sans pouvoir répondre – comme devant le « père de la horde[2] ».

Car la destruction de l'identification primaire psychique se fait aussi par identification régressive pour les adultes, comme cela advient dans toutes les foules artificielles (et comme dans l'hypnose) : les identifications régressives que sont de plus en plus souvent les programmes détournent l'*idéal du moi* issu de l'identification primaire psychique de chaque individu, et par là organisent une régression en général infantilisante, et parfois proprement grégaire, approchant alors de ces foules naturelles qui sont aussi purement pulsionnelles, et où se forme le *group mind* qui fascinait Adolf Hitler, et par lequel il devint lui-même une fascination pour les foules allemandes.

---

1. La désublimation, c'est ici tout ce qui flatte le populisme en court-circuitant le circuit long de la réflexivité, de ce que l'on appelle la culture, de l'esprit qualifié d'«intellectualisme », etc.

2. Petit écran qui devient de plus en plus grand, et qui conduira bientôt – ce n'est plus qu'une affaire d'années – à la situation que décrit Ray Bradbury dans *Fahrenheit 451*.

La question politique, c'est évidemment, et par nature, l'organisation des foules et des masses de populations en peuples, en sorte de produire une *philia* qui ne soit pas régressive, mais qui tout au contraire intensifie l'individuation et la trans-formation – dans le sens d'un meilleur. Tâche bien difficile à notre époque : les foules artificielles et les masses organisées, soumises aux identifications régressives que la société de marché déploie systématiquement, sont intrinsèquement *hostiles* au changement et à la nouveauté, comme le sont les « troupeaux » :

> Le troupeau refuse tout ce qui est nouveau, inhabituel[1].

Certes, les identifications régressives ont précisément pour but de leur faire adopter des nouveautés, et un changement permanent des comportements et des modes de vie en fonction des offres du marché. Mais cette adoption permanente de nouveautés se fait en vue de ne rien changer au système de production de ces offres qui reviennent toujours au même, et toujours dans le sens du pire. Les produits nouveaux sont alors les leurres qui constituent des oscillations éphémères dans le flux d'une obsolescence chronique qui désindividue les individus psychiques et collectifs, noyés dans la masse, tout en provoquant une perte du surmoi que l'on prend bien à tort pour de l'individualisme, alors que ce n'est que l'expression brutale et archaïque de l'égoïsme le plus primaire, le plus mimétique et le plus grégaire.

Au cours de la seconde moitié du XXe siècle, la télévision est devenue le processus d'individuation psychique et collective de référence, et c'est ainsi que s'est installée la télécratie. C'est certainement, au fond, ce que voulaient

---

1. Freud, « Psychologie des foules et analyse du moi », *op. cit.*, p. 205, ce qui signifie que le troupeau *refuse l'individuation* qui est sa trans-formation.

dire Jean-Louis Missika et Dominique Wolton dans *La Folle du logis*[1]. Mais précisément au moment où elle est devenue cette référence pour tous les processus d'individuation, elle s'est révélée constituer un facteur de désindividuation : un système à produire des identifications régressives, court-circuitant les circuits longs de la transindividuation, et en particulier, les circuits politiques qui fondent la démocratie par représentation.

Aujourd'hui, la démocratie doit se mobiliser contre cette télécratie. Et cela signifie qu'elle doit produire un nouveau processus d'individuation de référence, mais en re-socialisant le fond télécratique, technique et techno-logique sans lequel il n'y a ni représentation, ni circuits de transindividuation producteurs de *sociation*. Les mécanismes grégaires dominant partout et en permanence, dans la société de marché, les foules artificielles que produit le populisme industriel, la seule solution est d'intervenir politiquement sur la définition des formations de ces masses et de ces foules, ce qui est d'ailleurs la fonction politique par excellence : il va falloir légiférer. Cela suppose du courage politique. Mais le courage politique, c'est toujours ce qui résulte de la mobilisation du peuple, qui seule peut stimuler, contre cette télécratie, ses propres représentants. Il nous va donc falloir *nous* mobiliser.

Pour cela, il faut avancer des propositions politiques. De telles propositions sont possibles, et nécessitent pour leur élaboration d'étudier plus avant comment, dans notre histoire récente et démocratique, des dispositifs politiques ont été mis en place pour lutter contre ce qui, dans l'organisation des foules artificielles hautement organisées, peut toujours laisser ressurgir des processus d'identification régressive.

C'est ce en quoi consista l'institution de l'école par Jules Ferry, et par voie législative. L'école est le lieu où

---

1. Gallimard, 1983.

l'on socialise ce qui forme le *et* de l'individuation psychique et collective. Ce *et*, c'est la technique par laquelle se constitue l'individuation psychosociale démocratique, à savoir l'écriture, qui est aussi, déjà, j'ai dit pourquoi, une technique relationnelle télécratique. L'école a pour objet de transformer cette technique télé-cratique en technique démo-cratique, en créant dans la population, qui devient ainsi *le peuple français*, de *longs* circuits de transindividuation (qui vont « de la maternelle au Collège de France ») appelés des *savoirs*.

Mais l'école, comme *institution de programmes*, est aujourd'hui concurrencée et combattue par les *industries de programmes*, qui visent à court-circuiter les longs circuits qu'elle tisse entre les individus psychiques au fil de leurs jeunes années. Dans ce combat, l'école est écrasée. Et elle l'est parce que la technologie télécratique des industries de programmes est, en l'état actuel de son abandon aux seuls critères de socialisation définis par la société de marché, une arme de destruction massive de la transindividuation.

Il faut alors faire de l'organologie politique, et mener une nouvelle bataille : c'est là le combat majeur pour l'avenir, et pour le désir d'avenir, et pour l'avenir du désir.

Chapitre 7

ÉCOLE ET INDUSTRIE

30. Le processus de grammatisation, les formes de pouvoir et les tendances régressives en général

Les industries de programmes, qui sont les principaux acteurs de la télécratie, sont ce qui permet à la société de marché de se développer avec le marketing et les économies de services en prenant le contrôle des programmes socio-ethniques devenus socio-politiques dans le monde occidental depuis la Grèce ancienne. Le marché devient ainsi le seul critère de trans-formation des programmes comportementaux, dont il prend systématiquement le contrôle par le biais des techniques de marketing, et c'est pourquoi la société de marché est essentiellement une société *de contrôle*. Il s'agit de contrôler l'évolution de ces programmes, qui forment les innombrables trames des milieux préindividuels de l'individuation psychique et collective, pour les adapter aux besoins immédiats des marchés en les dépolitisant, en les désocialisant et en les désymbolisant, c'est-à-dire aussi en court-circuitant les processus de transindividuation.

La prise de contrôle des *industries* de programme entre inévitablement en lutte avec les *institutions* de programmes, dont l'école est la principale dans les démocraties industrielles, qui socialisent, depuis l'origine même de l'Occident, les programmes socio-politiques en tant qu'ils sont le fruit d'une institution, et non le simple héritage d'une tradition, et c'est là le cœur même du projet de l'Occident, mais qu'il s'agit de liquider par l'intermédiaire des industries de programme : liquider les institutions, liquider l'État, et liquider toute puissance publique qui se poserait en critère de l'individuation de référence autre que le marché.

C'est cette opération qui conduit à la généralisation des nouvelles foules artificielles constituées par les industries de programmes, et à la généralisation des processus d'identification régressive qui s'y développent – tandis que la généralisation des programmes socio-politiques par l'institution et contre les processus d'identification régressive en général fut l'action de Jules Ferry qui aboutit à l'obligation de l'instruction publique comme principale institution de programme.

La mémoire proprement humaine est la couche épiphylogénétique que forme la mémoire techniquement extériorisée[1], et là réside *déjà* la possibilité de la télécratie : parce qu'elle est extériorisée, la mémoire, c'est-à-dire l'individuation, est à la fois manipulable et expropriable. Elle peut être monopolisée, confisquée, comme le père de la horde confisque le processus d'individuation, et devenir ainsi hégémoniquement contrôlable. Dès lors, les processus de transindividuation peuvent être court-circuités – et les situations d'identification régressive peuvent proliférer. Telle est la situation dominante des sociétés de marché.

La mémoire épiphylogénétique se conserve sous forme de rétentions tertiaires dans tous les objets techniques, lesquels, en cela, sont tous des vecteurs de mémoire, comme les archéologues nous l'apprennent sans cesse à nouveaux frais. Puis apparaissent des formes écrites de rétentions tertiaires, et cette époque de la mémoire épi-

---

1. Cf. *supra*, p. 109.

phylogénétique, qui est le début de l'Histoire, est aussi l'objet des historiens et des lettrés. Dans la couche épiphylogénétique se forme un dispositif à proprement parler mnémotechnique, ou, dans le langage de Platon, *hypomnésique*, en même temps qu'apparaissent de nouvelles formes d'organisations sociales, c'est-à-dire de nouveaux types de processus d'individuation – qui sont caractérisés par leurs pratiques spécifiques de cette couche hypomnésique, et d'où naissent les Grands Empires, puis la cité et le monothéisme.

La couche hypomnésique, c'est la mémoire telle qu'elle se conserve sur un agenda, une carte, un livre de comptes (comme *hypomnémata* entendus en ce sens sur lequel insiste Foucault), mais aussi, et plus généralement, comme instrument de calcul, et c'est pourquoi l'hypomnésique va devenir l'ensemble des supports de calcul, aussi bien comme outils comptables de la *ratio* à l'origine du précapitalisme, que comme fichiers et autres techniques d'assistance à la navigation dans l'accumulation des traces du savoir imprimé qui sont aussi les formes manuelles des techniques documentaires, et qui préfigurent ce que seront les technologies d'information.

Celles-ci apparaissent au XIXe siècle avec ce qui constitue la base des technologies de communication, lorsque de nouvelles formes d'*hypomnémata* se constituent par le développement d'appareils qui permettent de les produire comme enregistrements, puis de les diffuser, puis de réaliser des opérations automatisées sur ces enregistrements devenus des fichiers numériques. Ces nouveaux types d'*hypomnémata* constituent les technologies culturelles et cognitives et leur ensemble constitue les technologies de l'esprit, qui sont aussi la base organologique de toute politique entendue comme constitution de ce processus d'individuation de référence que ne peut pas être le marché.

Il y a donc une histoire, une proto-histoire et même une préhistoire de la formation de ces divers types d'*hypomné-*

mata qui relève d'un processus de grammatisation. Celui-ci commence avec les engrammages les plus anciens, connus sous le nom de mythogrammes, et, en passant par le machinisme industriel et le contrôle des gestes qui le caractérise, il va jusqu'aux formes les plus sophistiquées de micro-technologies (à la base des objets communicants), et se poursuivra bientôt à travers les nanotechnologies.

L'histoire de la grammatisation constitue le fond organologique de toutes les formes de pouvoir social, du sorcier aux chefs des actuelles superpuissances internationales et transnationales : il s'y forme les oligarchies en général. La grammatisation est la clé de toute organologie politique. Et la politique est ce qui lutte contre les monopolisations oligarchiques que rend possibles le devenir de la grammatisation, mais qui menacent toujours les processus d'individuation. Car le processus de grammatisation, lorsqu'il se trans-forme, c'est-à-dire s'engage dans un nouveau stade, constituant une nouvelle époque, peut aussi bien contribuer à réactiver des schémas d'identification régressive qu'à faire apparaître de nouveaux processus d'individuation. Les modèles oligarchiques sont ceux qui tirent parti des tendances régressives et archaïsantes provoquées par le changement organologique que constitue un nouveau stade de grammatisation pour étendre leur pouvoir tout en utilisant la nouveauté organologique à ses propres fins.

De façon générale, l'apparition d'un nouveau stade de la grammatisation requiert un nouveau stade du processus d'individuation. Mais de façon tout aussi générale, l'ouverture de cette nouvelle possibilité pour l'individuation commence par provoquer une réaction contre toutes les formes d'individuation déjà constituées, qui sont perçues comme étant potentiellement vectrices de la nouveauté elle-même vécue comme une menace, et il se développe alors une hostilité de ce qui tend ainsi à devenir un « troupeau » à la fois contre la nouveauté organologique et contre les singularités individuées en général : le processus d'individuation existant, se sentant menacé, tend à devenir un processus régressif de désindividuation, c'est-à-dire : où la liberté des individus psychiques apparaît constituer une menace pour le groupe.

Tout cela explique que la possibilité télécratique en général, qui est une réalité organologique (dont l'histoire se déroule avec l'évolution de la grammatisation depuis l'écriture) avant d'être le pouvoir d'une oligarchie, soit à la fois la condition de possibilité d'une vie démocratique, et ce qui, de nos jours, vient la menacer. Mais il ne peut en aller ainsi aujourd'hui, et en particulier à la veille du scrutin présidentiel en France, que parce que la démocratie n'est pas encore à la hauteur de sa nouvelle situation hypomnésique : que parce que la politique, comme organisation de la société aussi bien que comme philosophie et comme pouvoir représentant la société politique, c'est-à-dire le peuple français, n'a pas encore su penser son époque – ce qui conduit à ce que j'ai analysé comme constituant un blocage du « double redoublement épokhal » par lequel une époque se constitue[1].

Il est évident, d'autre part, que ce blocage de la pensée, et, derrière cet impensé, de toute la société, est un état de fait produit et entretenu par une guerre idéologique dont le populisme industriel est chargé d'exécuter les basses œuvres par tous les moyens, c'est-à-dire en n'hésitant plus à activer les pulsions les plus archaïques que permettent de déclencher, comme phénomène de désinhibition de masse, les identifications régressives.

---

1. *Mécréance et discrédit 2. Les sociétés incontrôlables d'individus désaffectés*, Galilée, 2006, p. 28-34.

31. *L'école comme stade de la grammatisation et lieu de constitution de la* philia *en tant qu'idéal du peuple*

Sur le fond de cette situation épiphylogénétique où se déroule un processus de grammatisation dont il est possible de décrire les stades comme suite de types d'*hypomnémata* (de rétentions tertiaires), il faut penser la question de l'éducation comme lutte contre le devenir régressif des processus d'identification, et comme intensification de l'individuation par le développement des pratiques hypomnésiques – qui forment ce que j'ai appelé un « *otium* du peuple ».

Ce que l'on appelle l'école est un stade de l'organisation sociale qui s'empare d'un stade de l'épiphylogenèse, et plus précisément, dans l'épiphylogenèse, de la grammatisation[1].

Les mnémotechniques les plus anciennes, qui apparaissent sans doute dès le paléolithique moyen, forment au paléolithique supérieur les premières traces de la vie humaine dans lesquelles nous *nous* reconnaissons pleinement : ce sont par exemple la grotte Chauvet et la grotte de Lascaux comme trésors d'une soudaine prolifération picturale témoignant d'une vie artistique, c'est-à-dire individuante au plus haut point. Mais on peut supposer avec Leroi-Gourhan que bien avant ce stade, qui est à la fois un aboutissement et un nouveau point de départ, un sommet et un commencement, les premières traces mnémotechniques où le processus de grammatisation trouve sa source coïncident avec la constitution des groupes ethniques,

---

1. Les stades de l'épiphylogenèse et de la grammatisation constituent ce que Jacques Derrida aurait pu traiter au titre de ce qu'il appelle dans *De la grammatologie* l'histoire du supplément – mais dont il n'a en fait jamais traité.

c'est-à-dire aussi avec la différenciation idiomatique des langues[1] – tout cela demeurant encore de nos jours très hypothétique. En revanche, il est positivement acquis que le néolithique conduit à l'apparition des *hypomnémata* à proprement parler, si l'on appelle ainsi les mnémotechniques délibérément faites pour garder et transmettre la mémoire de générations en générations à travers des dispositifs d'enregistrement qui sont aussi les premiers instruments de calcul formant les castes de scribes.

Or, l'évolution de ces *hypomnémata* fait apparaître l'époque, entre les Phéniciens et les Grecs, de ce que j'ai appelé une orthothèse littérale : l'ortho-thèse signifie la position (*thésis*) exacte (*orthos*) qui permet de constituer le système alphabétique comme ortho-graphie. Celui-ci est une synthèse technique de la matière linguistique sous une forme littérale, c'est-à-dire un enregistrement à la lettre des significations produites par le processus de transindividuation, et il constitue un mode de rétention tertiaire. Mais en tant que tel, il modifie radicalement les conditions de cette transindividuation elle-même[2].

Or, c'est cette rétention tertiaire littérale, cette *hypomnésis*, comme l'appelle Platon, qui rend possible l'école, et en tant que cette forme rétentionnelle soutient, explicite et par là même trans-forme le processus de transindividuation qui est le dispositif de production des significations, intensifiant ainsi l'individuation collective. Mais c'est également elle qui permet à la sophistique de prendre le contrôle de la transindividuation, et de faire fonctionner, *déjà*, et par les techniques de l'éristique et de la rhétorique

---

1. Cf. *La Technique et le Temps 1. La faute d'Epiméthée*, Galilée, 1994, p. 177-185.
2. Il modifie radicalement le jeu des rétentions primaires et secondaires psychiques et en conséquence des rétentions secondaires collectives en quoi consiste cette transindividuation toujours surdéterminée par les rétentions tertiaires. Sur ce point, cf. *supra*, p. 125 *sq*.

en particulier, les processus d'identification régressive. L'école est alors conçue par la philosophie comme le lieu même de la lutte contre ces processus d'identification régressive. Et elle le demeurera, sous diverses modalités correspondant aux spécificités des processus d'individuation de référence et des processus d'identification primaire qui s'y forment, tout au long de l'histoire de l'Occident.

Or, elle ne peut être le lieu de cette lutte que parce qu'elle est aussi l'instance de socialisation de cet outillage rétentionnel spécifique qui trans-forme les conditions de la transindividuation : on ne peut pas imaginer d'école, telle qu'on l'appelle école depuis la Grèce et jusqu'à Jules Ferry, en passant par Luther, Ignace de Loyola, Condorcet et Guizot, sans qu'il existe un dispositif rétentionnel tertiaire du type de l'orthothèse littérale. Et l'opération politique majeure que mènera Ferry est pour cette raison appelée l'alphabétisation du peuple français, qui est aussi la constitution de ce peuple en acte, comme peuple, et non seulement comme population, et dans une organisation démocratique en cela.

Ce dispositif, qui est aussi la dimension télécratique de l'individuation que contient la démocratie dans la mesure où l'écriture est déjà une technique du *télos*, est ce que l'école a pour mission de socialiser sous forme de disciplines qui sont des circuits de transindividuation. C'est en cela que la rétention tertiaire qu'est l'orthothèse littérale permet l'institution et la constitution du processus d'individuation psychique et collective de référence qu'est à l'époque des Grecs la cité, *polis*, puis, à l'époque de Luther et d'Ignace de Loyola, l'Église, réformée ou contre-réformée, et dont Freud nous dit qu'elle est une foule artificielle hautement organisée, puis, pour Condorcet, Guizot et Ferry, la nation – foyer du peuple français dont la Révolution française entend être une réinvention précisément comme nouveau processus d'individuation de référence.

Or, l'individuation de l'individu psychique et de l'individu social, en tant qu'ils individuent des fonds préindividuels dont ces disciplines sont des cas – et pas n'importe lesquels : des cas de référence qui sont en cela définis comme universels, ou relevant de l'universel, par exemple comme histoire de France inscrite dans une Histoire universelle –, c'est, en règle générale, et sous toutes ses formes, un processus d'adoption.

Le changement du monde, vers le meilleur comme vers le pire, est le résultat de ce processus d'adoption. Quant à l'identification primaire psychique, elle est l'élément archéologique (fondateur) du processus d'adoption psychique que forment les identifications secondaires qu'il régule et arbitre.

Mais l'identification primaire se fait elle-même aux conditions des prothèses, des rétentions, des suppléments et des objets transitionnels, c'est-à-dire aux conditions d'une *paideia* qui est d'abord un jeu, et qui constitue le processus d'individuation de l'*infans*, puis de l'enfant, et qui devient finalement l'objet d'une pédagogie sociale qui a pour but de refonder l'identification primaire psychique, et après coup, comme identification primaire de référence collective et sociale – et ce, en fonction des changements du monde que provoquent les changements de sa base organologique. C'est pour cette raison que Hegel peut décrire l'école comme inscrite dans le processus de ce qu'il appelle une *Aufhebung*, ce que l'on traduit par *relève*, et qui est une *levée*, que l'on aurait aussi envie de traduire par *élévation*.

L'école est donc une discipline sociale d'adoption : c'est une institution qui instaure et institue un ordre de l'individuation par l'intermédiaire d'un instituteur qui est un représentant de l'État, c'est-à-dire de la république, c'est-à-dire aussi, finalement, du peuple (et c'est pourquoi ce représentant pédagogue est un fonctionnaire) : l'instituteur institue une forme d'adoption dans la *psyché* de l'élève, c'est-à-dire de celui qui s'élève, car cette forme de l'adoption s'appelle s'élever, s'éduquer. Au cours de cette éducation se forme, et aussi, déjà, se trans-forme, dans le cours de cette enfance même – lisons Rimbaud –, une *identification primaire collective*.

L'adoption est un processus d'élévation au sens où il faut donner accès par des artifices à ce que spontanément l'être humain isolé n'acquiert pas, pas plus qu'il n'accède spontanément et seul aux éléments que sont la marche, la langue maternelle, l'hygiène, etc., qu'il doit tous adopter. Mais l'adoption scolaire, qui est une forme socialement organisée de l'adoption par l'intermédiaire de cet artifice qu'est la rétention tertiaire littérale, est l'institution publique par laquelle se poursuit, au sein d'une identification primaire collective, la différenciation entre le moi et l'idéal du moi : par laquelle se forme un peuple, et comme idéal d'une population.

En Grèce antique, patrie de la politique et de la démocratie, la citoyenneté apparaît avec les *hypomnémata* littéraux qui s'y sont constitués, et elle se fonde, par l'intermédiaire du *grammatistès* qui est le maître des lettres (l'instituteur), sur le fait que le processus d'adoption doit être pris en charge *par la cité* – par cette cité dont Socrate dit à Criton, dans sa prison, et avant de boire la ciguë, que s'il fuyait l'exécution de sa condamnation, comme le lui propose Criton, ses enfants deviendraient orphelins[1] – ce qui signifie qu'ils ne le seront pas véritablement du fait de sa propre mort prochaine : l'école est ici devenue la matrice identificatoire de cette autre forme de parentalité (c'est-à-dire de *philia*) qu'est la cité en tant que telle[2].

L'organisation politique est un système parental qui casse les déterminations claniques, les identifications

---

1. Platon, *Criton*, 53e.
2. Sur la parentalité aujourd'hui, cf. François Richard, « La parentalité, une notion à discuter », Adolescence, n° 24, 2006.

parentales au sens habituel (ce que *La République* de Platon porte à son comble, et même à une extrémité qui aboutit à une absurdité, dont j'étudie les motifs par ailleurs[1], motifs qui reposent sur le malentendu à propos de l'*hypomnésis* qui est l'origine même de toute métaphysique), et la constitution de cette parentalité est précisément la *philia* politique.

Ici, il faut revenir au concept de programme socioethnique : en tant que complément indispensable à la formation des dèmes (qui fondent la démo-cratie) par lesquels Clisthène casse les tribus, et par là substitue aux programmes ethniques, qui constituent le contrôle social traditionnel des comportements collectifs, des programmes politiques fondés sur une loi commune, lisible et critiquable par tous, l'école grecque est l'opérateur d'adoption de ces nouveaux programmes. Et elle est en cela le lieu de constitution d'un nouveau processus d'individuation psychique et collective de référence[2]. Dès son origine grecque, l'école est donc un lieu d'adoption qui forme une *philia* par la constitution d'un idéal du moi, mais qui est aussi, comme *dèmos*, le peuple en tant qu'idéal de la population qui n'est plus le groupe ethnique (et qui accueille pour cette raison ceux qu'elle appelle les métèques). Cette école est le foyer même de la démocratie, et elle le redevient dans les démocraties industrielles comme instruction publique et obligatoire, et finalement comme éducation nationale.

C'est ce rôle qui est de nos jours fondamentalement

---

1. *La Technique et le Temps 4*, à paraître aux éditions Galilée.
2. On n'en finit jamais avec le socio-ethnique, il est toujours revenant dans l'idiomatique. Et ce n'est pas pour rien que le nationalisme à tendance à revenir, il y a toujours des moments difficiles d'adoption, où les esprits, les hantises, les fantômes socio-ethniques reviennent à travers l'idiome. Je crois à l'irréductibilité de toutes ces structures. Elles restent là dans le fond comme des survivances, comme diraient Warburg ou Freud.

menacé par la télécratie qu'impose le populisme industriel et pulsionnel, et c'est ce contre quoi la misère politique renonce à lutter.

32. L'école dans la démocratie industrielle – et ses nouveaux ennemis

Pour la philo-sophie, qui, comme amour (*philein*) de la sagesse, est une forme de *philia*, et qui se constitue originairement comme lutte contre la télécratie sophistique, qu'elle considère être une menace contre la *philia* politique, la question de l'éducation et en cela de l'adoption est première : l'académie de Platon, nous dit Léon Robin, est une école des cadres de la cité[1]. Le lycée d'Aristote est aussi une école, et une bibliothèque, et les projets philosophiques sont tous, de près ou de loin, des projets d'éducation : la phénoménologie est encore, au XXe siècle, un projet de redressement de la « thèse naturelle du monde » par une éducation philosophique reposant sur la méthode de la réduction, qui est aussi une discipline de vie.

Mais l'adoption, c'est ici celle de critères qui ne sont pas eux-mêmes des artifices, mais au contraire les connaissances universelles issues de la connaissance vraie de l'être. De tels critères permettent de *juger* (*krinein* : de discerner, et par là de critiquer) ce qui *peut* et *ne peut pas* être *adopté* – de *juger le devenir* autrement dit. En cela, elle constitue une identification primaire collective qui se nomme l'onto-théologie (un discours sur l'être qui conduit toujours à un discours sur l'être suprême – et parfait : qui *ne devient pas*, qui est inengendré, et donc originaire – et que l'on appelle Dieu, le Père).

Au XIXe siècle, se produit l'industrialisation, et l'appari-

---

1. Léon Robin, *Platon*, PUF, 1968, p. 8-9.

tion de l'école de Jules Ferry est une conséquence du nouveau processus d'adoption qui va en résulter, tout autant que de l'avancée des idées dont Condorcet aura été l'illustre représentant. Toute l'histoire de la civilisation humaine est une histoire des processus d'adoption et une transformation des conditions de cette adoption, dont l'industrialisation est cependant un stade très spécifique.

Le contexte de la loi de 1880 de Jules Ferry est celui de cette industrialisation déjà largement accomplie, celui du *Bonheur des dames* où il est devenu clair que l'industrie pose un nouveau type de problème d'adoption : comment adopter et faire adopter des objets sans cesse nouveaux, des « nouveautés », des techniques sans cesse nouvelles, comment vivre dans un monde en pleine transformation, un monde qui ne cesse plus de changer, où l'adoption est devenue celle d'un devenir incessant – et qui remet profondément et perpétuellement en cause, comme progrès, les fondements du processus d'individuation de référence, qui étaient ceux, non pas d'un devenir, mais d'un être, et qui renvoyait à un être suprême, c'est-à-dire à Dieu ?

Au XVIIIe siècle, le savoir ne pouvait être que celui d'un ordre existant et immuable – dont la source première était l'objet de la vérité révélée d'un Père Éternel. À partir du XIXe siècle, il ne s'agit plus d'instaurer l'adoption d'un ordre, mais de faire adopter le processus d'un devenir pensé au moment même où le darwinisme fonde la théorie évolutionniste (*L'Origine des espèces* est publiée en 1859, Darwin meurt en 1882).

Or, de nos jours, aux institutions de programmes qui ont été mises en place dès la cité grecque, puis pensées par la philosophie en général, Rousseau et Kant en particulier, puis par Condorcet, pour être en fin de compte refondées par Jules Ferry, et être ainsi mises au cœur de la démocratie industrielle, se sont substituées les industries de programmes qui viennent les concurrencer en vue d'imposer un autre processus d'adoption, qui ne correspond plus du tout aux principes et aux canons de l'éducation telle qu'elle s'est pensée depuis l'origine de la société politique occidentale aujourd'hui devenue mondiale.

Cet autre processus d'adoption repose sur le marketing et exploite les artifices de la télécratie exclusivement dans le sens de ses intérêts, et dont le principe est à l'exact opposé de ce qui constituait le sens de l'école comme processus d'identification primaire collective cultivant un idéal du peuple contre les tentations régressives de court-circuiter les formes de savoirs que sont les circuits longs de la transindividuation – trop longs pour les taux de rotation exigés par l'amortissement rapide du capital investi dans la production des biens et des services, rotations dont il faut sans cesse raccourcir les cycles, et qui forment un changement qui ne paraît plus pouvoir, dès lors, que mener au pire : de cette destruction de l'institution de programmes par l'industrie de programmes, il ne peut que résulter le remplacement de l'idéal du peuple par un populisme industriel totalement désenchanté.

Telle est la véritable question qui se pose aujourd'hui à la République française, à ses enfants, aux parents de ces enfants et à tous les Français qui espère quelque chose des enfants et de la jeunesse, c'est-à-dire de l'avenir : c'est la question

– ou bien de la reconstitution de la République française en processus d'individuation de référence par l'éducation, et comme adoption conçue avant tout en tant que processus d'identification primaire ;

– ou bien de sa liquidation par des processus d'identification régressifs de toutes sortes, mais dont je crains, et *l'immense majorité des Français le craint aussi*, qu'ils ne puissent engendrer que le désespoir politique, c'est-à-dire, à brève échéance, une explosion sociale.

Là est le *premier* enjeu du scrutin présidentiel de mai 2007, cinq ans après le 21 avril 2002 – dont il a été tiré si peu de leçons.

33. L'école comme formation des milieux associés et leur destruction par le populisme industriel

À partir de la deuxième moitié du XXᵉ siècle s'ouvre une guerre de plus en plus farouche entre les industries de programmes d'un coté, les institutions de programmes de l'autre. Après la Seconde Guerre mondiale, les industries de programmes s'organisent partout pour prendre le contrôle des processus d'adoption et d'identification primaire, qu'elle soit psychique ou collective. C'est le sens de Hollywood tel que son enjeu est débattu et pensé en Amérique dès 1912, je l'ai développé dans *Le Temps du cinéma*[1], mais qui va se systématiser, en particulier dans le cadre du plan Marshall et dans un contexte de guerre froide où il y a d'un côté Staline et Eisenstein, et de l'autre John Ford et les libérateurs de l'Europe occidentale.

Le processus d'identification primaire comme condition de constitution d'un processus d'individuation de référence est alors ce qui est produit aux États-Unis par un processus d'adoption reposant sur les industries culturelles, en premier lieu le cinéma, et par la fiction comme art de raconter des histoires et de déclencher des processus d'identification, bien plus que sur l'école et par l'éducation. Sur cette base se développe ensuite la télévision, base qu'elle transforme à nouveau, et qui installe peu à peu, comme industrie de programmes, et non seulement comme industrie culturelle, des mécanismes jusque-là inconnus d'identification régressive, hypersynchronisant d'immenses masses de cerveaux, et constituant ainsi des foules artificielles intermittentes, par le biais de programmes spécifiques qui reprennent une partie des techniques rendues possibles par l'organologie cinématographique mais qui sont conçus

---

1. *La Technique et le Temps 3. Le Temps du cinéma et la question du mal-être*, Galilée, 2001, p. 160.

selon une nouvelle logique qui est celle de l'*audience*, et non plus du *public* que vise toujours le cinéma, qui reste en cela vecteur d'un *idéal du peuple* – mais aussi des populismes totalitaires.

Il fut un temps où les sociétés politiques étaient constituées par une identification de référence au religieux, par exemple dans la papauté. À travers la succession des schismes et des conflits dogmatiques de tous ordres, l'identification de référence restait religieuse. Lorsque les nations sont apparues, l'identification de référence est devenue principalement territoriale : l'école de Jules Ferry est l'organisation de ce processus d'identification de référence au titre de la République, ce qui n'était évidemment le cas ni de l'école de Luther, ni de celle des Missions de l'ordre des Jésuites – elles-mêmes nées d'une époque de la grammatisation qui est l'imprimerie, comme l'a bien montré Sylvain Auroux – bien qu'elle affirme depuis cette territorialité nationale sa vocation universalisante et en cela cosmopolitique. Le projet de Jules Ferry est lié de façon essentielle à l'histoire de la laïcité conçue comme condition de l'universalité : le but de l'école publique laïque est de substituer, à l'identification de référence qu'est le monothéisme, fondé sur la foule artificielle qu'est l'Église, une autre identification de référence qui s'appelle la République du peuple français s'inscrivant dans une Histoire universelle.

Tandis que l'histoire de l'éducation s'inscrit de façon essentielle dans l'histoire des processus d'identification en tant qu'ils sont surdéterminés par des rétentions tertiaires, qui supposent des processus de *sélection* dans les rétentions (et en cela de méta-transindividuation), ce que définissent des *programmes* scolaires[1], et qui sont liés à

---

1. Sur la question de ces programmes scolaires, de leur genèse et de leur sélection, du jeu de rétentions et de protentions collectives en quoi ils consistent, cf. *La Technique et le Temps 3*, *op. cit.*, p. 220 *sq.*

des époques du processus d'adoption, aujourd'hui, l'industrialisation est une nouvelle organisation de ce processus d'adoption, désormais contrôlé par un processus d'individuation de référence qui n'est plus ni la République, ni le territoire, ni la langue, ni la religion, ni la politique, mais le marché. La question est qu'alors, à la Sorbonne, au Collège de France et à l'Inspection générale, dont on peut sans doute juger que ce sont des institutions qui nécessiteraient d'être modernisées, se substituent les chefs de chaînes sélectionnant, entre les propositions des sociétés de production Endemol et consorts, celles qui correspondent le mieux aux vœux des annonceurs publicitaires.

La guerre qui se mène entre les industries de programmes et les institutions de programmes est une guerre entre le politique et l'économique qui se traduit aussi par la présence des marques dans l'école, où le marketing voit un terrain d'action privilégié. Les marques marquent les trousses, les objets scolaires, et à travers eux, les enfants, et ce ne sont pas des objets du hasard : il faut que l'enfant s'identifie le plus tôt possible à la marque comme à son nouveau parent, à sa nouvelle *philia* : il s'agit de substituer à la *philia* parentale, à la *philia* politique, à la *philia* religieuse et finalement à la *philia* sapientielle, *c'est-à-dire à la raison*, une *philia* de la marque qu'il faut donc inscrire le plus tôt possible sur les outils les plus élémentaires du savoir.

L'enjeu des distributeurs automatiques de soda dans les établissements scolaires est le même : il ne s'agit pas seulement ni essentiellement d'y vendre de ces boissons saturées de sucres, mais d'y créer cette habitude de consommation en groupe, et à l'intérieur même de l'espace qui constitue ce cocon politique qu'est l'école, sur lequel il s'agit de se greffer pour le transformer en tuteur d'un nouveau processus d'individuation de référence – qui est cependant un processus de désindividuation psychique et collective, de désindividuation psychique *par* le collectif.

Les industries de programmes et les marques qui les financent produisent cette désindividuation parce qu'elles organisent la perte de savoir-faire, la perte de savoir-vivre et la perte de savoir théorique : elles organisent la perte de toute forme de savoir par la dissociation, c'est-à-dire qu'elles organisent exactement le contraire de ce dont l'école est l'organisation – et parce que je ne m'individue qu'aux conditions des savoir-m'individuer dont je dispose –, ce qui est aussi, il faut le souligner ici expressément, un énorme gâchis de l'argent public investi dans l'éducation nationale.

34. *L'école de l'attention*

Les savoirs que celle-ci institue sont les circuits de la transindividuation, que l'école peut transmettre parce qu'elle est articulée sur le *et* de l'individuation psychique *et* collective. Le *et* de cette individuation psychique et collective constitue une individuation de référence par la socialisation d'une rétention de référence : le *et* de l'individuation psychique et collective de l'école, c'est la rétention tertiaire de l'orthothèse littérale, c'est la lettre. Il peut paraître vain de le rappeler encore une fois, et pourtant cela mérite d'être redit et encore médité : il n'y a pas d'école avant la lettre – les processus de transmission initiatiques ne sont pas des enseignements. Cela veut-il dire qu'il n'y a plus d'école quand il n'y a plus seulement la lettre, quand la lettre est devenue une rétention tertiaire parmi beaucoup d'autres, qui font système entre elles et avec la lettre, et qui deviennent de fait le *et* de l'individuation psychique et collective, et donc les supports de la transindividuation ?

Le gramme qu'est la lettre, en tant que technique que j'incorpore, est d'abord une mécanique du geste, et l'école est d'abord une discipline des corps en cela. La scolarisation des corps, ce n'est pas simplement apprendre à rester assis une heure ou deux, c'est apprendre à rester assis et à tracer (*graphein*, qui est l'origine de *gramma*, lettre) : à laisser des traces, et en s'appliquant. Il s'agit cependant aussi d'apprendre à demeurer assis en écoutant attentivement : l'école est une école de l'attention. Les sociétés sans école ne permettent pas d'acquérir cette qualité d'attention (elles développent en revanche d'autres types d'attention), tandis que les industries de programmes de la télécratie sont au contraire ce qui vient détruire ce type d'attention, et avec elle, toutes les formes d'attention sociale, c'est-à-dire polie par ce que l'on appelle l'éducation, et non seulement l'instruction, pour cette raison même – à quoi les industries de programme substituent et opposent un autre processus attentionnel, tramé de rétentions et de protentions d'un autre genre : du genre qui produit du temps de cerveau disponible, ce qui signifie hypersynchronisé, régressif, pulsionnel et sans conscience.

L'école est un lieu d'intériorisation et d'incorporation de programmes rétentionnels qui constituent, sous forme de textes, d'exercices, de pro-grammes, les prothèses synthétiques *a posteriori* qui seules peuvent donner accès à la conscience de ce que Kant appelle des jugements synthétiques *a priori* qui fondent les savoirs universels, c'est-à-dire les *lois fondamentales* du savoir en quoi consiste l'identification primaire dont l'école est le lieu d'adoption et d'incorporation[1].

S'il s'agit, aujourd'hui, de « déconstruire » le savoir, c'est en tant qu'il est toujours déjà prothétiquement synthétisé *a posteriori* : il s'agit de penser le processus de grammatisation dont l'école est un élément majeur. Et rien de cela ne veut dire que le savoir serait relatif, au sens d'un relativisme qui égaliserait tout dans un nihilisme généralisé. Il s'agit de penser le relatif de la *rela-*

---

1. *La Technique et le Temps 3*, *op. cit.*, p. 209-231.

tion transductive où c'est l'*a posteriori* des techniques et technologies *de l'esprit* qui produit de l'*a priori*[1].

En revanche, la guerre entre les institutions de programmes et les industries de programmes, c'est ce qui, conduisant à la transformation des milieux associés que l'école est en charge de développer *a posteriori* en milieux dissociés qui correspondent aux intérêts du marché comme courts-circuits de la transindividuation, généralise le relativisme, et c'est aussi pourquoi la société de marché ne demande qu'à voir fleurir les communautarismes, dans lesquels le marketing projette des niches, formées autour de mystères.

L'école pose au contraire qu'un concept, un philosophème, un théorème, un objet d'éducation transmis par l'école doit être produit par un milieu associé public, c'est-à-dire produit par une organologie littérale qui fonde la chose publique (et en cela profane) pour autant qu'elle constitue une *épistémè* en même temps qu'elle supporte toute l'organologie politique. Les théorèmes de géométrie doivent être transmis et incarnés de telle sorte qu'ils mettent le destinataire qu'est l'écolier en position de re-déduire lui-même ces théorèmes, c'est-à-dire d'en être à nouveau l'origine, et la déprogrammation de l'ethnique et en cela du communautaire, ce qu'est l'école, a pour *télos* (finalité) de faire que chaque élève devienne en puissance l'origine du savoir et puisse être en cela défini comme un être libre – en puissance sinon en acte : cela dépendra du succès de ses études, outre que cet accès à l'acte de savoir qui est toujours originel, et original, c'est-à-dire singulier, n'est que par intermittences[2].

---

1. Après coup, l'*a posteriori* produit de l'*a priori*. C'est ce que j'appelle l'atranscendantal, dont je développerai le concept dans *La Technique et le Temps 6*.

2. Sur cette question, qui est comme le pendant du caractère intermittent des foules en tant qu'elles régressent au niveau grégaire

Si j'apprends la géographie de la France, ou son histoire, j'adopte toute l'histoire et la géographie de ma *philia* et par là j'adopte cette *philia* qui m'adopte – que je sois Français de souche, que je sois un Maghrébin de première ou de deuxième génération, ou que je m'appelle Bernard Stiegler, d'origine douteuse. Et c'est comme cela que, dans une démocratie moderne, cette histoire devient *mon* fonds préindividuel : dans la mesure où l'école *me fait me l'incorporer*. Tel est le processus d'adoption et d'individuation qu'est l'histoire de la France à travers ses paysages, sa littérature, ses idées de l'universel comme corps d'idéalités, par exemple mathématiques, tels que l'école française leur donne corps singulièrement par sa manière propre de les enseigner, etc.

35. L'étrangeté fondamentale de l'individuation comme principe de l'avenir industriel

Le processus d'adoption mis en œuvre par l'école est donc celui d'une individuation par le savoir. Mais que cette adoption soit aussi une individuation signifie que l'arrivant (l'enfant ou l'adolescent qui fréquente l'école française et y devient français quelle que soit sa nationalité d'origine), est non seulement en droit mais en devoir de trans-former ce qu'il adopte : c'est la loi de l'association. Sa venue comme arrivant, et tout enfant est un tel arrivant, est riche d'une singularité dont l'individuation se nourrit : l'arrivant est par nature un étranger, et c'est son étrangeté qui constitue la chance de voir l'individuation collective se trans-former – c'est-à-dire s'individuer encore – de l'indi-

---

comme si l'âme noétique qui constitue l'individu psychique se trouvait rabattue au niveau sensitif et plaqué sur lui, cf. *Mécréance et discrédit 1. La décadence des démocraties industrielles*, Galilée, 2004, p. 179-183.

viduation psychique de celui qui apprend et qui, par là, devient attentif au collectif dont le savoir est la quintessence.

À cet égard, l'arrivant qui vient de ce que l'on appelle « l'étranger » et s'individue dans un monde n'est ni plus ni moins étranger que tout enfant en tant qu'il est l'avenir de ce monde. C'est cela que veut dire l'association, c'est-à-dire le fait que, dans un milieu associé, un participant au milieu n'est susceptible d'être destinataire de ce qui s'y transindividue que dans la mesure où il est susceptible de devenir destinateur de cette destination, c'est-à-dire de prendre part à cette transindividuation, que s'il peut s'adresser à tous, et comme *n'importe qui*[1] dans ce *tous*, en tant que *je* destinant un *nous*.

Telle est la question de l'*adresse*, qui est à la fois celle de l'habileté et de l'habilitation que donne l'incorporation (*de* l'identification primaire collective, et *dans* cette identification primaire collective), et celle de la destination, qui est une participation au destin du *nous* – et cette question de l'adresse n'est précisément pas la question du dressage (de la « domestication » dont parle Peter Sloterdijk[2]). J'ai appris à parler comme j'ai appris à marcher, et je peux y devenir singulièrement habile. L'adoption qui n'est plus que dressage est un échec, celui de la désindividuation, tandis qu'il y a déjà, dans toute adresse, de l'idiome, de l'*idios*, du singulier dont cette adresse est aussi ce qui, *en se transindividuant*, devient adroit et en cela devient droit, *orthos* : l'adresse est une élévation, et non une domestication. Et c'est ce dont l'école fait son *credo* – car il faut y croire.

C'est cela que *casse* la télévision, qui est bien, en

---

1. Jacques Rancière, *La Haine de la démocratie*, La Fabrique, 2005.

2. Peter Sloterdijk, *La Domestication de l'être*, Mille et Une Nuits, 2000.

revanche, un *dressage*, une « domestication de l'être » – et s'il y a des difficultés d'« intégration », aussi bien que du désespoir politique quant à l'avenir de la jeunesse, c'est-à-dire quant à ses possibilités d'intégration, qu'elle soit immigrée ou non, c'est d'abord parce que le dressage conduit à la révolte, et c'est inévitable : le dressage humain est *révoltant*.

Ce dressage que la télécratie impose à tous les milieux symboliques vient de la division industrielle du travail, qui est aussi un dressage du corps laborieux tel qu'il n'est plus qu'une force de travail, et n'a donc plus rien à savoir : le savoir est passé dans la machine. Le prolétaire, qui n'est plus un ouvrier, qui n'ouvre donc plus le monde, et qui ne participe plus à l'individuation et à la transindividuation des objets qui forment ce monde, n'a pas besoin de savoir. C'est pourquoi Adam Ferguson écrit que

> l'ignorance est mère de l'industrie, comme de la superstition. La réflexion et l'imagination sont sujettes à l'erreur ; mais l'habitude de bouger le doigt ou le pied ne relève ni de l'une ni de l'autre. Les manufactures prospèrent donc le plus là où l'on brade le plus l'esprit, en faisant de l'atelier une sorte de machine dont les pièces seraient des hommes [1].

Tel est le dressage des corps et des esprits. Et plus cela va, et moins le savoir est nécessaire pour le technicien non plus, ni pour le médecin, ni pour aucun travailleur, « manuel » ou « intellectuel », car finalement, c'est le système technique qui sait : l'hypomnèse, comme machine, puis comme appareil, devient une expropriation technologique et généralisée des savoirs – ce qui a pour conséquence une prolétarisation généralisée, puisque ce deve-

---

[1]. Adam Ferguson, *History of Civil Society*, p. 280, cité par Karl Marx dans *Le Capital*, p. 407.

nir affecte et désaffecte aussi le consommateur, qui y perd ses savoir-vivre, et qui, se désindividuant ainsi, perd sa capacité à soutenir par l'exemple de sa propre individuation psychique le processus d'identification primaire qui permet seul de fonder l'individuation psychique de ses enfants – outre que les techniques télécratiques de captation de l'attention détournent de lui l'affection juvénile d'où vient toute *philia*. C'est ce que j'ai appelé la désaffection et la désaffectation[1], et c'est ce qui est engendré par la dissociation et la perte d'individuation à laquelle elle aboutit inévitablement, ce qui mène à un devenir-foule des mondes humains qui se trans-forment ainsi – mais toujours vers le pire.

Les industries de programmes, en tant qu'elles étendent les modèles de la division industrielle du travail aux milieux symboliques, sont par nature en guerre contre l'école : l'école est au contraire ce qui est fait pour empêcher cette dissociation. Mais la question n'est pas pour autant de dénoncer l'industrie, bien au contraire : l'avenir est du côté d'une nouvelle forme d'industrie. Il s'agit :

1. de prendre acte de l'impossibilité pour l'industrie, dans l'état actuel de son organisation, de produire de la sociation, et de se constituer, *via* le marketing, en processus d'individuation psychique et collective de référence : il s'agit de prendre acte de l'échec des sociétés de marché ;

2. de surmonter cette situation d'échec par l'invention et l'individuation d'un nouveau modèle industriel – industriel signifiant à la fois technique, économique et social – qui soit apte à produire une économie politique des milieux associés, développant elle-même un secteur marchand et dynamique des échanges produit par et dans ces milieux associés.

---

1. *Mécréance et discrédit 2*, *op. cit.*, p. 124 *sq.*

Cette invention et cette individuation sont déjà en cours : elles sont portées par le devenir organologique du XXIe siècle, où se constitue un type de milieu technique qui se caractérise précisément par le fait qu'il constitue un milieu technique associé. Autrement dit, la télécratie, qui est contenue par toute démocratie, qui évolue technologiquement tout au long du processus de grammatisation, qui est aussi bien ce qui intensifie l'individuation que ce qui vient la détruire, c'est ce que la démocratie doit réinvestir politiquement au moment où sa base organologique est entrée dans une mutation essentielle.

Celle-ci, qui doit faire l'objet d'une analyse systématique et très approfondie, doit devenir à la fois le cœur d'une nouvelle politique industrielle et la nouvelle base rétentionnelle d'une politique éducative entièrement repensée.

Comme je l'ai soutenu avec *Ars industrialis* dans *Réenchanter le monde*, la technologie numérique est en rupture profonde avec les technologies qui furent à l'origine du stade télécratique menant au populisme industriel par les nouveaux mécanismes d'identifications régressives qu'ils rendaient possibles. Mais les possibilités nouvelles apportées par la numérisation peuvent tout aussi bien, de nos jours, aggraver la dérive télécratique, bien loin de la redresser.

Cette alternative est une véritable croisée des chemins, et c'est là que se joue la question politique en totalité. C'est là le véritable enjeu du prochain scrutin.

Chapitre 8

BIEN AMICALEMENT
OPINION ET AUDIENCES

36. *L'*amator – *celui qui aime*

Il n'aura échappé à personne que les deux principaux candidats à la candidature pour l'élection présidentielle ont investi la technologie des blogs pour lancer leur campagne – tout comme la plupart des représentants politiques ayant ce genre d'ambition. Comment interpréter ces faits ?

Nicolas Sarkozy et Ségolène Royal s'adressent au désir des Français, et ils ont bien raison. Ils tiennent un discours au désir qui en a besoin, et qui le désire. Ils parlent tous les deux, d'une manière ou d'une autre, de l'espoir et du désir d'avenir. Ils parlent de l'amour et de l'amitié. Et s'ils parlent ainsi aux sentiments et sollicitent les affects, c'est parce qu'une société est d'abord une association d'affects, une *philia*.

Mais s'ils parlent ainsi, c'est aussi parce qu'ils s'adressent au désir en tant qu'il souffre – et, dans cette souffrance, tend à se décomposer en pulsions. La tentation est alors très grande de s'adresser *directement* aux pulsions plutôt qu'à leurs représentants, qui sont les figures socialisées du désir. Et s'adressant *ainsi* au désir souffrant de se décomposer, Nicolas Sarkozy et Ségolène

Royal évitent l'un comme l'autre de poser les deux véritables questions :
- quel est le facteur de cette décomposition du désir ?
- quelles sont les conditions de la recomposition du désir ?

Plus généralement, qu'en est-il de l'*avenir* du désir ? Le désir a-t-il encore un avenir ? Une *philia* est-elle encore possible ? Et n'est-elle pas ce qui est détruit par la télécratie, ce qui est certainement difficile à penser pour Nicolas Sarkozy et Ségolène Royal, qui en sont les grandes vedettes du moment – et bien que la télécratie soit la réalité de ce que Lionel Jospin, dont Ségolène Royal était la ministre en charge de l'école, appelait les sociétés de marché ? Voilà les questions que ne posent pas ces candidats bien qu'ils s'adressent au désir en tant qu'il souffre de se décomposer.

La question, qui est fondamentale parce que, outre que l'économie industrielle ne peut pas fonctionner sans désir, l'actuelle télécratie constitue une menace extrême contre la *philia* sans laquelle aucune société humaine n'est vivable ni donc viable, doit être examinée à partir d'une organologie politique dans la mesure où le désir est techno-logiquement constitué : il est constitué par des milieux symboliques qui sont eux-mêmes soutenus par des artefacts techniques. L'individuation psychique et collective est toujours conditionnée par les rétentions tertiaires, qui, comme mnémotechniques, surdéterminent les relations entre les *je* et le *nous*, et permettent de former des circuits de transindividuation – qui peuvent être détournés par les pouvoirs, court-circuitant ainsi la société. De nos jours, la télécratie a fait de l'organisation systématique de ces courts-circuits, et à tous les niveaux de l'existence, un mode de contrôle – la société de marché comme société de contrôle – qui menace les identifications primaires des individuations de référence, c'est-à-dire, en fin de compte, les équilibres psychiques et sociaux. Nous le savons, et nous savons que de ce fait, nous vivons sur un volcan.

Cependant, le désir est volcanique et Vulcain, le dieu du feu qui écarte les incendies, devient aussi le dieu de la technique chez les Romains lorsque ceux-ci, rencontrant les dieux de la Grèce, y reconnaissent Héphaïstos. Le volcan contient une énorme énergie incendiaire qu'il faut transformer en désir, c'est-à-dire aussi en savoirs et en arts, en *tekhnaï* : c'est ce que signifie la trans-formation du dieu du feu en dieu forgeron, en dieu artisan tel qu'il *forge le désir* de la cité – et comme dieu travailleur qui est aussi, tel Héphaïstos, un dieu *lieur*[1]. La transformation du *feu* des pulsions en *foyer* des désirs, c'est-à-dire en *philia*, c'est ce qui se produit comme individuation psychique *et* collective. C'est ce *et* qui lie les pulsions (par la technique et donc par le travail) et forme la *philia* aux conditions des mnémotechniques qui constituent les rétentions tertiaires en tant qu'elles supportent le processus d'individuation comme situation d'interprétation du sens de ce *et*, c'est-à-dire comme situation herméneutique : Hermès et Mercure arrivent lorsque, les forgerons et artisans ayant apporté les techniques, les mnémotechniques permettent d'inscrire un surmoi. Ils arrivent comme dieux messagers de l'interprétation, de l'écriture et des télécommunications, c'est-à-dire de la télécratie.

Or, de nos jours, l'organologie politique où se forment les supports du surmoi et de l'individuation de référence évolue très sensiblement, et une nouvelle situation *herméneutique* s'est installée tout récemment, qui déjà est sentie et exploitée par tous les candidats aux fonctions présidentielles, mais qui n'est pensée et débattue par aucun de ceux-ci : les blogs, apparus il y a quelques années, et les technologies en pleine évolution dont ils procèdent, forment désormais un nouveau milieu participatif, un milieu symbolique associé en voie de recompo-

---

1. André Green, « La magie d'Héphaïstos », dans Marie Delcourt, *Héphaïstos ou la légende du magicien*, Belles Lettres, 1982, p. IX.

sition, issu de ce milieu technique associé beaucoup plus vaste que forment les réseaux TCP-IP. Et ce milieu est spectaculairement investi *par la population* : il s'y développe un *amatorat* qui constitue une nouvelle forme associative de la *philia* – car l'*amator*, c'est *celui qui aime*.

Au moment où une enquête de l'ONU fait apparaître que

> les deux tiers des habitants de la planète ne s'estiment pas représentés par leurs gouvernants,

Manuel Castells, qui relève le fait, souligne en même temps que

> le nombre de blogueurs est soixante fois plus important qu'il y a six ans et il double tous les six mois[1].

Un blogueur écrit, mais ce n'est pas un écrivain : c'est une sorte d'écrivant[2], et qui écrit *en amateur* : gratuitement, gracieusement, pour le plaisir, et comme *otium*, c'est-à-dire comme loisir – ce qui veut dire, avant que n'arrive la « société des loisirs » qui n'est que celle des industries de programmes, comme liberté –, cet écrivant s'individue en écrivant – tout comme Lucilius, le correspondant de Sénèque, pratique l'art épistolaire des *hypomnémata*[3].

---

1. Manuel Castells, « Émergence des "médias de masse individuels" », *Le Monde diplomatique*, août 2006.
2. Roland Barthes avait formé ce mot pour désigner celui qui écrit « transitivement », et pour en distinguer le rapport à l'écriture intransitif de l'écrivain. L'écrivain écrit *pour écrire*. Je reviendrai sur cette question dans *L'Adresse à tous*, à paraître aux éditions du Seuil.
3. Michel Foucault, « L'écriture de soi », *Dits et écrits II* (1976-1988), Gallimard, « Quarto », 2001, p. 1234.

37. *L'histoire technique de la démocratie et la recomposition réticulaire des circuits de la* philia

La démocratie, en général et par principe, est essentiellement constituée d'amateurs, dont les professionnels ne sont que des représentants : en démocratie, la seule qualité qui vaille est celle d'*amator*, où *n'importe qui* a voix au chapitre *pourvu qu'il aime*, c'est-à-dire : pourvu qu'il parle *au nom de la philia*, et pourvu *de* cette *philia*.

L'investissement massif des blogs est à cet égard un symptôme très encourageant : s'il exprime de toute évidence et d'abord une souffrance, provoquée par les courts-circuits dans la transindividuation, il témoigne en même temps d'un investissement susceptible de reconstituer des circuits sociaux moins courts, à travers une nouvelle capillarité de dispositifs rétentionnels distribués, où s'articulent site web et flux RSS, et formant la base organologique de ce que Manuel Castells appelle la *Mass Self Communication*.

Évidemment, c'est une situation d'une grande fragilité, qui est déjà largement manipulée, ainsi de la radio Sky-Rock et de ses Skyblogs, et qui détruit elle-même des circuits longs, tels ceux de la presse écrite qui fut à l'origine de la *démocratie d'opinion* (et non « d'information », c'est-à-dire *d'audiences*). Mais elle est aussi une chance de reconstitution de nouveaux circuits, et de réinvention de la presse. Et elle forme en cela une nouveauté de premier plan dans l'histoire technique de la démocratie.

Nous savons désormais que cette histoire technique de la démocratie s'appelle la télécratie, qui procède d'un processus de grammatisation, et que rien ne peut venir des techniques qui ne soit redoublé par un projet politique d'individuation de référence, porté par les représentants d'un peuple qui procède lui-même d'une identification, où un idéal de la population se projette et se forme dans la spécularité des rétentions tertiaires qu'agencent les institutions formatrices de cet idéal, en tant que *skholè*, comme *otium*, dans les cités grecques et romaines, dans les diverses confessions du monothéisme, et dans le projet républicain d'une école pour tous : d'un *otium* du peuple, où *se forme* le *n'importe qui* de la démocratie moderne, et qui n'est pas *n'importe quoi*.

La nouvelle possibilité qui apparaît dans l'organologie politique contemporaine, et telle qu'elle se reforme dans le milieu technique associé que rend possible la norme TCP-IP, ne doit pas être instrumentalisée par les représentants politiques : une telle attitude est irresponsable et témoigne soit d'une mécompréhension de l'enjeu que représentent ces technologies politiques, soit d'un cynisme extrêmement grave. En revanche et à l'inverse, la reconfiguration des conditions de l'individuation qui est ici en jeu doit être instrumentée par les représentants politiques[1] : il faut outiller la population. C'est la condition pour que s'y forme un nouvel idéal du peuple.

D'une façon plus générale, la question est posée des nouvelles possibilités organologiques des milieux techniques associés, dont les blogs sont un cas spécifique, et tels qu'ils ouvrent l'âge d'une *nouvelle forme d'individuation psychique et collective* – et c'est l'enjeu que l'usage des blogs par les représentants politiques non seulement n'examine pas, mais permet de dissimuler, et qu'il s'agit de dissimuler parce qu'il est vécu par ces politiques, en réalité, comme une menace (ce qui fait que Ségolène Royal, je vais y revenir, parle de « désintermédiation » politique) :

---

1. Sur les rapports entre instrumentation et instrumentalisation en matière de technologies de l'esprit (ce que sont les blogs), cf. *Réenchanter le monde. La valeur esprit contre le populisme industriel*, Flammarion, 2006, p. 142 sq.

> Alors que la démocratie formelle et guindée est fondamentalement en crise, que les citoyens ne croient plus dans leurs institutions démocratiques, ce qui se déroule sous nos yeux avec cette explosion des communications de masse individuelles ressemble à la reconstruction de nouvelles formes politiques [1].

J'ai déjà dit avec *Ars Industrialis*, et dans *Réenchanter le monde. La valeur esprit contre le populisme industriel*, à quel point ces nouveaux milieux associés peuvent cependant être *aussi bien* des technologies *de contrôle* que des technologies *d'individuation* : comme nouveau stade de la grammatisation, les technologies numériques sont des époques de la télécratie que contient toute démocratie, et ce sont en cela des technologies de la représentation et de l'individuation *tout aussi bien* que de la manipulation et de la production de foules artificielles d'un nouveau genre.

Car l'évolution d'où émergent les technologies de communication formant ces milieux associés techniques aussi bien que symboliques concerne de façon beaucoup plus large l'ensemble de l'infrastructure rétentionnelle qui permit au contraire l'installation des milieux techniques et symboliques dissociés, typiques de l'âge industriel de la télécratie aboutissant au populisme industriel : en cela, la question des blogs, et, beaucoup plus largement, celle de ce que l'on appelle les technologies coopératives du Web 2.0, forment la question d'un avenir démocratique de la télé-vision – mais d'une télé-vision entendue ici en un sens très large, et à la fois très nouveau et très ancien : lorsque je lis un message sur mon ordinateur, je vois à distance ce que m'a écrit un destinateur, et ce message comportera de plus en plus souvent des images et des sons agencés ou produits par ce desti-

---

1. Manuel Castells, « Émergence des "médias de masse individuels" », article cité.

nateur. Je suis en cela dans une nouvelle situation de cette télé-vision que l'écriture en tant que technologie d'un *télos* constituait cependant aussi, déjà, comme nous allons le voir.

38. *Partis politiques et télécratie*

La télé-vision, comme *processus*, et non pas simplement comme ce dispositif dans lequel on se trouve pris, et où, devant l'appareil appelé « le téléviseur » et à travers « la chaîne » que l'on y regarde bien sagement, sans dire un mot, sans répondre, comme un enfant, et qui est ce que l'on appelle « la télévision », *nos* consciences deviennent le *on* inconscient des *audiences* et sont de plus en plus transformées et déformées en comportements réflexes de nos appareils cérébraux et de nos systèmes nerveux épuisés, la télévision est ici entendue comme support possible d'un nouveau processus d'individuation psycho-social se constituant à travers toutes les formes de circulation d'images, y compris d'images textuelles, ou même d'images auditives : je parle d'*images* au sens où Saussure, Freud et nombre de psychologues parlent d'images verbales par exemple, et telles qu'elles sont, comme *traces*, à la fois le produit social de la transindividuation des significations, et l'activité d'introjection et de projection de *l'imagination*. Je parle ici d'*images* au sens de *phénomènes perceptifs en général* et tels qu'ils sont toujours *à la fois reçus* (par la perception et comme trace) *et produits* (par l'imagination et comme expression) par ceux qu'elles affectent.

J'ai soutenu ailleurs que cette affection (*philia*) est toujours inscrite sur un circuit de don et de contre-don[1], où je

---

1. C'est ce que j'ai analysé comme le circuit de l'exclamation de l'âme noétique dans *De la misère symbolique 2. La catastrophè du sensible*, Galilée, 2004, p. 61-71.

ne reçois que ce que je suis capable de *rendre*, de renvoyer, de re-destiner, partage qui ouvre le circuit des symboles sans lesquels il n'y a pas de *philia*, tandis qu'une *misère symbolique* résulte du blocage et de l'interruption de ce circuit, ce qui engendre une *perte de participation* induite par une situation organologique qui s'est installée au XXe siècle (sur la base d'inventions du siècle précédent) et que j'ai appelée le tournant machinique de la sensibilité. Or, ce blocage, qui produit dans le domaine esthétique cette misère symbolique, engendre aussi, comme populisme industriel, la misère politique, c'est-à-dire la *perte de participation démocratique* où la *philia* se décompose – et génère des pulsions qu'exploitent des apprentis sorciers.

Ici même, j'ai analysé ce blocage comme aboutissant de fait à un court-circuit généralisé de la transindividuation. Or, aujourd'hui, la base organologique qui installa le tournant machinique de la sensibilité est elle-même en train de changer très en profondeur, en sorte que les images, entendues au sens de phénomènes perceptifs en général (incluant textes, sons et images au sens habituel, fixes et animées), y deviennent innombrables, ce qui constitue une situation de généralisation des écrans devenant tactiles (c'est-à-dire tout aussi bien support de lecture que d'écoute : l'oreille se met à écouter avec les yeux, l'œil à regarder avec les mains, etc. – et l'écran peut aussi bien masquer et faire écran que devenir le support sur lequel l'individuation se projette et par lequel elle introjette, c'est-à-dire adopte), d'écrans donnant à voir, écouter, toucher et renvoyer ces images sonores et légendées.

Cette télé-vision, qui trans-forme l'individuation psychique et collective d'aujourd'hui et de demain, et bien au-delà des blogs qui en sont une première forme – encore très mal outillée, qui n'est accompagnée d'aucune politique publique digne de ce nom, pour laquelle, dans l'immense médiocrité que sécrète la misère politique, les candidats à la présidence de la République française hier encore si fière de ses Lumières et de sa Révolution ne proposent absolument rien, et qui est donc abandonnée au marketing politique et au marketing tout court par l'intermédiaire des industries de programme (où la radio SkyRock, qui a une politique industrielle très réfléchie de captation des potentiels de la nouvelle base organologique – c'est en France, et de très loin, le premier fournisseur de blogs –, fait l'objet d'une admiration envieuse de la part de toute cette médiocrité), cette télé-vision qui fait apparaître de nouveaux milieux associés est un enjeu politique de tout premier plan et à propos duquel il est grand temps d'interroger les projets politiques non pas de Nicolas Sarkozy, de Ségolène Royal ou de leurs challengers, mais de l'UMP, de l'UDF, du PS, du PC, des Radicaux, des Écologistes et de la LCR, bref, de tous ceux qui prétendent avoir des idées concernant l'avenir de notre pays.

À ces partis, il faut que la population pose la question de savoir en quoi consiste aujourd'hui ce que l'on appelle la démocratie face à la puissance de la télécratie, et sache dans quelle mesure ces organisations de représentants politiques entendent ou n'entendent pas porter une politique publique qui tire parti des nouvelles possibilités qui apparaissent du fait de la convergence des technologies numériques pour lutter contre les effets antidémocratiques de la télécratie et pour empêcher que cette convergence n'aggrave au contraire encore plus ces effets.

Il faut par ailleurs demander à chacun des candidats qui prétendent représenter ces partis dans quelle mesure ils fonctionnent ou ne fonctionnent pas *eux-mêmes* sur un mode démocratique et non télécratique. Un mode démocratique, et plus généralement, une organisation de la chose publique, c'est une adresse au public qui pose en principe que le monde peut changer vers le meilleur et que le public qui est le principe premier de ce changement vers le meilleur peut et doit s'élever vers un intérêt commun, qu'il le désire, qu'il le faut, que cela suppose un idéal du peuple, et que tel est l'objet de la politique pour laquelle ces représentants doivent proposer des processus d'identification de référence qui s'opposent aux processus d'identification régressive.

C'est pourquoi, par exemple, la démocratie athénienne n'est pas pensable sans la tragédie, comme l'a si fortement montré Nicole Loraux. Et la tragédie est une adresse, et qui n'est destinée qu'à des citoyens lettrés, c'est-à-dire capables d'accéder au texte hors de sa représentation, qui ne peuvent par ailleurs écrire ou lire des *ostraca*, c'est-à-dire les supports de l'ostracisme, que pour autant qu'ils ont intériorisé l'écriture, comme l'a établi Henri-Irénée Marrou. C'est aussi pourquoi l'accessibilité de *n'importe qui* à une fonction de magistrature *pourvu qu'il soit citoyen* ne signifie pas qu'il y a une démocratie sans représentants, mais que les représentants peuvent être n'importe qui pour autant qu'ils accèdent aux lois, c'est-à-dire à leur lettre. Il n'y a d'isonomie que pour autant qu'il y a une orthographie qui reconfigure l'individuation psychosociale en totalité.

L'élévation du collectif et la lutte contre ses possibilités régressives est la base de la société politique, et c'est le sujet des *Lois* de Platon, de la *Politique* d'Aristote, de *L'Esprit des lois* de Montesquieu, du *Contrat social* de Rousseau, des *Opuscules sur l'histoire* de Kant, de la *Philosophie du droit* de Hegel, de la *Critique du droit politique hégélien* de Marx, etc. C'est aussi, en quelque façon, le sujet de *Malaise dans la civilisation* de Freud. Cette élévation entendue comme démocratie est ce qui pose qu'elle n'est possible que si tous y participent. Et cette participation consiste toujours à tramer des processus de représentation, qui sont aussi des circuits de la transindividuation, et qui supposent inévitablement une organologie politique qui est une technologie de représentation, une télé-cratie en cela, où se forme un *télos* pour autant qu'il permet d'ouvrir une proximité dans la distance même, ce qui est bien sûr la structure typique de la *philia* et plus généralement du désir, c'est-à-dire aussi du respect.

Les partis qui veulent *nous* représenter, et les candidats qui veulent *les* représenter, ont-ils un discours clair sur ce qu'il en est de la chose publique et de la démocratie *pour eux*, ou bien font-ils, et peut-être sans le savoir, ni même sans le vouloir, ces partis politiques, ces candidats, un usage télécratique de la télévision en tant que technologie politique de la proximité dans la distance – et de la télé-vision, c'est-à-dire de tous les dispositifs qui, aujourd'hui, s'agrègent autour de ce que l'on appelle couramment « la télévision » ?

C'est sur ce point que nous devons juger, en tant que nous formons une opinion publique – et non simplement des « niches » dans des « audiences » qui sont aussi vues par les hommes et les femmes politiques comme des clientèles électorales, ce qui est le début de la télécratie se substituant à la démocratie –, les représentants politiques d'aujourd'hui, et leurs partis politiques, et leurs militants, et les discours de ces militants. C'est par rapport à cette question en priorité que nous devons élaborer nos propres discours. Toutes les autres grandes questions politiques en dépendent :

– la production, c'est-à-dire le travail et l'emploi, et la consommation, ou le « niveau de vie », mais tel que sa réalité (et non sa comptabilité) est intrinsèquement liée à la *qualité* de la vie : le capitalisme est devenu « culturel », et cela veut dire que l'économie dépend des industries culturelles et de programmes de part en part, que les énergies symboliques sont aussi stratégiques que les énergies physiques et doivent être renouvelables ;

– l'évolution de la politique industrielle, qui doit moins substituer des industries de services aux industries manufacturières que dépasser le modèle des services de dissociation pour développer des milieux industriels associés – et c'est ce qui se passe de fait dans le monde de l'informatique où, par exemple, les logiques Open source et la plateforme Linux ne cessent de s'étendre – et donc aussi la politique de recherche et d'innovation ;

– l'éducation, comme on l'a vu et comme je vais y revenir, et donc l'avenir des enfants ;

– la confiance dans cet avenir, et donc le dynamisme économique et sa durabilité ;

– la préservation de l'environnement, qui dépend de l'évolution des comportements, et donc des modes de vie et des processus d'adoption ;

– la sécurité, intérieure et extérieure, qui sont directement corrélées, dans ce qui les menace le plus aujourd'hui, au processus de *désublimation* qu'engendre le populisme industriel sécrété par la télécratie, etc.

Tout ce qui est politique est *surdéterminé* par cette question.

39. *Ceux que nous n'aimons pas*

Dans le cadre de l'actuelle pré-campagne électorale, les « candidats à la candidature » exploitent les nouvelles possibilités de marketing politique que leur offrent leurs blogs, mais ils n'ouvrent aucun débat sur le sens politique de cette technologie et des pratiques sociales alternatives qu'elle pourrait faire naître, sur son devenir, sur les enjeux industriels colossaux qu'elle représente, sur le rôle de la puissance publique dans ce domaine, sur son rapport à « la télévision » et sur l'évolution nécessaire de celle-ci, sur la position que doit prendre l'Europe en ce domaine, sur sa place et son impact dans la presse et dans l'édition, sur le rapport qui en résulte entre industries de programmes et institutions de programmes, sur l'hégémonie des industries de programmes aujourd'hui, ni sur les menaces qu'elle représente quant à l'avenir social de cette technologie, ni enfin sur la régulation qui est impérativement requise pour faire face à cette hégémonie par laquelle règnent le populisme industriel et la télécratie contre la démocratie.

Les blogs sont la base technique d'une nouvelle forme d'amatorat, c'est-à-dire de *philia*, dans la mesure où ils permettent de former un nouveau type de transindividuation qui repose sur la participation de chacun à la transformation du nouveau type de milieu associé. Mais c'est ce que ces hommes et ces femmes politiques paraissent être incapables de penser, étant eux-mêmes des produits directs des courts-circuits qu'opèrent les industries de programmes, et contre les institutions de programmes qu'elles court-circuitent en tout premier lieu, mais tout comme elles court-circuitent les partis et avec eux la transindividuation démo-cratique, faisant croire que les courts-circuits raccourcissent la distance entre « le peuple » et ses représentants, là où ils détruisent toute *philia*, c'est-à-dire toute proximité, détruisant ainsi ce processus d'individuation de référence que *nous* appelons *encore* la démocratie moderne et industrielle – *nous*, les hommes et les femmes ordinaires du XXIe siècle, qui sommes *n'importe qui*, qui ne représentons que *nous-mêmes*, mais qui avons encore des désirs, et beaucoup, malgré le désamour qui nous abîme, et qui nous fait souffrir, et nous tire vers le bas, nous attire vers le pire, vers encore pire, ce désamour qui nous dégoûte, et dont nous avons honte, qui est notre mélancolie, et qui nous fait avoir *honte* de ces représentants, qui ne nous représentent plus *parce que nous ne les aimons pas*.

40. Bien amicalement

Ségolène Royal, et son *équipe d'experts*, qui n'ont peut-être pas pensé cet état de fait si complexe, où se développent dans le même temps un sentiment de dégoût pour la représentation démocratique, et des pratiques sociales et donc politiques nouvelles, liées à une nouvelle organologie politique, eux qui n'ont peut-être pas pensé tout cela, surtout, comme un ensemble apparaissant dans un contexte où la télécratie menace la démocratie, mais qui en *sentent* bien l'importance, symbolique tout autant que pratique, ont donc constitué le propre blog de la candidate, où l'on pouvait lire à la fin du mois de juillet 2006 une adresse de cette candidate aux lecteurs et contributeurs de son blog :

> Bonjour à toutes et à tous,
>
> Et d'abord, un grand merci pour vos réactions et contributions au projet de **chapitre I** sur *« les désordres démocratiques ».* Merci pour vos remarques et aussi pour vos critiques. J'ai tâché d'en tenir compte, notamment en choisissant, cette fois-ci, un style moins télégraphique, tout en gardant la forme inachevée d'un document de travail.
> Deux mots d'explication sur la date et la taille de ce **chapitre II** sur *« les désordres de l'emploi et du travail ».*
> Nombre d'entre vous m'ont fait part de leur légitime impatience : la suite tardait. C'est vrai mais j'ai voulu, sur ce sujet fondamental, approfondir avec toute une équipe les éléments de diagnostic que je vous propose aujourd'hui. En cheminant, nous avons trouvé de plus en plus de sujets que nous avons voulu travailler.
> Ces quelques réflexions, quoiqu'elles ne prétendent pas constituer un tour d'horizon exhaustif, sont volumineuses mais c'est un parti-pris [*sic*]. Le plan vous permet d'ailleurs de choisir, le cas échéant, ce qui vous intéresse le plus.
> Le **chapitre III** abordera, de la famille à l'école en passant par l'État, la question de la **juste autorité** qui me tient particulièrement à cœur.
> Le **chapitre IV** portera sur **la Nation** et sur le lien entre la question sociale et la question nationale.

Bonne lecture de ce deuxième chapitre !
Je compte sur vous pour le critiquer, le nourrir, l'enrichir.
Bien amicalement,

Ségolène Royal[1]

Voyons tout d'abord, quant à *nous*, qui lisons ce blog *en temps différé*, ce qu'il y a dans le chapitre premier, « Les désordres démocratiques ».

41. *Enfer et bonnes intentions d'un populisme à la puissance deux*

Ce qui frappe immédiatement dans ce chapitre, c'est qu'il n'y a pas un mot sur les médias audiovisuels, ni sur les effets contemporains de la télécratie. C'est très étrange : d'une part parce que ces médias ont totalement modifié la structure de la société française, et en particulier la télévision – celle-ci a transformé tous les rapports sociaux et en moins de quarante ans (en 1960, elle n'affectait que 13 % des foyers français), tuant d'ailleurs une bonne partie de la presse écrite, qui fut une base de la démocratie moderne –, et d'autre part parce que la déchéance qui affecte la télévision frappe tous les esprits, sauf celui de Ségolène Royal et de son équipe, semble-t-il, tandis que par ailleurs, le capitalisme est devenu « culturel », comme l'a montré avec bien d'autres Jeremy Rifkin, que Ségolène Royal cite pourtant sur d'autres sujets. Malgré tout cela, et tant d'autres motifs qu'il faudrait analyser, et en particulier, l'enjeu économique fondamental que représentent les industries audiovisuelles et qui, étant donné que ces industries sont devenues celles qui permettent de contrôler l'immense majorité des échanges symboliques et donc des processus

---

1. Les caractères mis en gras l'ont été par Ségolène Royal.

de transindividuation, est inévitablement aussi le premier enjeu politique et démocratique, ce qui veut dire qu'il faut poser la question de l'économie politique de la démocratie du XXIe siècle, rien n'est dit, dans cette analyse des désordres démocratiques, sur le rôle majeur que la télévision joue dans ces désordres.

Sans doute est-il difficile, quand on nage sans cesse dans la même eau, de comprendre ce que *c'est* que *l'eau* : telle est une remarque lumineuse d'Aristote dans son traité sur le désir, *De l'âme* : l'eau, pour un poisson, c'est ce qu'il ne verra jamais : il ne voit qu'à travers elle. Il semble en aller de même pour Ségolène Royal : elle qui fréquente tant les médias tout en s'efforçant de penser les « désordres démocratiques » ne voit pas que, dans cette démocratie, il y a des médias. Mais elle ne voit pas non plus, du même coup, qu'il n'y a pas *que* les médias. C'est un grand classique : on voit la paille dans l'œil de l'autre, dit la sagesse populaire, mais non la poutre dans la sienne, et l'on devient donc aveugle. Mais c'est un classique qui invalide grandement – surtout pour une candidate à la présidence d'une république qui semble croire qu'elle a compris ce qui est à l'origine de ces « désordres démocratiques » et qui voudrait nous en remontrer, comme on dit, c'est-à-dire remettre un peu d'ordre dans tous ces désordres.

L'être humain, dit Aristote, est une âme *noétique*, et en cela, il n'est pas du tout comme un poisson, qui est une âme *sensitive*. En tant que noétique, l'homme, c'est-à-dire la femme, est capable non seulement de s'extraire par la pensée et l'imagination de son milieu actuel, de le considérer de loin, de s'en détacher, de prendre du recul, de la distance, et par là, de le critiquer, mais en plus, comme âme noétique, c'est une âme *politique* : un *zoôn politikon* dit plus exactement le fondateur du Lycée, et cela veut dire que cette âme noétique est aussi décidante et agissante : elle agit par l'intermédiaire de techniques, et par lesquelles l'âme noétique, guidée par son esprit, peut trans-former son milieu.

Cette trans-formation est ce que j'appelle avec Simondon une individuation psychique et collective, et cette articulation des *je* et du *nous*, et ses difficultés en général, et singulièrement à notre époque, c'est ce que ce chapitre consacré aux « désordres démocratiques », et par lequel commence le livre de la candidate aux plus hautes fonctions de la République française, est manifestement incapable de penser.

Le plan de ce premier chapitre, diffusé en avril 2006, mais retiré depuis, annonce un discours sur le désordre démocratique analysé comme crise de la représentation, et disserte en cela sur le 21 avril 2002, sur le Front national et ses électeurs, sur le non au référendum du 29 mai 2005, sur les rapports des jeunes à la démocratie représentative, sur les raisons culturelles de ces dysfonctionnements démocratiques (mais il n'y a pas un mot sur les industries culturelles), et sur la réponse qu'il faudrait y apporter, à savoir : l'expertise citoyenne, mise en œuvre dans la région Poitou-Charentes, ancien fief du « notable » Jean-Pierre Raffarin, comme l'appelle Ségolène Royal, actuelle présidente de cette région.

Ségolène Royal ambitionne de relancer une vie démocratique et constate son terrible déficit. Mais, parmi les causes qu'elle y voit, la véritable cause, celle qui engendre toutes celles que relève Ségolène Royal, qui seraient donc plutôt des effets que des causes, la principale de ces causes, qui n'est évidemment pas la seule, est absolument occultée tout comme le sont les ravages du marketing : il n'y a pas un mot sur la société de marché, comme si n'avait aucun sens ce qui avait été thématisé par le gouvernement socialiste de Lionel Jospin, sans doute sommairement, mais certainement. Cela en dit long sur l'état de délabrement du parti socialiste en tant que dispositif de transindividuation – en tant qu'organe de pensée collective. La désindividuation, le populisme industriel, la décharge des existences et les effets de la dissociation, tout cela semble absolument ne pas exister à lire ce discours, dont on se dit qu'il est écrit par quelqu'un qui est décidément très éloigné du « terrain » et qui en parle d'autant plus – mais essentiellement par l'intermédiaire d'analyse de sondages et de résultats électoraux.

Car ce chapitre constitue une analyse détaillée des sondages, et tels qu'ils sont supposés expliquer des comportements de vote : toute la question de la démocratie se concentre autour de cette question : comment et pourquoi les Français votent-ils ou ne votent-ils pas ? Ici, la politique ne se pense que comme processus électoral – c'est-à-dire comme condition d'accès au pouvoir – où est relevée une question de la distance et de la proximité autour de la figure du maire, « figure politique préférée » des Français, tandis que

> 71 % n'ont pas une bonne opinion des « hommes politiques », classés loin derrière les infirmières, les enseignants, les policiers, les militaires, les chefs d'entreprise et les syndicalistes,

et que

> 1 % leur fait tout à fait confiance (22 % plutôt confiance)[1].

Face à cet état de fait effrayant, le maire jouit cependant en général de l'estime populaire parce qu'il est la « mémoire affective des Français » :

> Le maire = figure politique préférée, familière depuis la Révolution, ancrée dans la mémoire affective des Français (célèbre les mariages, s'occupe des écoles et du

---

1. Cf. www.desirsdavenir.org. On ne trouve plus le plan de ce chapitre sur le blog de Ségolène Royal.

social). Élu de proximité rassurant quand domine le sentiment d'abandon (mais parfois violemment agressé : Nanterre et autres violences). Élu du sol opposé à État lointain et non protecteur = un retournement par rapport à l'imaginaire jacobin qui faisait de la distance la condition de l'élaboration de l'intérêt général. Ambivalence de l'idéologie de la proximité car elle est aussi l'alibi traditionnel des notables (Raffarin).

Les Français ne se sentent pas reconnus, conclut-on, et c'est sans doute parce que « l'État jacobin » et « lointain » est trop distant, et finalement, et cependant, on en arrive donc au même diagnostic que le « notable » qu'est aux yeux de Ségolène Royal Jean-Pierre Raffarin : il y a une « France d'en haut », et il y a une « France d'en bas ».

L'analyse de Ségolène Royal et de ses spécialistes des sondages est une sorte de cocktail, composé pour une moitié de discours de Jean-Pierre Raffarin, et pour l'autre de ceux de Nicolas Sarkozy (qui dit bien apprécier cette femme politique). La solution de cette difficulté qui menacerait la démocratie comme l'opposition de son haut et de son bas entre lesquels il n'y a apparemment rien, qui peuvent sans doute se regarder les yeux dans les yeux – *via* les écrans, cathodiques ou plats : quel progrès tout de même, cette télévision dont on ne parle donc pas –, la solution de cette difficulté qui serait causée par un manque de reconnaissance, ce serait une dialectique :

> Globalement, les Français ne se sentent pas reconnus (importance de la reconnaissance mutuelle) et sont de plus en plus nombreux à penser que les politiques sont déconnectés du terrain, impuissants face aux problèmes, incapables de décoder l'avenir.
> Dialectique nécessaire de la bonne proximité et de la bonne distance.

Il s'agit en somme de savoir trouver le juste milieu. Or, quant au milieu précisément, et tel qu'il peut être soit associé, soit dissocié, la représentante politique qui s'inquiète donc de la crise de la représentation et se demande comment être écoutée et suivie relève un extraordinaire

> paradoxe : on ne s'est jamais autant tracassé de l'opinion et les gens n'ont jamais eu autant le sentiment d'être si peu entendus/compris.
>
> « Bizarre ». Vous avez dit « bizarre » ? Bizarre[1]...

Très bizarre... ou très éclairant. Car c'est ici que l'on voit précisément où est le problème dans cette analyse, et qu'elle ne comprend pas : elle confond l'opinion et l'audience. Elle ne dit en conséquence pas un mot de la destruction de cette opinion par la politique des audiences, menée par les industries de programmes, et dont non seulement les représentants politiques se sont rendus complices, mais qu'ils ont eux-mêmes organisée[2]. Et il n'y a rien sur les déclarations du président de TF1 – qui maîtrise évidemment beaucoup de temps d'audience, c'est-à-dire de pouvoir électoral – à propos de la captation du temps de cerveau disponible, rien sur la destruction de la conscience dont le cerveau est le siège, rien sur la misère du téléspectateur, dont il ne faut surtout pas parler, sans doute sous prétexte que ce serait un péché d'« élitisme », un signe de « mépris du peuple » ou un manque de « proximité », une coupable distance.

Mais mépriser le peuple, qui n'est pas qu'un amas de populations, c'est-à-dire d'audiences sans opinion, car

---

1. Louis Jouvet dans *Drôle de drame*, film de Marcel Carné (1937).
2. En privatisant l'audiovisuel.

celle-ci suppose une conscience, c'est ne pas voir qu'il s'élève, qu'il *veut* s'élever, qu'il souffre d'être ainsi humilié par ce qui le rabat sur le pire, et c'est manipuler sa souffrance que de lui tenir le discours qu'attendent les audiences, mais non les consciences qui forment cette opinion par laquelle un peuple se donne un avenir, et où se forment des désirs au sein d'un processus d'identification par lequel il peut projeter une individuation de référence, contre les processus d'identifications régressives par où il sombre dans le populisme qui lui fait si mal, et qui est devenu industriel.

L'opinion n'est pas l'audience : elle en est le *contraire*. L'opinion a un avis et croit quelque chose : opiner, qui vient de *opinari*, « croire que », signifie se prononcer, énoncer son avis, être avisé, et, en cela donc, croire quelque chose. L'audience, manipulée et désindividuée, ne croit plus à rien : elle est désabusée, démotivée et même désespérée, et elle n'exerce aucunement sa capacité à énoncer des avis, et en cela à juger ou à faire des suppositions – les émissions « interactives » où la parole est donnée aux spectateurs ou aux auditeurs, qu'il est souvent très intéressant d'écouter, qui témoignent souvent d'un immense désir de se faire une opinion, ne répondent en rien à cette attente, et ne sont la plupart du temps qu'une parodie.

L'opinion est ce que produisent des circuits de transindividuation, dont toutes les structures sont des facteurs et des creusets, à commencer par les milieux familiaux où se forment les autorités parentales, jusqu'aux corps constitués, aux partis et aux représentations politiques en général, en passant bien sûr par l'école et l'université, la presse, l'édition, tout ce qui soutient le débat d'idées, et qui, en cela, forme la faculté de juger, et, avant cela, d'opiner – et de l'école, cette ancienne ministre des écoles devenue présidente d'un conseil régional ne dit pas le moindre mot, ni plus ni moins que des industries de programmes, comme si cette institution de programme, sans doute trop « jacobine », n'avait plus aucun rôle dans la démocratie, son fonctionnement et ses « dysfonctionnements ». Or, la question est précisément que les industries de programmes court-circuitent la transindividuation et détruisent l'opinion dont l'école était, depuis la Grèce antique, le lieu de la formation et, en cela, la condition de toute citoyenneté.

C'est dans ce contexte où l'opinion est confondue avec l'audience que Ségolène Royal, après avoir évoqué une possible influence de la « crise de la masculinité populaire », remarque que

> la bataille initiale [contre le FN a été] mal menée dans les années 1980 car privilégiant l'antiracisme moralisateur et sous-estimant la question sociale, assimilant tous les électeurs FN à l'extrême droite traditionnelle sans s'attaquer aux racines du populisme moderne.

Mais il n'y a pas une ligne d'analyse de ce « populisme moderne ». En revanche, le succès du Front national est la conséquence regrettable d'une nostalgie :

> Avoir la nostalgie des « valeurs traditionnelles » (= les repères qui permettaient d'y voir clair) ne vaut pas fascisation des cervelles et même trouver qu'il y a « trop d'immigrés » ne signifie pas consentir à leur discrimination. Le FN fait, hélas, partie du paysage et joue avec talent le jeu de la démocratie : que 66 % des Français ne voient pas en lui un danger pour la démocratie n'est pas forcément le signe d'un abaissement de leurs barrières immunitaires.

Les « valeurs traditionnelles » sont donc définies comme « les repères qui permettaient d'y voir clair ». Mais dans quoi les valeurs traditionnelles permettaient-elles de voir clair exactement ? Et en quoi ne sont-elles pas ce qui permet réciproquement de voir clair dans ce qui prétend être ainsi un diagnostic, et en tant que ce qui manque – plutôt que le peuple ? Ces valeurs traditionnelles ne constituent-elles pas, par évocations, par connotations ou par accointances avec une opinion qui est réduite à l'audience, les principales lignes de force du discours populiste que Ségolène Royal tient sur les antennes de la télécratie – qui ne peut que s'en réjouir, l'en féliciter, et la plébisciter en conséquence ? En vérité, ce populisme au carré qui prétend dénoncer le populisme utilise cet argument pour fonder son propre populisme en occultant la cause la plus massive du populisme, à savoir la télécratie, et en s'appuyant massivement sur elle au nom de la proximité et pour court-circuiter la « distance » non pas de l'État, pas pour le moment, mais celle de son propre parti : telle est la misère politique de notre temps. L'urgence étant alors de

> montrer que l'impuissance n'est pas une fatalité, [...] ce qu'il nous faut [c'est] ce que François Mitterrand appelait « la force d'être soi-même et celle de changer ».

Et c'est ici que soudain, Ségolène Royal souligne

> l'importance d'Internet dans le processus de désintermédiation politique.

Ce vocable, « désintermédiation », vient du commerce électronique – comme si les représentants politiques et leurs partis étaient en quelque sorte des grossistes. On commence alors à comprendre le sens du blog : s'il est vrai que la démocratie est

> l'égale compétence politique de tous, qui est au principe de la souveraineté du peuple et de l'égalité des citoyens. La représentation n'est pas le tout de la démocratie,

alors l'« intermédiation » politique peut tout à fait être court-circuitée avec Internet, tout comme elle l'est déjà si efficacement avec la télécratie des audiences. Il suffit de savoir se servir de ces magnifiques outils pour savoir s'adresser directement au peuple, et ne pas s'encombrer de toutes ces « médiations » ou « intermédiations » d'une démocratie représentative tout à fait jacobine et finalement peut-être bien antidémocratique, et cause de grands désordres démocratiques. Ce ne sont donc pas la télévision et tous les effets du populisme industriels qui détruisent la démocratie : c'est la démocratie représentative. Il faut donc la remplacer par la démocratie participative, et c'est ainsi que Ségolène Royal dévoile son plan : il s'agit de

> créditer chacun d'une capacité d'expertise partie prenante de l'expertise collective construite ensemble. Démocratie participative = respect, reconnaissance, pouvoir partagé et mandat mieux exercé. Importance de règles claires pour une délibération informée.

Par exemple par le biais de ce blog, *Désirs d'avenir*. C'est ici qu'est cité Jacques Rancière.

Bien amicalement.

42. *Le cœur volé*

Le chapitre II, « Les désordres de l'emploi et du travail », est manifestement le fruit d'un travail d'équipe dont le style et surtout le contenu sont plus élaborés. Mais si l'on s'intéresse aux contributions apportées sur le blog par les lecteurs des propositions de Ségolène Royal, et dont elle « tâche de tenir compte », il est bien difficile d'en trouver quelque trace que ce soit. Et pour cause : en aucun cas il ne s'est agi, ici, d'organiser un débat. Il eût fallu pour cela que la signataire avançât des hypothèses, et non des évidences qui ne peuvent être qu'à la base de raisonnements soit oiseux, soit extrêmement ambigus.

Mais il s'agissait avant tout de court-circuiter le parti socialiste en même temps que de faire un « coup », en évitant par tous les moyens un débat au fond et par un usage populiste du nouveau milieu associé : comme TF1 court-circuite les conservatoires, les chorales et les associations d'amateurs de musique, tout en leurrant les enfants qui viennent chanter sur ses plateaux de télévision, pour leur faire croire que l'avenir est au succès facile et jetable, par quoi le canal de cette industrie de programmes invente un nouveau processus d'identification régressive et fabrique la nouvelle foule organisée de ce que Ségolène Royal appelle elle-même la « Star Ac » dans sa langue populiste et télécratique, elle n'ouvre aucune discussion sur le sens politique que devraient représenter la création et l'animation de son blog précisément par rapport à cette situation de misère symbolique, spirituelle et politique, dont cette émission représente l'un des produits les plus sophistiqués, et que la candidate semble goûter, se sentant ainsi « proche du peuple ».

L'animation d'un blog, c'est ce qui consiste à créer un nouveau circuit de transindividuation qui peut être plus ou moins long, c'est-à-dire plus ou moins court, et à cet égard, Ségolène Royal a déjà choisi la longueur de ce circuit : il doit être le plus court possible. C'est ce qui a jusqu'à présent bien marché, lui permettant de se trouver placée devant tous ses challengers socialistes par la télécratie, décidant ainsi à la place de son parti, et dont elle est la meilleure représentante – de cette télécratie, sinon de son parti.

Et quant à la pratique des blogs en politique, là où apparaît la chance de constituer un amatorat politique d'un nouveau genre, c'est-à-dire de refonder une forme de *philia*, Ségolène Royal, qui n'aura pas dit un mot de ce que c'est que c'est que le désir en démocratie, y a déjà renoncé, car en s'emparant des blogs pour y exporter la logique de la ruine télécratique, elle est déjà en train de confisquer le processus transindividuel – comme le père originel, qui fut suivi, dans l'hypothèse du mythe scientifique, on le sait, par un pouvoir matrimonial[1] :

> Il nous faut revenir brièvement sur le mythe scientifique du père de la horde originaire. Celui-ci fut, plus tard, élevé au rang de créateur du monde, à juste titre, car il avait engendré tous les fils qui constituèrent la première foule. Il était l'idéal de chacun d'eux isolément, tout à la fois craint et vénéré, ce qui donna ultérieurement le concept de tabou. Cette multitude se rassembla un jour, le tua et le dépeça. De cette foule, aucun des vainqueurs ne put se mettre à sa place, ou quand l'un le fit, les combats reprirent jusqu'à ce que tous reconnussent qu'ils devaient renoncer à l'héritage du père. Ils constituèrent alors la communauté totémiques des frères, tous avec le même droit, et liés par l'interdit totémique qui devait maintenir le souvenir du meurtre et l'expier. Mais l'insatisfaction quant au résultat subsista et devint la source de nouveaux développements. Ceux qui étaient réunis en une foule fraternelle en arrivèrent peu à peu à rétablir l'état ancien à un niveau différent ; l'homme redevint chef d'une famille et brisa les privilèges de ce règne des femmes qui s'était instauré pendant la période sans père. Comme dédommagement, il peut bien alors avoir reconnu les divinités maternelles, dont les prêtres furent castrés afin de préserver la mère, selon l'exemple qu'avait donné le père de la horde originaire ; la nouvelle famille ne fut cependant qu'une ombre de l'ancienne, les pères étaient nombreux et chacun d'eux limité par les droits de l'autre[2].

Les pères étaient devenus des monsieur-tout-le-monde, des n'importe qui sexuels – encore incapables de sublimer, et toujours dénués d'idéal du moi. Jusqu'à ce qu'un

---

1. Sigmund Freud, « Psychologie des foules et analyse du moi », *Essais de psychanalyse*, Petite Bibliothèque Payot, 2001, p. 231.
2. *Ibid.*, p. 230-231.

des petits-enfants de ce pouvoir se fût levé, et se mît à chanter « le premier idéal du moi » :

> La privation, pleine de désirs nostalgiques, peut bien avoir incité un individu à se détacher de la foule et à s'attribuer le rôle du père. Celui qui fit cela fut le premier poète épique, le progrès s'accomplit dans son imagination. Le poète a, par ses mensonges, transformé la réalité dans le sens de ses désirs. Il a inventé le mythe héroïque. Fut héros celui qui, seul, avait abattu le père qui, dans le mythe, apparaissait encore en tant que monstre totémique. De même que le père avait été le premier idéal du garçon, de même le poète créait alors, avec le héros qui veut remplacer le père, le premier idéal du moi. Le point d'origine du héros a été fourni vraisemblablement par le plus jeune fils, le préféré de la mère, celui qu'elle avait protégé de la jalousie paternelle et qui, au temps de la horde originaire, était devenu le successeur du père. Dans la poétisation mensongère des origines, la femme qui avait représenté le prix du combat et la séduction du meurtre, devint vraisemblablement tentatrice et instigatrice du forfait[1].

C'était donc un poète :

> Et la Mère, fermant le livre du devoir,
> S'en allait satisfaite et très fière, sans voir,
> Dans les yeux bleus et sous le front plein d'éminences,
> L'âme de son enfant livré aux répugnances[2].

---

1. *Ibid.*, p. 231-232.
2. Arthur Rimbaud, « Les poètes de sept ans », poème envoyé à Paul Demeny, également destinataire de la deuxième des lettres dites « du voyant ». René Char écrit : « Mais sa rude mère ne l'avait-elle pas mis au monde dans un berceau outrecuidant entouré de vigiles semblables à des vipereaux avides de chaleur ? », p. 14, introduction aux *Poésies. Une saison en enfer. Illuminations*, Gallimard, « Folio classique », 1999.

Ne perdons donc pas l'espoir. Mais

> Quand ils auront tari leur chiques
> Comment agir, ô cœur volé[1] ?

---

1. Arthur Rimbaud, « Le cœur volé », poème envoyé à Georges Izambard, professeur de Rimbaud, avec la première des lettres dites « du voyant ».

Chapitre 9

LA MACHINE À PRODUIRE LE PIRE CONTRE LA NOUVELLE *PHILIA*

43. *La machine à produire le pire n'est pas une fatalité*

La force des industries de programmes est immense, elle anéantit la politique et ses représentants, comme on vient de le voir, dont elle fait une grande misère, et elle paraît incommensurable. Elle doit pourtant être renversée, et poétiquement : par la force alchimique des idiomes[1], c'est-à-dire des milieux symboliques associés.

La force des industries de programmes tient à ce qu'elles ont une politique de la perception : elles mènent une guerre esthétique, qui engendre une immense misère symbolique, qui détruit les idiomes, et qui détruit du même coup la *philia*, et ce, d'abord par les sens et par les affects qui s'y forment, mais qui déforment ceux qu'ils affectent, parce qu'ils les désaffectent.

Cette force, celle des images et des sons dont les médias audiovisuels ont monopolisé des décennies durant la transindividuation en la court-circuitant, c'est ce qui, comme télé-vision, se réarticule avec le texte, avec l'écriture, avec la vieille forme télécratique à l'origine de la démocratie,

---

1. Arthur Rimbaud, « Alchimie du verbe », *Une saison en enfer*, Gallimard, « Folio classique », p. 192.

de la littérature, de la philosophie, du droit et de tous les savoirs issus de la raison, du *logos* entendu d'abord comme motif de vivre ensemble, c'est-à-dire comme *philia* : comme désir.

La circulation des images[1] est et sera de plus en plus le règne de la télé-vision – qui devient donc autre chose que « la télévision », ce qu'a déjà compris TF1 en créant sur Internet sa nouvelle chaîne, WAT, et sans mentionner qu'il s'agit de sa filiale. Or, ce site audiovisuel, qui cherche à faire émerger une nouvelle forme de télécratie dissociante dans les milieux associés du web, s'adresse essentiellement à des amateurs, et à des jeunes (qui ne regardent presque plus « la télévision » lorsqu'ils ont moins de quinze ans, et cela inquiète très sérieusement les télécrates, et cela devrait être au cœur des pensées des démocrates). L'un des premiers programmes qui y fut présenté commençait par donner à lire cette phrase :

> Amateurs, et fiers de l'être.

Pendant ce temps, ni de Nicolas Sarkozy et de Ségolène Royal, ni de leurs challengers, il n'y a la moindre proposition politique pour imaginer un avenir du désir dans cette nouvelle forme de télé-vision qui supporte déjà, et sans le moindre doute, ce qui sera soit un nouveau processus d'individuation, soit un nouveau processus de désindividuation.

Or, il n'y aucune fatalité à ce que « la télévision » soit ce qu'elle est, à savoir la machine à produire le pire, ni à ce que la télé-vision n'aggrave encore la situation. Dire que l'on n'y peut rien, c'est développer et intérioriser la logique

---

1. Dont une politique devrait constituer le fonds préindividuel d'une Union européenne articulant les richesses de sa diversité idiomatique dans une politique industrielle des technologies culturelles et cognitives.

TINA – *There Is No Alternative*[1]. La télévision au sens courant est aujourd'hui ce qui conditionne *de part en part* la vie politique appelée démocratie industrielle, et c'est dans cette stricte mesure que le rapport entre la télévision telle qu'elle existe et pourrit le monde, et ce qui est en train d'émerger comme une nouvelle possibilité de circulation et de réalisation des images, des sons et des textes, est l'objet d'un combat à venir, et même le principal combat.

Car la télécratie électronique n'en est qu'à son début : Berlusconi n'est peut-être qu'un mauvais souvenir par rapport à ce qui va venir, et qui pourrait être *bien pire*. Et pourtant, il n'y a aucune fatalité à ce que la télé-vision soit ce qu'elle est encore.

Une autre politique de la télé-vision est non seulement possible, mais inévitable, parce que « la télévision » va vers son effondrement et, avec elle, le capitalisme pulsionnel, qui a « perdu la tête » (Stieglitz), qui est « en train de se détruire » (Patrick Artus), qui est devenu « total » (Jean Peyrelevade), et dont « la télévision » est devenue la colonne invertébrée : elle atteint le terme de son histoire, elle est épuisée, car après le déchaînement des pulsions, elle ne peut plus rien inventer, il n'y a plus qu'une terre brûlée – et elle est donc obligée de passer du côté de la télé-vision.

Il en va ainsi pour des raisons techno-logiques, c'est-à-dire organo-logiques, qui font que, contrainte et forcée, et après y avoir longtemps résisté, elle est en train de passer dans un tout autre système technique : dans un nouveau milieu technique qui la fait précisément passer des milieux symboliques industriellement dissociés aux milieux symboliques industriellement associés.

C'est cet état de fait qui constitue l'alternative à laquelle le scrutin présidentiel, et au préalable les candidats, et

---

1. *Réenchanter le monde. La valeur esprit contre le populisme industriel*, Flammarion, 2006, p. 117.

ceux qui les désigneront parmi les candidats à la candidature, doivent apporter une réponse :

• Soit TF1 reconstituera ses systèmes de production de foules artificielles court-circuitant la transindividuation, c'est-à-dire la *philia* de ceux qu'il faut donc considérer, et avec le plus grand respect, comme des amateurs, ce qui aggravera encore plus la désindividuation, ce qui sera encore pire que la télévision pulsionnelle qu'est déjà devenue la machine à produire le pire.

• Soit une puissance publique d'un nouveau genre, et se repensant elle-même depuis la nouveauté que constituent les milieux symboliques industriellement associés, empêchera cette confiscation en inventant un nouveau modèle d'économie politique industrielle, et fera de cet amatorat à la fois une nouvelle forme de *philia*, une nouvelle organisation de l'économie, et un nouveau processus d'individuation psychique et collective.

44. La trans-formation de la base organologique de « la télévision » comme cas de la télé-vision

« La télévision » est une époque du cinéma :

1. La cinémato-graphie est l'écriture du mouvement (*kinesis*) et, comme dit Marshall McLuhan, de la vie : c'est de la vie enregistrée, c'est-à-dire écrite (*graphein*), et cette vie est en cela *changée*, c'est-à-dire trans-formée, trans-individuée tout autrement, de même que l'écriture ortho-graphique modifia en son temps la transindividuation de la langue (ce que nous avons oublié, mais ce fut *le cœur du débat* entre les philosophes et les sophistes), et c'est pourquoi le cinématographe permet de produire *the American way of life* en tant que mode de vie.

2. En tant que cette technique d'écriture de la vie, en tant qu'« époque du gramme », le cinéma appartient à la grammatisation qui est un processus général de l'existence

humaine par lequel s'accomplit le devenir des mnémotechniques dans le processus d'individuation psychique et collective.

3. « La télévision », c'est ce qui vient se greffer sur deux dimensions du cinéma qui le constituent en s'y conjuguant : le cinéma est la conjugaison de l'effet de réel de la photographie et de la captation de l'attention qu'est la conscience du spectateur par le flux temporel du film dont le défilement que contrôle la croix de Malte dans l'appareil projecteur permet le contrôle de la persistance rétinienne dans l'appareil de la vue du spectateur.

4. À cela, « la télévision » ajoute :

a) comme réseau de distribution à domicile, la massification à distance des publics qui deviennent des audiences en tant qu'elles sont non présentes à elles-mêmes comme audiences produisant à la fois l'illusion d'être seul devant sa télé et le sentiment d'appartenir à une foule, et formant un type de foule artificielle d'où surgissent des processus d'identification régressive tout à fait inconnus auparavant ;

b) comme technique de télé-communication en direct, la trans-formation de la nature même de l'événementialité en tant que celle-ci constitue un processus de transindividuation, ce qui induit là encore des processus d'identification très spécifiques, ou qui renforce ceux que provoque la massification à distance des publics, en radicalisant l'hypersynchronisation, et en déclenchant, sur la base de la pulsion scopique, des dispositifs pulsionnels propres à ce qui ne peut survenir qu'au cours d'un événement qui est en train de se produire – comme c'est par exemple le cas durant une coupe du monde de football.

Or, tout cela repose sur une technologie analogique et hertzienne de transmission et de production qui est à présent totalement remise en cause par un autre système, celui des réseaux numériques, et c'est une mutation majeure de l'organologie politique dans la mesure où ces réseaux constituent des milieux techniques associés. La mise en place de ce nouveau système, qui est une opportunité unique de modifier la situation actuelle, doit être accompagnée par une politique industrielle des technologies de l'esprit qui doit d'abord être une politique de la télé-vision, celle-ci constituant la nouvelle rétention tertiaire de référence.

Ici, la télé-vision, qui n'est donc ni le poste récepteur, ni le canal émetteur, ni la grille de programme, ni le système de relais hertzien, ni le réseau numérique terrestre, ni aucune instance technique particulière, est la possibilité de voir et de faire voir à distance en général, et de *pouvoir* à distance en général, ce que veut dire la télécratie en tant que condition de la démo-cratie depuis que l'écriture permet déjà une télé-visée, et en cela, la constitution d'une idéalité, c'est-à-dire, comme l'a montré Husserl dans *L'Origine de la géométrie*[1], d'un *eidos* en tant que *ce qui apparaît*[2].

La télé-vision n'est pas « la télévision », mais une possibilité dont « la télévision » est un cas, comme la sophistique est un cas de l'écriture, laquelle appartient à cette télé-vision, qui fonde donc aussi bien la démocratie en tant que pouvoir d'emblée télécratique de représentation politique que l'*épistémè* qui permet l'idéation et l'idéalisation spécifiques du savoir occidental.

Dans ce cas, si l'on entend par télé-vision voir et pouvoir à distance en général[3], la télé-vision, comme héritière de la cinémato-graphie, comme son âge électronique

---

1. Husserl, *L'Origine de la géométrie*, PUF, 1990. Lire à ce sujet l'Introduction qu'en propose Jacques Derrida dans le même ouvrage, et mes commentaires dans *La Technique et le Temps 2. La désorientation*, Galilée, 1996, p. 50 *sq*.

2. Cf. Bernard Stiegler, « Eidos et télévision », *Digraphe*, 1984.

3. Cf. *Voir et pouvoir*, qui est le titre d'un beau livre de Jean-Louis Comolli, Verdier, 2004.

analogique, d'une part la précède à travers toutes les grammatisations qui constituent une possibilité de voir à distance et en cela de former un *eidos*, et d'autre part est en train de devenir, à travers le dernier stade du processus de grammatisation, son âge numérique, qui ajoute à « la télévision » de nouvelles dimensions, outre le direct et la synchronisation massive des audiences dans l'archiflux de la grille de programme que « la télévision » avait déjà ajoutées au cinématographe. Et en particulier,

1. elle délinéarise l'accès aux archiflux que constituent ces grilles de programmes, ce qui permet par exemple aujourd'hui le podcasting, la démassification et la désynchronisation des audiences ;

2. elle discrétise les flux des objets temporels audiovisuels que sont ces programmes, ce qui permet d'y effectuer des recherches en fonction d'indexations résultant de cette discrétisation, et donc de naviguer dans de vastes bases de données audiovisuelles ;

3. elle devient annotable par la voie de tags, c'est-à-dire d'inscriptions déposées par les spectateurs, comme traces de leurs regards, et qui deviennent eux-mêmes, à travers ces traces, des critères d'indexation et donc de navigation sur la base de technologies coopératives, ce qui est une opération d'association et d'individuation du regard ;

4. elle est évidemment bidirectionnelle, ce qui veut dire que le destinataire peut aussi destiner des images qu'il autoproduit, y compris au moyen de *templates* audiovisuels, ou qu'il réagence, ce qui est une autre opération d'association et d'individuation ;

5. elle est hypermédia, c'est-à-dire qu'elle englobe toutes les dimensions de la grammatisation en général, et en tout premier lieu le texte (mais aussi la discrétisation des flux musicaux par la notation diasthématique, la grammatisation des gestes, et plus généralement de tous les types de mouvements, etc.).

Sous l'influence des mutations de la télé-vision, « la télévision » est donc appelée à changer de nature en profondeur. Au-delà de celle que nous regardons encore sur les écrans désormais plats, qui est devenue pulsionnelle, qui va vers le pire toujours encore pire, il y a celle qui se développe en souterrain avec ce que l'on appelle le Web 2.0, sur quoi je vais revenir.

Cependant, la nature de ce changement requiert des luttes, et que le *nous* s'organise pour mener ces luttes, comme la projection d'un idéal du peuple contre l'aggravation du changement vers le pire, et pour l'arrêt de la machine à produire le pire. Il faut l'exiger des candidats à la présidence de la République, et s'organiser pour cela.

Pour éviter les confusions, précisons que l'enjeu de la lutte n'est pas du tout, en ces matières, la création d'une nouvelle chaîne publique ou associative. Ce n'est pas non plus, simplement, une révision des prérogatives du CSA et des garanties de respect de ses propres obligations sans cesse bafouées et ridiculisées par lui-même. Il s'agit de mettre la question de « la télévision », et, bien au-delà, de la télé-vision, au centre de la politique, et dans de multiples dimensions (où la création d'une chaîne peut bien être une de ces dimensions – mais elle est tout à fait mineure, et n'a de sens que dans une politique globale autrement plus ambitieuse et complexe – et où il faudra bien sûr revenir sur le cas du CSA).

45. *La véritable rupture – contre le degré zéro de l'existence*

Une telle politique industrielle de la télé-vision (et de « la télévision » qui en est un cas) est inséparable d'une politique de l'éducation nationale et de la transformation de ces dispositifs d'adoption que sont les écoles, collèges, lycées et universités : il faut remplacer la concurrence entre institutions de programmes (adoption par l'école) et industries de programmes (adoption par le cinéma et la télévision) par une complémentarité, comme c'est aujourd'hui le cas entre le monde des livres et les établissements d'enseignement. Une nouvelle fonction éditoriale doit être pensée dans cette perspective, et au niveau européen – ce point est développé dans *Réenchanter le monde. La valeur esprit contre le populisme industriel.*

La question du politique est celle du *et* dans l'individuation psychique *et* collective. Ce *et* est constitué par le troisième brin de l'individuation, qui n'est ni psychique ni collectif, mais technique. La société politique, c'est ce qui a constitué le *et* de l'individuation comme citoyenneté, c'est-à-dire comme possibilité d'accéder à des idéalités dans le milieu de l'écriture. La société hyperindustrielle, qui est une économie politique, soumet le *et* à la loi de « la télévision », c'est-à-dire, tout aussi bien, à la loi du marché. Que le *et* passe désormais par le marché, c'est un fait, et un élément constitutif des sociétés industrielles. Mais que ce passage par le marché conduise mécaniquement à la destruction de la vocation politique du *et* est intolérable, et ne peut en aucun cas durer : c'est nuisible à l'économie elle-même en tant qu'elle a crucialement besoin de désir, c'est-à-dire d'individuation. Or, « la télévision », qui n'est qu'un cas particulier de la télé-vision, doit cesser d'empêcher le développement de celle-ci, qui connaît en ce moment même des mutations majeures.

Ces mutations, qui réunissent les conditions d'apparition d'un temps des amateurs, et en cela d'une reconstitution de la *philia*, doivent concrétiser l'invention d'un nouveau processus d'individuation psychique et collective fondé sur une politique d'incorporation de la nouvelle rétention tertiaire de référence que constitue le numérique. L'un des difficiles problèmes que rencontre cet impératif politique, c'est que la situation est structurellement instable, et que le système rétentionnel est lui-même en perpétuelle transformation. Mais c'est le cas de toutes les réalités industrielles contemporaines. On en tire argument pour poser qu'il faut laisser le marché opérer les choix, et c'est une absurdité : il faut articuler étroitement une nouvelle puissance publique, qui peut seule projeter légitimement un processus d'individuation de référence, avec les puissances économiques industrielles qui ont tout intérêt, même si elles ne le mesurent pas aujourd'hui, à voir se concrétiser une telle projection.

Cette opération, qui est un programme politique, doit être conduite en « ingénierie simultanée », c'est-à-dire en menant parallèlement une même politique étroitement coordonnée dans trois domaines :
- la politique industrielle,
- la politique des médias et de la fonction éditoriale,
- la politique de l'éducation nationale.

Cette politique est possible, et elle est *très attendue* de la population française, contrairement à ce que donnent à croire des interprétations superficielles des sondages. Le populisme industriel, c'est la trans-formation des temps de conscience en un marché qui induit un processus de désindividuation et de désublimation, et qui conduit, comme hégémonie de la télévision pulsionnelle, vers le degré zéro de la pensée qui désespère les Français : ils y sentent venir une explosion sociale – situation qui aboutit également à ce paradoxe apparent que 53 % des Français jugent détestables les programmes de télévision que pourtant ils regardent, dont j'ai montré ailleurs que c'est un cas classique de toxicité et d'addiction qui n'a *rien* de paradoxal, mais qui crée une très profonde souffrance[1].

Cette situation requiert désormais une cure de désintoxication, et c'est en cela qu'il faut faire preuve de courage politique et proposer la véritable rupture aux Français. La

---

1. *Mécréance et discrédit 2. Les sociétés incontrôlables d'individus désaffectés*, Galilée, 2006, p. 122-123.

politique consiste à prendre soin là où le remède devient un poison, et à faire en sorte que le poison redevienne un remède : c'est l'étrange logique du *pharmakon* que Platon analysait déjà à propos de l'écriture, c'est aussi la loi de toute sociothérapie, et c'est la loi de la télécratie que contient la démocratie.

On dit souvent qu'il est impossible de changer dans le sens d'un meilleur, et que la télécratie ne peut que continuer à s'aggraver, parce que le règne de la bêtise et des pulsions, et le degré zéro de la pensée où il mène, sont le résultat de ce que les gens *veulent*. Or, on fait là une confusion entre volonté et inclination. Que les gens, et chacun d'entre nous parmi eux, aient des penchants pulsionnels, c'est non seulement possible : c'est évident, et c'est ce que nous enseigne en premier lieu la psychanalyse (et avant elle, par exemple, la tentation de saint Antoine). Mais ce qu'elle nous enseigne surtout, une fois posé ce point, c'est que :

1. Les processus d'identification régressive déclenchent ces mécanismes pulsionnels en provoquant une désinhibition des pulsions qui sont toujours là, contenues par le désir, et qui peuvent toujours *déborder* ce désir qui est lui-même social, c'est-à-dire lié par un surmoi comme lui-même lie les pulsions : le débordement constitue alors une *désublimation*, et il peut conduire à un *défoulement pulsionnel* dont l'histoire du xxe siècle nous a donné les exemples les plus effroyables — et qu'annonçait *Malaise dans la civilisation*.

2. Ces penchants pulsionnels ne constituent précisément pas une volonté, mais une tendance, et les identifications régressives reposent précisément sur la destruction de toute volonté, c'est-à-dire de tout le travail de socialisation des pulsions en quoi consiste le désir par la construction d'identifications primaires collectives, ce qui est le rôle de l'éducation parentale aussi bien que nationale.

La volonté, c'est ce qui constitue le désir comme socialisation des énergies apportées par le volcan des pulsions, mais comme détournement des objets de ces pulsions : la volonté est ce qui trans-forme en *philia* les pulsions en tant que mécanismes automatiques du psychisme que nous partageons avec les limaces, les porcs et les babouins. C'est pourquoi l'on parle des gens qui ne résistent pas à leurs penchants comme de personnalités sans volonté, c'est-à-dire aussi sans courage, et en cela, parce que lâches devant elles-mêmes et devant les autres, pitoyables, sinon méprisables.

La volonté, comme le désir dont elle est un nom, est une production sociale, et le fruit d'identifications primaires qui arment la *psyché* de celui qui veut contre les régressions que peuvent comporter les identifications secondaires souvent pourvoyeuses de lâchetés. Et c'est pourquoi les gens, c'est-à-dire nous, les habitants de la France, nous ne voulons pas du degré zéro de la pensée, du populisme industriel et de la télécratie. Qu'il y ait en nous tous des penchants qui nous tirent vers le pire avec cette télécratie et ce populisme – qui constituent le degré zéro de l'existence, et non seulement de la pensée –, nous le savons bien. Mais nous savons encore plus nettement que ceci n'est justement pas notre volonté, mais son exact contraire – et c'est pourquoi il s'agit précisément de ce à quoi notre volonté doit s'opposer, cette volonté commune s'appelant l'idéal du peuple.

Le degré zéro de l'existence, c'est précisément ce à quoi une volonté politique, une représentation et une personnalité politiques (comme candidats, comme partis, comme militants, etc.) doivent savoir et vouloir s'opposer : c'est selon ce critère que l'Histoire les jugera – et, espérons-le, dès le mois de mai 2007 : c'est en fonction de ce que diront et ne diront pas à ce sujet cette volonté, cette représentation et cette personnalité, qu'il faudra ou ne faudra pas voter pour elles au prochain scrutin présidentiel en France.

46. La nouvelle transindividuation

La télévision est un milieu dissocié et la principale des industries de services qui détruisent les modes de vie à l'échelle planétaire en détruisant les circuits de la transindividuation résultant de la co-individuation des individus psychiques, et constituent l'individuation collective comme concours des individus psychiques, où se produisent et se métastabilisent les significations portées et constituées par les modes de vie[1]. Le monde n'a plus de sens, et la *philia* s'étiole, laissant place au désamour.

L'extraordinaire croissance des technologies de l'individuation psychosiale procède au contraire du fait qu'il s'y constitue, à travers les blogs, et, beaucoup plus généralement, avec les processus rétentionnels propres au Web 2.0, un nouveau milieu de transindividuation, qui concrétise le potentiel du réseau Internet constituant par lui-même un nouveau type de milieu associé en tant que milieu technique. L'apparition de ces technologies de la transindividuation doit devenir la base d'une nouvelle organologie à la fois politique et économique.

Mais, comme il en alla dans le milieu symbolique qu'est la langue lorsque se développa l'écriture, ces technologies relationnelles nécessitent l'appropriation de leurs pouvoirs télécratiques par la démocratie, c'est-à-dire par les per-

---

1. « La signification est un rapport d'êtres, non une pure expression ; la signification est relationnelle, collective, transindividuelle, et ne peut être fournie par la rencontre de l'expression et du sujet. [...] La seule chance pour l'individu, ou plutôt pour le sujet, de se survivre en quelque façon est de devenir signification, de faire que quelque chose de lui devienne signification », Simondon, *L'Individuation psychique et collective*, Aubier, 1989, p. 200 et 207.

sonnes qui ne peuvent participer à cette nouvelle forme de démocratie que dans cette mesure : qui ne peuvent former le n'importe qui démocratique que dans la mesure où il s'outillera en vue d'un idéal du peuple où puissent se trans-former les conditions générales de la transindividuation qui ont été confisquées, en tant que mécanismes du pouvoir autant que du savoir, par les « oligarchies » dont parle Jacques Rancière, et tandis que ces technologies de l'individuation psychosociale font déjà l'objet de pratiques nouvelles du marketing et de la télécratie en vue de récupérer leurs effets, et deviennent déjà, en cela, des technologies de désindividuation.

La langue est un milieu symbolique et social intrinsèquement participatif, ai-je dit ailleurs, où le processus d'individuation ne se constitue que dans la mesure où les destinataires d'un énoncé linguistique en sont aussi, et par structure, des destinateurs potentiels, et destinent ainsi la langue elle-même comme idiome qui ne cesse de se trouver trans-formée par ces poètes que sont tous les hommes pour autant qu'ils parlent, et non seulement communiquent.

Cette participation intrinsèque est aussi le principe sur lequel repose le logiciel libre et toutes les technologies participatives, dont les blogs et les fils RSS sont désormais bien connus du public – mais qui sont immédiatement détournés comme l'écriture le fut par les sophistes, ce qui ne l'empêcha pourtant pas d'être à l'origine du droit et du nouveau processus d'individuation psychosociale que fut alors la citoyenneté.

L'enjeu d'une politique des technologies de l'esprit comme nouvelle époque de la télé-vision, c'est de sortir de l'époque des milieux industriellement dis-sociés où la séparation des fonctions de production et de consommation prive les producteurs et les consommateurs de leurs savoirs et donc de leurs capacités de participation à la socialisation du monde par la trans-formation du monde, c'est-à-dire : les prive de tout rôle politique. Karl Marx critiqua le concept formel de démocratie non seulement en ce qu'il faisait l'impasse sur la misère économique que le respect de ce formalisme permettait de masquer, mais parce que la prolétarisation était ce qui induisait une privation totale de savoir, invalidant politiquement les travailleurs. Et pour étayer cette thèse, il citait Adam Smith :

> L'esprit de la grande majorité des hommes se développe de façon nécessaire et au contact de ses activités quotidiennes. Un homme qui dépense toute sa vie à exécuter un petit nombre restreint d'opérations simples n'a pas l'occasion d'exercer sa raison [...] En général, il devient aussi stupide et ignorant qu'il est possible de l'être pour une créature humaine. [...]
> La monotonie de son existence statique gâte naturellement aussi la vigueur de son esprit [...] Elle détruit même l'énergie de son corps et le rend inapte à utiliser sa force de manière dynamique et prolongée ailleurs que dans l'occupation de détail à laquelle on l'a formé.
> Le savoir-faire qu'il manifeste dans son ouvrage particulier semble avoir été acquis aux dépens de ses facultés intellectuelles, sociales et guerrières. Or, dans toutes les sociétés industrielles et civilisées, c'est dans cet état que sombrera nécessairement le pauvre qui travaille (*the labouring poor*), c'est-à-dire la grande masse du peuple [1].

Ce à propos de quoi Marx rappelle que

> pour empêcher l'étiolement complet de la masse du peuple, consécutif à la division du travail, A. Smith recommande une instruction populaire d'État, administrée toutefois très prudemment à doses homéopathiques [2].

---

1. Adam Smith, *Wealth of Nations*, I, chap. I, art. 2.
2. Karl Marx, *Le Capital*, PUF, « Quadrige », 1993, p. 408.

Puis il rappelle que le traducteur en français de Smith, Garnier, met profondément en doute l'intérêt de cette proposition éducative faite en 1776 :

> Comme toutes les autres divisions du travail, celle entre le travail manuel et le travail intellectuel se prononce d'une manière plus forte et plus tranchante à mesure que la société avance vers un état opulent. Cette division, comme toutes les autres, est un effet des progrès passés et une cause des progrès à venir [...] Le gouvernement doit-il donc travailler à contrarier cette division du travail et à la retarder dans sa marche naturelle ? Doit-il employer une portion du revenu public pour tâcher de confondre et de mêler deux classes de travail qui tendent d'elles-mêmes à se diviser[1] ?

En réalité, cette *opposition entre manuel et intellectuel* est, tout au contraire de ce que dit Garnier, ce qui ne cesse de s'estomper avec le développement des technologies, et d'abord avec le développement des machines par où les ouvriers deviennent des prolétaires privés de tout savoir, et en premier lieu de leur savoir-faire d'ouvriers, puis avec le développement des appareils, où l'on voit comment *toutes* les formes de travail salarié tendent à se prolétariser. Ce qui signifie que ces questions, examinées ici avec Smith, Marx et Garnier, doivent être intégralement revisitées en fonction de ce devenir. Telle est le véritable enjeu de ce que l'on appelle aujourd'hui le capitalisme cognitif.

La réalité de ces questions aujourd'hui nécessite de mobiliser le concept de milieu associé pour caractériser un type spécifique de milieu technique, où Simondon a montré que le milieu géographique physique constitue une fonction du système, mais tel que dans le cas des milieux numériques qui sont aussi essentiellement symboliques, c'est la géographie humaine, c'est-à-dire les destinataires

---

1. Garnier, t. V de sa traduction, p. 4-5.

des énoncés numérisés, qui devient une « fonction » de ces énonciations en tant que les humains, et n'importe qui parmi eux, sont mis en position de re-destiner les énoncés, c'est-à-dire de les transindividuer pour autant évidemment que ces milieux associés ne se voient pas imposer des logiques venues des milieux dissociés.

Cette nouvelle géographie humaine produite par un milieu associé à la fois technique et symbolique, c'est aujourd'hui, en premier lieu, comme je l'ai déjà souligné, le cas du réseau Internet, mais c'est surtout, en 2006, année de campagne électorale en France, ce que font apparaître beaucoup plus nettement les caractéristiques du Web 2.0 :

> L'appellation Web 2.0 […] s'appuie sur [une] approche en termes de modélisation et de manipulation des structures documentaires (instrumentées par les schémas en ingénierie documentaire) et sur la modélisation et la manipulation des représentations du contenu (instrumentées par les ontologies en ingénierie des connaissances) pour se concentrer sur *les activités relationnelles et l'organisation de communautés*. Le Web 2.0 est relationnel dans la perspective où il s'agit donc de repenser l'utilisateur et ses relations avec les autres, plutôt qu'avec des contenus ou des machines. L'unité d'information n'est plus le site ou la page mais le service et ses objets, flux ou sources de données qui sont publiées (RSS). L'unité de recherche n'est plus le mot-clé mais le « tag » (marqueur) qui décrit un contenu. L'ensemble des tags apposés par les utilisateurs crée du sens, un néologisme existe pour définir l'utilisation de ce système de classification collaboratif : *folksonomy (folk + taxonomy)*. À l'inverse des systèmes hiérarchiques de classification, les contributeurs d'une *folksonomy* ne sont pas contraints à une terminologie prédéfinie mais peuvent adopter les termes qu'ils souhaitent pour classifier leurs ressources. Ainsi, pour une ressource donnée, sa classification est l'union des classi-

fications de cette ressource par les différents contributeurs[1].

C'est là l'appareillage critique permettant la constitution de collectivités coopératives de transindividuation par le traitement coopératif de rétentions tertiaires numériques, et qui reposent sur des techniques d'annotation, c'est-à-dire d'inscription, les *tags* :

> Les *tags* sont personnels, partageables et permettent des outils de recherche et de représentation adaptés (nuages de mots, cartographie sémantique, etc.). Le web devient le lieu de la participation car il n'est plus seulement un espace de collecte d'informations mais développe les outils d'un *retour de connaissances dans lequel les utilisateurs sont à la fois lecteurs et auteurs : ils sont écrivants.* Ils possèdent des blogs, publient et partagent des photos, podcasts et liens, postent des commentaires sur d'autres sites, etc. Les actions cumulées des utilisateurs et les données qu'ils produisent ajoutent de la valeur au système global[2].

Un tel milieu qui est technique aussi bien que symbolique est évidemment celui – c'est visible ici comme nulle part ailleurs – d'une individuation collective en même temps que psychique.

Ainsi ce n'est plus seulement la qualité du service qui définit sa valeur mais la qualité et la fréquence des

---

1. Vincent Puig, document de travail.
2. C'est le livre en cours d'écriture de Ségolène Royal qu'il faudrait soumettre à une telle lecture positivement critique, avec de tels instruments, ce qui supposerait que le travail des groupes d'experts qui l'aident, comme son deuxième chapitre le rend manifeste, soit rendu public *dans le cours même de son écriture avec ces mêmes instruments* : voilà ce que serait *vraiment* une démocratie participative moderne.

contributions apportées par ses utilisateurs qui ne sont donc plus des utilisateurs mais des praticiens.

Et sur le même sujet, Manuel Castells souligne que

ce qui importe ici n'est pas tant l'existence de tous ces blogs que les liens qui existent entre eux, et qu'ils nouent et entretiennent avec la totalité des interfaces communicationnelles (ce que permet la technologie RSS)[1].

Le concept de milieu symbolique associé rend évident, comme dispositif de transindividuation distribuée, c'est-à-dire participative, que la question de la singularité est la question de l'idiome, et réciproquement, et que tout milieu dialogique est en cela idiomatique : constitue en cela un processus d'individuation. Singularité veut dire individuation. Est singulier ce qui se présente toujours idiomatiquement comme singulier. Et ne parle, ne fait sens, ne produit association et société (*philia*) que ce qui est idiomatique et singulier, c'est-à-dire désirable ou objet d'affects. On voit bien ici que les technologies des milieux techniques associés permettent de constituer de nouvelles formes d'activités idiomatiques, et de reconstituer des circuits entre les singularités, c'est-à-dire d'intensifier ces singularités. Or, la singularité est ce qui constitue l'objet de tout désir : je ne puis aimer que ce qui est singulier, c'est-à-dire incomparable et unique, paraissant en cela infini. C'est ce qui forme la *philia*, c'est-à-dire le désir en tant qu'il est originairement psychosocial.

Au cours de cet ouvrage, il est apparu que la singularité, et avec elle le désir, sont intrinsèquement menacés par la télécratie, mais aussi que les milieux techniques sont ce qui permet de les relancer. Si Ségolène Royal et

---

1. Manuel Castells, « Émergence des "médias de masse individuels" », *Le Monde diplomatique*, août 2006.

Nicolas Sarkozy se soucient du désir et de la *philia* (de « l'amour pour la France », et du désamour qui l'affecte et la menace comme il ronge toutes les démocraties industrielles, invalidant leurs représentants politiques et menaçant très gravement la démocratie) il faut que, tout comme leurs challengers, ils clarifient leurs intentions dans ce domaine par ailleurs stratégique sur le plan industriel aussi bien que géopolitique, éducatif, scientifique et même militaire.

Chapitre 10

IMPUISSANCE POLITIQUE
ET PUISSANCE PUBLIQUE

47. *Savoir vivre politiquement*

La *représentation politique*, que court-circuitent de concert la télécratie et le populisme politique, est la *base* de la démocratie : elle est le moment où, comme processus de sélection, se concrétise socialement et publiquement la transindividuation propre aux sociétés politiques. Dès lors que Ségolène Royal fait de la démocratie participative sa principale proposition politique, et de son blog l'instrument par excellence de cette proposition, expliquant en même temps qu'elle « s'efforcera » de « tenir compte » des contributions des lecteurs de ce blog pour l'écriture de son livre, elle confisque déjà ce processus de représentation par un geste opaque, qui est le contraire de la démocratie, et qui relève plutôt de l'autocratie – à quoi le populisme conduit toujours.

La démocratie est originellement représentative : elle suppose que soient désignés publiquement des citoyens en charge des magistratures, et qui sont des représentants du *dèmos* – que ce soit par tirage au sort, comme à l'époque de Clisthène, ou par d'autres voies. Mais cette base de la démocratie qu'est la représentation est elle-même basée sur une organologie politique : de la Grèce antique à Jules

Ferry, en passant par la Réforme et la Contre-Réforme issues de l'imprimerie, et jusqu'à nous, c'est-à-dire jusqu'à l'époque des réseaux numériques et des nouveaux milieux techniques associés, *via* le cinéma, la radio et la télévision, la base organologique des mnémotechniques et des mnémotechnologies qui forment le fonds originairement télécratique de la démocratie n'a cessé d'évoluer, transformant radicalement la nature des processus d'individuation politiques.

Cette transformation relève d'un processus de grammatisation qu'il faut aussi penser, à partir du machinisme, au niveau des corps : la grammatisation les affecte directement lorsque la machine puis l'appareil supportent une nouvelle extériorisation des savoirs, privant d'abord les producteurs de leurs savoir-faire, puis les consommateurs de leurs savoir-vivre, c'est-à-dire : les privant du pouvoir de se transindividuer, que ce soit au travail ou dans la vie publique et privée. Car ce stade industriel de la grammatisation, comme formalisation reproductrice des gestes et des comportements moteurs des corps, permet le contrôle et la transformation de ces savoirs en comportements de masse.

Or, l'affection des corps par la grammatisation machinique, qui commence avec le corps du travailleur dans la manufacture, est déjà celle des esprits, comme le comprenait très bien Adam Smith : c'est en cela qu'elle induit des phénomènes de désindividuation. Elle les induit non seulement en *bloquant* l'activité de l'esprit par une soumission du corps à un seul et même schème sensorimoteur qui obnubile l'esprit – car il n'y a d'esprit que selon les possibilités du milieu que constitue pour lui son corps propre, ainsi que l'enseigne Aristote –, mais parce que la grammatisation a également pour conséquence que le processus d'individuation technique, c'est-à-dire aussi le devenir de l'appareil de production, ne passe plus par le producteur, qui est devenu un prolétaire, et qui ne doit plus participer à cette individuation collective que l'individuation technique concrétise, et dont elle est la condition organologique. C'est pourquoi Simondon définit la prolétarisation essentiellement comme une perte d'individuation. Et c'est pourquoi je parle du milieu industriel issu du machinisme régnant au XIXe siècle comme d'un milieu *dissocié*.

C'est pour lutter contre cette dissociation, tout aussi bien que pour former un processus d'identification primaire collective, et par une institutionnalisation de l'instruction publique, conçue comme organisation républicaine du processus d'adoption en quoi consiste le processus d'individuation, que Jules Ferry fait apparaître une nouvelle forme d'individuation d'où surgit la démocratie industrielle moderne. L'école républicaine, comme le rappelle Denis Kambouchner, est la première institution de la République[1].

Cependant, dans la seconde moitié du XXe siècle, les technologies dites culturelles, c'est-à-dire les technologies de communication, deviennent le principal dispositif d'organisation du processus d'adoption. Cette organisation, qui passe par la canalisation de la libido de ceux qui sont devenus entre-temps des consommateurs, en court-circuitant tous les processus de transindividuation, et avec eux toutes les relations sociales, et donc les consommateurs eux-mêmes en tant qu'ils formaient, autour de leurs objets usuels, et par leurs pratiques les plus diverses, des milieux symboliques associés, cette organisation induit aussi un phénomène de dissociation et de perte d'individuation mais cette fois-ci du côté du

---

1. « L'école est en France, jusqu'à nouvel ordre, une institution de la République ; elle en est même, comme chacun sait, l'institution par excellence », Denis Kambouchner, *Une école contre l'autre*, PUF, 2000, p. 303.

consommateur, et c'est une perte de savoir-vivre, y compris de *savoir-vivre-politiquement*.

Car le consommateur, ainsi dénué de tous savoirs, comme le fut en son temps le producteur prolétarisé, est l'exacte négation du citoyen, qui se trouve au contraire, par principe et en droit, doté de savoirs – en droit et aussi en fait : par le fait (c'est ce que lui fait l'école) de son incorporation de la rétention tertiaire de référence. Au contraire, dans le modèle dissocié de la consommation, le consommateur est désincarné, et en quelque sorte privé de sa dot républicaine et politique par la nouvelle rétention tertiaire, qui fait de son corps – qui était le premier milieu associé de son individuation, comme premier support de sa mémoire en tant que son corps propre, et le milieu de son inconscient – un milieu lui aussi dissocié par la grammatisation : dont l'esprit, où se forment ses motifs, c'est-à-dire aussi ses mouvements et ses raisons, est court-circuité par la transindividuation télécratique. Ceci n'est possible que parce que la rétention tertiaire de référence a profondément changé, et a été confisquée comme technologie de contrôle, ce qui empêche qu'elle devienne la base organologique d'un nouveau processus d'individuation de référence, et qu'elle produise cet autre corps dans et par lequel le corps psychique devient social : ce faire-corps qu'est la sociation comme transindividuation des longs circuits de la *philia*.

Autrement dit, comme second pôle des milieux dissociés dont le premier est la production prolétarisée par la grammatisation machinique, la consommation, en particulier lorsqu'elle est organisée par une industrie de services qui commence à remplacer massivement les industries manufacturières au cours des années 1970, et dont l'industrie de programmes est la première et la principale, conduit au stade d'une prolétarisation généralisée, c'est-à-dire à une perte généralisée de savoir-faire et de savoir-vivre, mais aussi de savoirs théoriques et donc de savoirs politiques. Car cette prolétarisation se fait contre le processus d'adoption qu'étaient l'école de Ferry et celle de la citoyenneté grecque la plus ancienne : antique ou moderne, les écoles, qui constituent aussi bien qu'elles instituent le politique, et comme institutions de programmes, inscrivent dans les esprits démocratiques ces motifs de vivre politiquement que sont les idéalités, c'est-à-dire les objets de la contemplation, du *theorein*, dont *tous* doivent devenir aussi bien des destinataires que des destinateurs, en droit sinon en fait (cela dépend de leur propre parcours dans ce processus d'adoption qui est aussi ce que Husserl appelle une *communautisation*), et ce, par l'incorporation des techniques où se forme ce *télos* que l'on appelle le savoir universel.

Aujourd'hui, la base organologique de ce processus s'étant transformée en profondeur, le processus lui-même s'est transformé avec elle – mais il va dans le sens d'une généralisation de la perte d'individuation qui conduit au pire : au degré zéro de la pensée. Cela signifie que le processus d'adoption démocratique qu'est l'école doit se repenser *sur ce plan organologique*, et en relation étroite avec les industries de programmes qui devraient former, à l'avenir, comme développement du potentiel que constitue ce que j'ai nommé ici la télé-vision et qui vient bouleverser « la télévision », une nouvelle fonction éditoriale.

Mais cela suppose tout d'abord de s'opposer aux industries de programmes qui tentent déjà de confisquer la nouvelle base organologique, faisant obstacle à l'émergence de nouvelles formes de savoirs et de transmission de ces savoirs, tout en détruisant les savoirs constitués, généralisant en cela la misère politique, et bloquant la vie économique en l'enfermant dans le modèle industriel caduc des milieux dissociés par où le capitalisme financiarisé, grand organisateur des *courts-circuits spéculatifs* en tous genres, devient structurellement pulsionnel.

C'est pourquoi, dans le nouveau contexte organologique, il faut à la fois :

– repenser l'organisation, les finalités et la place des institutions de programmes que sont les établissements d'enseignement ;

– légiférer sur la télévision et réorganiser en profondeur la fonction éditoriale ;

– baser cette politique sur un nouveau modèle d'économie politique industrielle orientant une stratégie de recherche et d'innovation et configuré par une nouvelle puissance publique re-missionnée, en étroite relation avec les entreprises.

48. *La re-motivation de l'action publique*

Le désir est ce qui est détruit par la société de marché qu'est devenue l'économie de marché dès lors qu'en généralisant les entreprises de services, ayant fait de tous les segments de l'existence humaine des marchés, elle détruit les circuits de transindividuation (qui sont les circuits du désir) et tend à installer un degré zéro de l'existence. Cette destruction de la libido est inévitablement celle de la *philia* et engendre inévitablement une impuissance politique et donc publique. Les sociétés de marché sont ce qui fait exploser toutes les formes d'espace et de temps publics autres que celles qui sont produites par les marchés, liquidant par là l'idée même d'action publique (c'est-à-dire aussi l'idéal du peuple, et donc le peuple – à quoi nombre de représentants politiques réagissent en devenant populistes) : tout est organisé pour que ce soit le marché qui fasse l'unité et garantisse la « société de marché » contre la destruction de l'individuation collective, et bien qu'il en soit la cause en tant qu'il court-circuite les processus de transindividuation. Mais cela ne marche pas : le marché ne peut pas être le processus d'individuation de référence, tout le monde le sait, et la télécratie détruit cependant la démocratie.

Dans le même temps, la nécessité d'une puissance publique devient de plus en plus évidente par le fait qu'elle seule peut préserver l'intérêt commun, ce que l'on appelle aussi le bien public, et tandis que *n'importe qui*, quelle que soit sa place dans le jeu des rôles sociaux, est exposé de toute façon, à terme, en particulier à travers sa progéniture, à une destruction pure et simple des processus d'individuation et de leur milieux naturels, techniques, géopolitiques, symboliques, etc. Pour le dire autrement, tout le monde sait que le court terme est incompatible avec l'intérêt commun, qu'il gouverne les entreprises, et que le long terme, qui est incompatible avec la logique des actionnaires, ne peut plus être porté *que* par la puissance publique (ce ne fut pas toujours le cas), *qu'il faut donc réinventer*.

La télécratie est la concrétisation devenue caricaturale de ce court terme – y compris de la part des représentants politiques, qui ne pensent plus, ne parlent plus et n'agissent plus qu'en fonction des audiences. Une véritable politique, qui rompe avec cette misère politique, ne peut reconstituer un avenir de la France industrielle qu'à la condition de lutter contre cet état de fait, ce qui veut dire ici mettre en œuvre une économie industrielle qui supporte une politique du désir, une politique de la *philia* qui est la condition de toute politique, mais qui est *aussi* la condition de toute économie libre. Or, pour des motifs que nous allons examiner de plus près dans ce dernier chapitre, une telle politique du désir formant un nouveau modèle d'économie industrielle passe par une nouvelle puissance publique qui soit aussi une politique du travail et de la motivation au travail.

Il faut reconstituer des motifs de vivre politiquement, c'est-à-dire au-dessus du degré zéro de l'existence, et contre la barbarie où mènent les processus d'identification régressive. La reconstitution de la motivation politique, qui devient ici l'enjeu primordial, suppose la concrétisation d'un nouveau modèle industriel par une politique publique et donc par une puissance publique constituée d'acteurs publics qui doivent être eux-mêmes très motivés. Ce sont eux qu'il faut re-motiver en premier lieu.

Les premiers acteurs publics qui doivent être re-motivés sont les représentants politiques eux-mêmes – qui ne croient plus du tout, aujourd'hui, à la puissance publique : ils ont massivement intériorisé ce qu'ils croient être le fait d'une impuissance publique qui n'est que la traduction de leur propre impuissance politique, celle-ci résultant en premier lieu du court-circuit de la transindividuation politique, et en second lieu d'un changement de paradigmes économiques et politiques lié à une transformation organologique très profonde qui n'est absolument pas pensée, les représentants politiques n'étant généralement pas outillés conceptuellement pour la penser (et craignant ces concepts, que les audiences n'aiment pas – mais que l'opinion désire cependant). Seuls nous-mêmes pouvons les re-motiver : en leur apprenant la bonne nouvelle politique qu'est la reconstitution d'une opinion publique démocratique distincte des audiences canalisées par la télécratie.

La deuxième catégorie d'acteurs publics qui doivent être ainsi re-motivés est formée par ceux que l'on appelle les fonctionnaires, qui sont aujourd'hui découragés, désorientés, et font très souvent l'objet de polémiques. Car si la démotivation qui affecte tous les milieux de travail frappe évidemment aussi les personnels de la puissance publique – fonction publique, services publics, entreprises publiques –, elle prend dans la fonction publique des formes spécifiques, et elle est beaucoup plus exposée à la thématisation, à l'explicitation et à la critique, voire à la dénonciation, que dans le secteur privé : elle fait l'objet d'une lutte politique et idéologique qui est au cœur de tous les autres débats, et qui concerne le rôle de l'État, celui-ci étant le nom moderne de la puissance publique, réputé caduc, ce qui est peut-être en partie vrai, mais dans la stricte mesure où le modèle industriel qu'il a forgé est lui-même caduc, et pourtant domine toujours, et tente d'étouffer cet État, et avec lui toute puissance publique, et donc toute *philia*, pour se maintenir à tout prix, coûte que coûte, quoi qu'il en coûte, et en vérité, au prix d'un coût social devenu absolument exorbitant.

C'est pour cela qu'il faut réinventer la puissance publique. Or, pour traiter correctement la question de cette puissance publique à venir, il faut évidemment passer préalablement par celle de la motivation des acteurs publics. Mais l'examen de cette autre question suppose à son tour que l'on examine ce qu'il en est du travail aujourd'hui – et dans cette mesure, de la motivation au travail. Il ne s'agit pas de revenir ici sur les hypothèses d'une « fin du travail », ou sur la nécessité d'un partage du travail, ni donc sur la question de la réduction ou au contraire de l'augmentation du temps de travail, c'est-à-dire aussi de l'âge de la retraite, etc. La question est celle d'un travail politique et économique qui doit être fait pour recréer du travail qui constitue des circuits de transindividuation, qui apporte en cela de la motivation, et qui, du même coup, diminue la fragilité de ce que l'on appelle « l'emploi ». Mais cela suppose de savoir ce qu'est le travail.

La question de savoir ce qu'est le travail doit être posée dans le cadre d'une activité économique profitable, dont le but est d'accumuler du capital, et où les critères de l'efficacité sont donc définis par le profit, et dans le cadre d'une activité de travail dont la mission est de bâtir et de cultiver un horizon de référence définissant un bien public, c'est-à-dire commun, sans lequel aucune activité profitable n'est durablement possible, mais qui n'est pas lui-même profitable particulièrement : qui ne génère aucun profit au bénéfice d'un particulier, ou d'un groupe de particuliers, même s'il engendre des revenus de salariés rémunérés pour accomplir cette mission. La condition pour que ces revenus soient crédibles, c'est-à-dire n'apparaissent pas comme un profit détourné, c'est évidemment qu'ils soient homogènes avec ceux des secteurs économiques, dans leur niveau comme dans les modalités d'évaluation de l'action de leurs bénéficiaires.

Cette seconde sorte d'activité laborieuse nécessite une motivation, mais de quel type, c'est-à-dire selon quels critères de réussite ? J'ai parlé ailleurs de la question de la motivation dans l'économie industrielle[1], et plus précisément des techniques de motivation du producteur et du consommateur. Et j'ai tenté de montrer que ces techniques, mises en œuvre par le management et le marketing, et qui reposent sur des dispositifs de captation de la libido, sont aujourd'hui devenues contre-productives. C'est dans ce contexte d'effondrement *généralisé* des dispositifs socio-techniques de construction d'une motivation individuelle et collective que l'on doit *aussi* parler d'une démotivation des acteurs de la puissance publique – de ceux que l'on appelle les fonctionnaires, mais aussi des représentants politiques, qui sont d'ailleurs souvent eux-mêmes ce que l'on appelle des « hauts fonctionnaires », formés par l'École nationale d'administration. Ce contexte, c'est celui de la destruction de la *philia* – que la puissance publique est cependant en charge de recomposer comme confiance dans l'avenir, solidarité entre les membres de la cité aussi bien qu'entre les générations, cohérence entre le passé et l'avenir par conséquent, et en cela, puissance du processus d'individuation de référence, etc.

---

1. *Constituer l'Europe 2. Le motif européen*, Galilée, 2005.

49. *Travail et emploi : le sens du rejet du CPE*

Il y a deux types d'acteurs publics : l'un qui est un représentant politique, et l'autre qui est un travailleur du secteur public – les hauts fonctionnaires devenant souvent eux-mêmes des représentants politiques. C'est au travailleur du secteur public que je m'intéresserai ici, de façon simplement introductive et programmatique, pour lancer des pistes de réflexion, ouvrir un débat, et y revenir ailleurs plus tard.

Cet acteur public est donc un travailleur (ce n'est pas le cas du représentant – qui certes en général travaille, mais qui ne tire pas sa légitimité de son travail, mais de son mandat). Comprendre ce que travailler veut dire lorsque l'on est un acteur de la puissance publique passe par des considérations plus générales sur ce qu'il en est du travail aujourd'hui – pour l'immense majorité des personnels de la fonction publique aussi bien que pour ceux du secteur privé.

La première de ces considérations générales est que *le travail n'est pas simplement l'emploi*. Tout travail est un emploi, mais tout emploi n'est pas un travail : tout emploi n'est pas ce qui permet d'acquérir ou de développer des savoirs et, à travers ceux-ci, de s'individuer, c'est-à-dire de se faire une place dans la société en tant que producteur, et non seulement comme consommateur trouvant dans son emploi un revenu qui lui donne un pouvoir d'achat. L'individuation est au contraire ce qu'apporte le travail au-delà de l'emploi, si l'on entend par là ce qui consiste à agir dans le monde pour le transformer à partir du savoir que l'on en a. Or, le travail, en tant qu'il a été affecté par la grammatisation, aussi bien dans le secteur secondaire que dans le secteur tertiaire, et tel qu'il s'est du même mouvement de plus en plus salarié, se réduit aujourd'hui la plupart du temps à l'emploi : c'est ce qui résulte de la généralisation des milieux dissociés, elle-même étant la première conséquence de la grammatisation des gestes et modes de production en quoi consiste la révolution industrielle.

Les courts-circuits dans la transindividuation au travail ont commencé avec l'extériorisation du savoir dans les machines et se sont poursuivis avec la destruction des savoir-vivre par les industries de services, et c'est là le contexte général qui, parce qu'il atteint à présent des limites d'autant moins tolérables que la consommation est elle-même devenue la cause d'une grande souffrance (qui n'est pas nécessairement consciente), explique le véritable enjeu du rejet du CPE par les jeunes Français. La jeunesse française a manifesté d'abord contre le fait qu'elle ne veut plus fournir de simples « emplois », c'est-à-dire de la « force de travail » pour ce qui *n'est plus* du travail. Et elle s'est donc mobilisée contre une politique de l'emploi dont elle a considéré qu'elle détruit le travail, et à laquelle elle reproche de ne pas être une politique du travail.

Les jeunes générations se sentent de plus en plus condamnées au destin des employés qui poussent des paquets devant un lecteur de codes-barres tout en sachant qu'un jour ou l'autre ils ne pourront même plus avoir ce type d'emploi : des systèmes intégralement automatisés agençant transitique, codes-barres, puces RFID et cartes de crédit les auront rendus tout à fait inutiles. Le malaise de la jeunesse, c'est d'abord celui que suscite cette perte des savoir-faire, des savoir-vivre et des savoirs en général dont il résulte pour elle la perte de toute place dans la société et un terrible sentiment d'inutilité de soi et de vanité de toutes choses – c'est-à-dire une perte de sociabilité dans ce qui n'est peut-être plus tout à fait, en cela, une société : une sociation. La jeunesse sent qu'il n'y a aucun avenir dans ces emplois qui ne sont pas du travail et qui ne la socialisent pas, tout au contraire.

Le travail, dans les sociétés de marché, est de moins en moins du travail, et de plus en plus de l'emploi comme emploi de service, c'est-à-dire qu'il est redevenu de la *servilité* : les Français, qui aiment peut-être moins la France qu'auparavant, qui souffrent en tout cas, du moins pour un grand nombre d'entre eux, parmi lesquels beaucoup d'illustres personnalités, d'un désamour dont le phénomène social est massif et la nouveauté certaine, les Français défigurent la France par le développement de ces activités serviles qui ne sont plus du travail mais des emplois de services ou des concessions sur des segments de marché, comme il arrive avec le franchisage qui ruine tout commerce.

C'est par exemple le cas avec ce marché du double vitrage et des huisseries en PVC qui anéantissent le patrimoine bâti et un style d'habitation conçu au fil des siècles (c'est frappant pour qui traverse la belle ville de Tours) –, liquidant ce savoir-vivre que supporte un patrimoine vivant et que l'on appelle le *goût*, qui était, il y a peu de temps encore, commun à toute la population : il lui sautait aux yeux. Or, ce marché du double vitrage, liquidant par la même occasion les compétences des artisans, et dont ce goût fait partie, que ces artisans *savent* traduire professionnellement, ce marché fait qu'ils ne savent parfois même plus fabriquer une fenêtre : la destruction des savoir-faire, c'est ici du même coup celle des savoir-vivre, et cet ensemble destructif, c'est ce qui résulte du court-circuit généralisé des processus de transindividuation, au travail comme ailleurs.

Là se pose la question des différentes modalités de la modernité telles qu'elles peuvent entrer en conflit les unes avec les autres. Le double vitrage, avant d'être une technique d'isolation, est un « concept marketing » et un *business plan* qui détruit un monde par une technique commerciale reposant sur la disparition du savoir-faire des artisans et consistant à transformer les menuisiers et les serruriers d'huisserie métallique en concessionnaires de marques de ces technologies de doubles vitrages.

Cette façon de transférer la technologie en détruisant les savoir-faire et les savoir-vivre consiste à poser que le développement technologique est exactement et mécaniquement convergent avec les intérêts immédiats du marché, ce qui est une grave erreur. Car tout ce qui, dans la technique et dans la modernité, exprime les tendances portées par le marché, mais qui fait souffrir ce que ce marché met à mal, ce dont il ne prend plus aucun soin, par exemple le soin porté au visible par les artisans qui faisaient naguère des menuiseries, des huisseries, ce que l'on appelait aussi un métier, c'est-à-dire un travail, c'est ce qui induit inévitablement une antimodernité, un dégoût de la modernité, un désamour dans la modernité, et c'est ce qui installe donc des processus contre-régressifs archaïsants, et encore plus régressifs, constituant le fonds d'une démotivation culturelle qui englobe celles de la consommation, de la production et de l'action publique, et donnant le sentiment que la modernité est devenue incompatible avec quelque forme de *philia* que ce soit – ce qui est invivable. C'est ce qui ne peut qu'induire sclérose, repli, paralysie et désespoir politique.

Pour le dire autrement, le commerce pas plus que la technologie ne se réduisent au marché : ils comportent toujours une autre dimension, et en l'occurrence un métier ou une monnaie d'échange symbolique qui déborde les seules subsistances. Un commerce exclusivement subsistantiel *n'est plus* un commerce : c'est pourquoi la grande distribution et plus généralement le capitalisme hyperindustriel des économies de services détruisent la libido. Mais avec le commerce, ces modèles économiques et industriels caducs détruisent aussi la *philia* : sans commerce conçu comme échange économique supportant un échange symbolique, il n'y a pas de lien économique durable. Et c'est aussi pourquoi toute politique est une économie politique, et réciproquement, toute économie, pour autant qu'elle soit libre, c'est-à-dire démocratique, est une économie politique.

50. *Travail, motifs de vivre,* philia : *la place de la jeunesse dans la puissance publique*

L'*emploi* est le nom – venu de la théorie économique – que l'on donne aujourd'hui à une force de travail qui est de plus en plus déqualifiée tout en étant de plus en plus spécialisée, s'il est vrai que déqualification et spécialisation vont de pair, comme le souligne précisément Adam Smith. Mais c'est aujourd'hui vrai aussi bien dans le domaine du travail manuel que dans celui du travail intellectuel, et cette opposition est devenue du même coup obsolète.

Que le travail ne soit pas l'emploi est un élément essentiel pour la reconstitution d'une puissance publique et pour la re-motivation de ses acteurs pour deux raisons :
• D'une part, les jeunes générations ne veulent pas simplement trouver un emploi : elles veulent travailler.
• D'autre part, les jeunes Français veulent massivement pouvoir travailler dans le domaine public, et ce, parce qu'ils y projettent la possibilité d'y réaliser un travail, et non seulement d'y trouver un emploi.

Les jeunes Français veulent avoir une activité économique qui ne leur apporte pas seulement des revenus, mais de la motivation : des motifs de vivre une vie qui ne soit pas une survie, c'est-à-dire la satisfaction des besoins de subsistance, mais une véritable existence. C'est ce que n'apporte pas l'emploi. L'emploi peut certes être motivé par la récompense et la sanction financière, et s'y réduire – en tant qu'il n'est pas le travail. Mais c'est ce dans quoi les jeunes générations trouvent de moins en moins un motif de vivre. Le travail est au contraire producteur de motifs qui relèvent d'un *autre plan* que la subsistance[1], parce qu'il est à la fois mobilisateur et producteur de savoirs pour celui qui travaille, et à qui il fournit une expérience, c'est-à-dire aussi une « *expertise* ».

La jeunesse désire un changement économique où l'emploi redevienne un travail. Elle ne défend pas des thèses idéologiques sur les vertus du libéralisme, ni ne revendique un retour vers des projets d'économie administrée. Elle veut en revanche accéder à une véritable vie sociale, et pour cela, elle revendique du travail, et non de l'emploi. Elle est moins à la recherche de pouvoir d'achat que de savoir-vivre, et elle voit dans le travail la perspective d'une durée et d'une persévérance de son existence, là où l'emploi fait de sa survie une succession d'inexpériences jetables.

Certes, elle cherche aussi l'emploi qu'est tout travail : elle a besoin d'argent, c'est-à-dire d'autonomie. Et elle préfère donc avoir un emploi que rien du tout. Mais elle a le sentiment que l'emploi est ce qui reconduit inévitablement vers rien du tout. En s'opposant au CPE, elle s'est d'abord opposée à la dégradation du travail en simples emplois qui n'ouvrent aucun avenir – ni aux employés, ni à la société –, et, selon l'appareil interprétatif que j'ai tenté de former dans cet ouvrage, cela signifie que la jeunesse veut sortir de l'époque des milieux dissociés, aussi bien du côté de la production que du côté de la consommation – et qu'en cela, elle veut un changement de modèle industriel.

L'avenir industriel et donc économique se fera dans le

---

[1]. C'est le plan de ce que j'appelle les consistances, et qui élèvent les existences au-dessus de ce qui les supporte : les subsistances, c'est-à-dire les moyens de satisfaire les pulsions que l'on appelle, en général et en économie, les besoins.

cadre de ce que l'on appelle le capitalisme cognitif et le capitalisme culturel, c'est-à-dire dans le cadre des industries de la connaissance et de ce que nous appelons, dans *Ars Industrialis*, les technologies de l'esprit, qui sont les nouveaux milieux techniques associés. La thèse générale est que ces milieux techniques associés ne reconstitueront des milieux symboliques associés, c'est-à-dire des circuits longs de transindividuation, que par la volonté politique d'une puissance publique capable de produire des perspectives à moyen et long terme, en créant de nouvelles formes de solvabilités là où le capitalisme industriel, soumis aux actionnariats, ne peut plus se projeter que dans le très court terme, ce qui le conduit au contraire à court-circuiter systématiquement la transindividuation, et, par ces circuits courts, à obtenir des rotations très rapides du capital investi.

Or, ce sont les jeunes générations qui sont capables d'inventer ces nouveaux circuits, ces nouvelles formes de sociation et ces champs de solvabilités porteurs d'une nouvelle logique industrielle. C'est pourquoi c'est avec elles et par elles que cette nouvelle puissance publique doit se concrétiser. Il faut en conséquence recruter de nouveaux acteurs de la puissance publique dans les jeunes générations qui sont immergées dans les technologies des milieux associés, et impulser un mouvement de même nature dans les entreprises, qui doivent être elles-mêmes étroitement associées à ce programme.

Le travail peut et doit être un lieu de la *philia*, c'est-à-dire de la transindividuation, et quand il ne l'est plus, il doit le redevenir. C'est la mission qui doit être confiée à la nouvelle puissance publique composée de nouvelles recrues très motivées pour cela, et chargées de le réinventer par la conception d'une autre politique industrielle.

Il y aura de moins en moins besoin d'emplois serviles, et de plus en plus de nouveaux métiers au service d'une invention industrielle intégrale, c'est-à-dire : réinventant la société industrielle dans sa totalité, et entendons par là : dans les articulations qui s'y forment entre le système technique et les autres systèmes sociaux, et où se trament organologiquement les circuits de la transindividuation. Mais cela nécessite d'inventer une autre rationalité sociale, économique et industrielle – la rationalité signifiant précisément ici, comme règne de la raison, c'est-à-dire du motif de vivre (politiquement, au-dessus de degré zéro de la pensée, et donc de l'existence, etc.), la motivation.

Il faut rendre à la relation de travail son caractère à la fois foncièrement *inventif et rationnel*, et qui tient à ce que le travail est une expérience technique :

> Il y a dans l'invention quelque chose qui est au-delà de la communauté et institue une relation transindividuelle[1].
> Il est de la nature même de l'individu de communiquer, de faire rayonner autour de lui de l'information qui propage ce qu'il crée ; c'est cela qui est rendu possible par l'invention technique, qui est illimitée dans l'espace et dans le temps[2].

La jeunesse, qui investit sans réserve ni délai les transformations technologiques qui font apparaître la nouvelle organologie politique et économique, a envie d'inventer, ou de participer à une invention, à un collectif inventif, et à cette aventure qu'est le travail en tant que puissance de trans-formation : tel est peut-être le nouvel idéal du peuple.

---

1. Simondon, *L'Individuation psychique et collective*, Aubier, 1989, p. 266.
2. *Ibid.*

51. *La jeunesse d'aujourd'hui et la* philia *entre les générations : encore et toujours la paix*

La jeunesse doit s'emparer de l'avenir et du bien public en réinventant la puissance publique par la socialisation de la nouvelle organologie. Mais ce mouvement doit avoir des effets dans les entreprises, car plus généralement, c'est par une pensée politique et économique de la place de la jeunesse aujourd'hui dans toute la vie économique, et du rapport entre elle et les générations qui l'ont précédée, qu'une nouvelle motivation de la société dans son ensemble sera possible, que l'avenir commencera à paraître moins effrayant, et qu'un changement vers un meilleur redeviendra imaginable.

Nous savons que se prépare un énorme problème de relations intergénérationnelles qui va nécessiter, de toute évidence, l'invention de nouvelles formes de solidarité sociale, et *donc* une nouvelle *philia*. Or, prendre en charge cet immense problème que nous réserve l'avenir, c'est raisonner et agir *dès aujourd'hui* pour en faire une chance de rebond, et la possibilité d'inventer un autre modèle social, et non seulement industriel. Ce n'est qu'en raisonnant en priorité par rapport à une reconstruction du travail et de la motivation que *lui seul* peut apporter à une société industrielle, et en privilégiant dans ce but systématiquement les initiatives faisant appel à l'inventivité de la jeunesse, plutôt qu'en ne cessant de lui annoncer son appauvrissement et de la démoraliser, que l'on peut commencer à créer des conditions favorables pour résoudre l'énorme problème à venir des retraites des salariés qui étaient arrivés sur le marché du travail dans la seconde moitié du xxe siècle.

Faute d'une telle politique, et dans la mesure où les processus d'identification primaires psychiques et collectifs ont été détruits, un risque terrifiant de pourrissement social encore bien pire que tout ce que nous connaissons s'accroît de façon exponentielle avec chaque année perdue pour faire face à ces immenses questions – avec chaque année qui ne lance toujours pas cette politique du travail, de la motivation et de la puissance publique comme politique d'un nouveau contrat entre les générations. Faute de cela, il faut s'attendre au pire dans les relations entre les jeunes, ceux qui sont des enfants et ceux qui ne sont pas encore nés, et nous-mêmes, les retraités ou les futurs retraités, qui vont bientôt arriver en masse non pas sur le marché du travail, mais sur le marché tout court – car les retraités sont de grands consommateurs, très téléphages, fidèles téléspectateurs (quand la jeunesse de moins de quinze ans ne regarde presque plus « la télévision »), soignés et choyés par la télécratie pour cette raison.

Mais ce n'est certainement pas en *opposant* les générations et en condamnant la jeunesse à la paupérisation que l'on résoudra le grand conflit à venir – car c'est cette jeunesse qui devra fournir leurs ressources à ces retraités. Si nous ne créons pas une dynamique sociale exceptionnelle, constituant un moment d'innovation et de créativité économique et politique retrouvée, hors de tous les dogmes qui paralysent aujourd'hui la pensée, si nous ne parvenons pas à accomplir ce sursaut, nous vivrons des changements vers une situation encore bien pire que ce que nous connaissons – outre que le devenir-pulsionnel évoluera irrésistiblement vers ce que l'on appelle parfois des « penchants criminels », comme en connut au niveau d'États entiers le XXe siècle, et où périrent en masses des millions d'hommes. Car si nous connaissons le degré zéro de la pensée conduisant de plus en plus sensiblement à un degré zéro de l'existence, nous ne connaissons pas encore massivement, dans les démocraties industrielles, la très grande misère économique, nous avons encore de l'emploi, malgré le chômage et la réduction du travail à l'emploi, nous avons encore une couverture sociale et des services publics, etc. : nous avons encore la paix.

Si nous ne faisons pas face aux très grands problèmes qui arrivent entre les générations, si nous ne les regardons pas vraiment en face, si nous n'y prêtons pas la plus grande attention, en faisant appel à l'intelligence collective, et non en tenant des discours infantilisants de « pédagogie » économico-politique, si nous ne nous mobilisons pas en organisant l'intelligence collective, l'élévation de la pensée, plutôt que son degré zéro, alors il est tout à fait évident que disparaîtra ce *nous* qui s'est constitué comme un idéal du peuple au cours des siècles passés, en Europe, et qu'il fera place à la barbarie des populations sans motifs.

C'est à la puissance publique, par une politique de requalification du travail et de mobilisation de la jeunesse, de renverser la tendance dominante à aller vers le pire : elle doit être re-missionnée et réinventée par ces nouveaux arrivants auxquels il faut donner les moyens de leur mission.

52. *La mobilisation de la jeunesse*

Le fait qu'en France la jeunesse veuille majoritairement travailler dans la fonction publique ne procède pas fondamentalement d'un désir de protection face à l'insécurité sociale. Il est évident que cette préoccupation existe, et elle est peut-être même dominante, mais je ne crois pas que ce soit la principale, si ce qui est le principal est ce qui procède d'un principe, et si le principe est le sens de ce dont c'est le principe. En revanche, que ce désir de sécurité prime du côté des parents qui souhaitent eux aussi majoritairement que leurs enfants intègrent la fonction publique est sans doute vrai – et cela montre à quel point la désaffection pour le modèle industriel est grave et profonde dans la population française, et résulte non pas d'une paresse des Français, comme aiment à le dire certains, mais d'une absence de politique industrielle crédible, claire, convaincante et attractive, tout aussi bien que d'une organisation du travail et d'un management arriérés dans les entreprises.

Quant à l'attente des jeunes gens qui espèrent pouvoir travailler dans les services publics, elle constitue une grande chance. Aujourd'hui, la génération qui arrive sur le marché du travail est mal traitée et infortunée : elle est généralement beaucoup plus qualifiée que les générations précédentes, même si, paradoxalement, elle est aussi plus déqualifiée – toute une partie des savoirs qui étaient transmis aux générations précédentes s'étant délitée dans le contexte de la lutte entre les industries de programmes et les institutions de programmes auxquelles cette jeunesse, dès lors, ne croit plus beaucoup, et par lesquelles elle se sent abandonnée.

En lançant un programme de réinvestissement dans la puissance publique à travers cette génération et celles qui suivront, en sortant de l'époque des milieux dissociés, et en relançant par là une politique du travail, et non seulement de l'emploi, et pour de vastes secteurs économiques, il faut offrir à la jeunesse la possibilité d'inventer de nouvelles conditions de travail aussi bien dans les entreprises que dans le secteur public. Une telle politique devrait devenir un chantier prioritaire entre les pays qui furent à l'origine de la Communauté européenne, ce qui conduirait l'Union européenne à débattre de questions qui intéressent vraiment les Européens, et les *jeunes* Européens : qui concernent leur mode de vie, qu'ils doivent réinventer – ce que j'ai appelé *the European way of life*[1].

---

1. Cf. *Réenchanter le monde. La valeur esprit contre le populisme industriel*, Flammarion, 2006, p. 85 *et* aussi *Constituer l'Europe 2*, *op. cit.*

L'Europe ne se fera d'ailleurs pas non plus sans inventer un nouveau type d'acteurs publics européens, et sur un modèle bien différent de celui qui se forme dans les écoles de Florence ou de Bruges.

Re-motiver l'action publique signifie deux choses :
– réinventer la motivation au travail à travers les acteurs professionnels d'une nouvelle puissance publique ;
– redéfinir les missions (c'est-à-dire les motifs et les mobiles) de la puissance publique.

Aujourd'hui, une telle ambition apparaît à certains constituer une *pure folie*. Et il en va ainsi parce que l'impossibilité de créer des emplois publics qui ne soient pas à vie fait que l'on n'en crée pas du tout, et qu'il n'y a plus du tout de projet pour la fonction publique : on y croit si peu que l'on ne renouvelle pas les départs et que l'on n'y emploie plus que des stagiaires, que l'on ne paie même plus. Telle est la mécréance régnante par rapport à la puissance publique, et c'est un facteur *dogmatique* d'impuissance politique et économique.

Il faut créer une nouvelle puissance publique avec de jeunes acteurs et qu'à travers eux la circulation et la coopération entre le service public et le monde des entreprises soit beaucoup plus facile et reconstitue une véritable activité de travail, et donc une attractivité du travail qui ne soit plus seulement « de l'emploi » – et dans les deux secteurs. La question de l'action publique est alors celle des critères avec lesquels on évalue le travail de ses acteurs, et qui la distinguent de l'activité économique : il faut énoncer clairement et contractuellement des critères d'appréciation de la mission qui ne sont pas les critères du marché – sinon il suffirait de privatiser – et qui précisent très nettement ce que la mission de service public concrétise là où le marché ne le peut pas, et ce, non pas seulement en matière d'équité sociale et autres formes de péréquation, qui sont les missions premières et indispensables de répartition et de redistribution par la puissance publique, mais bien en matière d'investissement sur le long terme.

Il faut que la puissance publique mobilise massivement l'énergie des très nombreux jeunes diplômés qui veulent travailler, missionnés par un programme de reconstruction des circuits de la transindividuation par la socialisation industrielle des milieux techniques associés, et contre le plaquage des logiques de la dissociation. C'est sur cette base qu'il faut réélaborer une critériologie d'évaluation dont la plate-forme axiomatique peut être ainsi formulée : dans une société télécratique et menacée dans sa *philia* même, la mission fondamentale de la nouvelle puissance publique est de reconstituer le processus d'individuation qu'est une démocratie industrielle par le développement social et projeté à long terme des potentialités de la nouvelle organologie politique, et par la formation d'un nouveau type de tissu économique qui y trouvera à terme de nouvelles formes de solvabilité.

53. *Sanctions et récompenses : Airbus industrie et le narcissisme psychosocial au travail*

La théorie de la motivation qui domine aujourd'hui dans le management comme dans la politique économique est une théorie de la sanction et de la récompense selon un modèle pavlovien, et elle est indubitablement efficace. Mais qu'est-ce qu'une sanction, et qu'est-ce qu'une récompense ?

Pour Noël Forgeard, une récompense est faite de stock-options dont on décide qu'il est temps d'en retirer les bénéfices, et que, pour ce qui concerne l'entreprise dont on a été le dirigeant, c'est désormais une affaire qui regarde les actionnaires qui décideront de rester dans l'entreprise une fois que le dirigeant, ayant pris sa décision de s'en retirer, aura « pris ses bénéfices ». Ces actionnaires sont ceux qui n'auront pas pris les leurs, parce que n'ayant pas vendu assez tôt, n'ayant pas été initiés aux secrets de l'entreprise, et qui, s'étant dit qu'il est désormais trop tard pour vendre, décideront de rester et de redresser la situation selon leurs propres critères – qui sont les mêmes que Noël Forgeard, mais pour une prise de bénéfices plus tardive et peut-être moins scandaleuse. Désormais, pour Noël Forgeard qui s'en va, c'est une affaire qui regarde ces actionnaires, mais également les cadres qui, avec ou sans stock-options, ne sont pas partis. Et, bien entendu, c'est aussi l'affaire du personnel dans son ensemble, qui reste là de toute façon, sauf à se retrouver au chômage, et qui ne peut que *tout faire* pour redresser la situation, coûte que coûte, motivé ou pas – motivé par une autre sanction : celle du licenciement.

Cette façon de voir la sanction et la récompense dans le domaine de la motivation *au travail*, et non seulement dans les affaires, est misérable, dégradée et profondément fausse. On sait qu'aujourd'hui, par exemple, des cadres supérieurs du monde économique quittent leurs fonctions de direction dans les entreprises qui reposent sur un tel dispositif de sanction et de récompense, abandonnent des revenus très confortables, et préfèrent aller travailler comme instituteurs, par exemple, pour faire un travail utile à la nation, servant le bien public, et permettant de construire son processus d'individuation psychique dans le processus d'individuation collective d'une manière certes modeste mais extrêmement gratifiante : soutenant un bon *narcissisme psychosocial* – appelons-le le narcissisme psychosocial *primordial*[1].

Ce narcissisme ne semble pas être le problème de Noël Forgeard, qui a peut-être parfois quelques problèmes,

---

1. Au sens où je parle de narcissisme primordial dans *Aimer, s'aimer, nous aimer. Du 11 septembre au 21 avril*, Galilée, 2003, p. 14.

cependant, à se regarder dans une glace. Noël Forgeard n'était pas un travailleur d'Airbus industrie, mais un employé : un employé au service des actionnaires. Mais en tant qu'actionnaire lui-même, il s'est servi en premier, et cela ne peut pas être autrement dans un tel système de « sanctions » et de « récompenses » qui produit en réalité une immense démotivation des travailleurs. Les travailleurs ne sont pas motivés par des sanctions et des récompenses économiques : ils sont éventuellement stimulés par eux, mais la motivation ne se réduit pas à un système de stimulation – ce n'est pas une boucle stimulus/réponse, une boîte noire input/output. C'est ce que la philosophie morale avait enseigné, et c'est ce que les modèles cognitivistes informationnels appliqués à l'économie ont fait oublier.

Autrement dit, sanctions et récompenses ne sont que des indicateurs de reconnaissance, et les prendre pour des principes de motivation, c'est prendre le thermomètre pour la cause de cette fièvre qu'est aussi le travail. La reconnaissance n'est pas produite par ce qui la mesure plus ou moins mal : c'est ce qui procède du narcissisme. En revanche, le narcissisme est ce qui est aujourd'hui à la fois manipulé par les techniques managériales et bafoué par la destruction du travail comme par les processus d'infantilisation et d'identifications régressives que pratiquent la télécratie tout autant que les techniques managériales.

Dans les entreprises, les travailleurs que l'on disait autrefois intellectuels, en les opposant aux manuels, gèrent des dispositifs technologiques avec lesquels ils travaillent de moins en moins, mais qu'ils servent en tant que cadre comme un prolétaire sert une machine. C'est ce qui fait l'esprit servile d'aujourd'hui : l'esprit servile est un esprit employé à servir des dispositifs à la conception desquels il ne contribue pas, qu'il n'a pas lui-même *pensés*, et dont il ne pense même pas les conditions d'appropriation par les autres employés, toutes les « procédures » étant définies par les prestations de sociétés de service appelées des cabinets de conseil – et ici, la société externe de conseil et d'expertise pense à la place de l'entreprise elle-même, ce qui permet également d'externaliser toute fonction critique, mais au risque de perdre tout discernement.

Comme on peut le voir sur le blog de Ségolène Royal, il y a aujourd'hui des experts en critique de l'expertise et des experts – tout comme il y a de nos jours des médias spécialisés dans la critique des médias. La critique de l'expertise, qui est tout à fait nécessaire (mais qui ne peut se réduire à sa dénonciation), n'est pourtant pas du tout réalisée par ces experts en critique de l'expertise : ces « experts en critique de l'expertise » ne sont que l'expression par l'expertise de la caducité de l'expertise de ceux qui l'ont précédée – mais, on ne peut que le craindre, de la leur (de leur caducité) par la même occasion.

La question de l'expertise est la question de l'*expérience*. Est expert (adjectif) celui qui *a* de l'expérience – ce qui n'est peut-être pas toujours le cas de ceux que l'on appelle des experts (substantif), qui sont en revanche des *spécialistes* (et ce substantif est aussi le titre d'un film). *Expérimenté* : voici ce que veut dire au départ l'adjectif expert, et ce mot a évidemment évolué dans son sens, et est devenu un substantif dans le cadre de l'évolution de la procédure de socialisation des dispositifs techniques et de toute cette nouvelle organologie qui, à la fois, requiert des spécialistes, et produit une déqualification des individus, une perte d'expérience par conséquent, une *dissociation* – y compris pour ces spécialistes.

Privé de savoir-faire et privé de savoir-vivre, on ne fait plus une expérience du travail ou de la technique, mais une expérience du prolétariat – de ce que l'on appelait naguère l'exploitation de l'homme par l'homme – et c'est désormais plus ou moins vrai de tous ces emplois qui ne sont plus du travail. La perte de l'expérience, et la perte de savoir qui se produit du côté de ceux qui vivent l'expérience de cette perte de savoir, et qui peuvent de moins en moins parler d'autre chose, est pour ceux-là une condition humiliante et une souffrance, une grande misère qui s'ajoute à la misère économique. Face à cela, il y a les experts dans la délégation de savoir, par exemple les experts en systèmes-experts, ceux qui font ce que l'on appelle de la cognitique, des sciences et des technologies cognitives ; il y a les experts en management, en comptabilité, en technologies de pointe, etc. : les experts prolifèrent parce que le système que constitue l'organologie économique et politique contemporaine se complexifie énormément, et requiert une hyperdivision du travail, reposant sur des savoirs dits « très pointus », comme les technologies dites « de pointe », et qui sont des spécialités professionnelles extrêmes.

En quoi induisent-elles des effets semblables à ceux qu'Adam Smith avait identifiés comme obnubilation de l'esprit par l'hyperspécialisation du travailleur manuel, voilà une question qui mériterait d'être approfondie. Et c'est peut-être ce que ressent l'équipe d'experts en critique des experts de Ségolène Royal.

Ces spécialités extrêmes sont d'autant moins expérimentées qu'elles sont plus analytiques, ce qui signifie qu'elles induisent en quelque sorte de la contre-expertise, mais en un sens évidemment préoccupant : elles induisent une *expertise sans expérience*, car l'expérience n'est pas ce qui procède de la spécialité analytique, mais du savoir synthétique qui se forme comme le processus même de l'*individuation* psychique et collective. Il est tout à fait évident que tout savoir est analytique, que toute synthèse passe toujours par un moment analytique, que toute technique est ce qui articule ces moments, et constitue par là, d'ailleurs, le support organologique des circuits de la transindividuation. Mais l'expertise est ce qui réduit le savoir à cette dimension analytique, et ce qui perd du même coup l'expérience : tel est l'un des pires effets de la grammatisation, qui est par excellence, comme discrétisation, l'expansion de l'analyse, tel est l'un de ses pires effets dans les emplois qui ont remplacé ceux que l'on appelait autrefois les travailleurs intellectuels – étant entendu qu'en revanche, une inscription des possibilités analytiques nouvelles apportées par la grammatisation dans la synthèse de l'individuation produit toujours aussi une intensification de cette individuation, c'est-à-dire : un nouveau milieu technique associé. Et tel est le contexte de *crise de l'analyse* dans lequel se développe un discours critique contre les experts tenu par des experts, et qui est un symptôme de grand malaise, mais peut-être aussi l'espoir d'un sursaut.

Pour que la jeunesse française puisse projeter son avenir dans la nouvelle puissance publique, il faut qu'elle puisse y *faire* son avenir et comme une *expérience*, et comme une expérience historique : elle doit pouvoir y inventer son avenir – le mettre au point, le tester, l'améliorer, l'expérimenter, le critiquer à nouveau, le réinventer encore, bref : le *prendre en main*. Mais rien de ceci ne procède fondamentalement d'une motivation par la récompense et la sanction. En revanche, *tout* cela procède d'une motivation par le degré supérieur de l'existence que constitue la production de la *philia*, et qui passe par ce que les Romains appelaient l'*otium*, qui est synthétique, tel qu'il *ne peut être* réduit au *negotium*, qui est analytique. C'est la raison pour laquelle les acteurs de la puissance publique, dans les temps les plus anciens de l'histoire occidentale, se formèrent dans le foyer de l'expérience des *hypomnémata*, issus de la grammatisation mais se socialisant comme nouvelle synthèse, et par où se forge cet *otium*. Et c'est la raison pour laquelle il faut maintenir distinctes les activités de l'*otium* et du *negotium*, mais tout en les réagençant à nouveaux frais, c'est-à-dire aux nouvelles conditions de l'organologie politique et économique, et au service d'une économie politique de l'esprit à l'époque où les technologies de l'esprit l'exigent, et en font la principale question industrielle.

54. Capital et travail : se prendre en main

Résumons-nous pour conclure. Une société politique est ce qui forme un processus d'individuation de référence, et une individuation de référence est ce qui se forme par un processus de transindividuation, constitué par les longs circuits à travers lesquels se forme la *sociation*. Celle-ci constitue une *philia* que trament ces circuits en tant qu'ils sont élaborés par des processus d'identification, où des institutions de programmes permettent de constituer des identifications primaires collectives. Ils mettent à chaque fois en œuvre des dispositifs rétentionnels tertiaires, dont la base est organologique, et où se forme la *philia*. Celle-ci se concrétise aux conditions de cette organologie sur les plans à la fois esthétique, politique, cognitif et économique. Dès lors, une politique de l'individuation, et la constitution d'une individuation de référence qui est la première tâche d'une telle politique, est forcément une politique de la technique en même temps que du désir ou, plus exactement, des mnémotechniques et, de nos jours, des technologies de l'esprit où se rejoue à nouveaux frais la question des *hypomnémata*, avec l'apparition de nouvelles formes d'*hypomnèsis*.

Cette politique, qui doit être l'articulation d'une politique éducative et d'une politique industrielle, c'est-à-dire aussi d'une politique de recherche et de développement, et une politique économique, est nécessairement aussi une politique du travail et de la revalorisation du travail, c'est-à-dire aussi de rééquilibrage entre le capital et le travail dans le processus d'individuation psychique et collective, dans la mesure où celui-ci est l'un des principaux facteurs de la motivation sociale et ce parce qu'il est aussi l'un des principaux facteurs de création, avec l'éducation, des circuits longs de la transindividuation.

Il n'y a pas et il n'y aura pas de « fin du travail », pas plus qu'il n'a jamais existé une « société des loisirs »[1] – qui est en réalité une dissociation par les industries culturelles et la télécratie. En revanche, il est certain que les rapports entre le travail, devenu « l'emploi », et « les loisirs » comme produits des industries de services devront changer du tout au tout dans les décennies qui viennent, et ce, pour autant que et dans la stricte mesure où les milieux dissociés laisseront la place à des milieux associés.

Transindividuer dans le travail signifie contribuer à faire surgir un monde, participer à sa projection, à son façonnage, à sa concrétisation. Les emplois de service qui privent leurs clients de leurs savoir-vivre privent tout autant les employés d'un véritable travail, et ne leur permettent aucun échange, aucun commerce, aucune existence : ils les vouent à la désertification, c'est-à-dire à un paysage économique sans aucune *philia*, symboliquement tout à fait desséché. Ce qui semblait être le destin malheureux mais provisoire des catégories les plus mal loties de la population, et que l'on appelait les prolétaires, paraît désormais devenir le lot commun de la plupart des emplois – les *métiers* étant réservés à de rares privilégiés, l'ingénieur de production étant devenu lui-même un exécutant, soumis à des procédures définies par des experts, c'est-à-dire par des consultants, dont il n'a élaboré aucun des paramètres, et dont il ignore même souvent les motifs – au point qu'il se met à douter qu'il y ait des motifs. Or, on ne s'individue qu'en participant à une individuation collective dont on voit quelle est la structure, dont on sent en quoi elle se transforme, ce qu'elle devient, et qu'elle produit de l'avenir.

---

1. *Mécréance et discrédit 1. La décadence des démocraties industrielles*, Galilée, 2004, p. 143.

Cette perte de participation généralisée, c'est ce qui induit une décharge de soi généralisée, et une démission dans tous les domaines : le sentiment d'une immense impuissance. On a beaucoup dit que l'État avait fait des Français des « assistés » : des gens qui ne peuvent plus se prendre en charge. Mais les gens qui ne peuvent plus se prendre en charge sont ceux que l'on a *déchargés de leur existence*, et c'est précisément ce qui résulte des courts-circuits dans les processus de transindividuation qu'organisent le marketing et le populisme industriel, ce qui constitue une décharge existentielle telle qu'en effet les gens ne peuvent plus « se prendre en main », et donc deviennent des « assistés ». Mais il en va ainsi parce que l'assistance est devenue un marché, tandis que le marché, qui devient de plus en plus un marché *de services*, repose de plus en plus sur l'assistance, et au détriment des services publics. Or, le marché comme service, assistance et décharge de soi est ce qui épuise non seulement les existences psychiques, mais aussi les existences collectives, c'est-à-dire la citoyenneté dans son idée même, et avec elle la puissance publique – conduisant à une dissociation entre elle et les citoyens qui deviennent en cela *aussi* des assistés.

Il faut donc que nous, les citoyens, nous remobilisions nous-mêmes, sans attendre une re-motivation des acteurs publics et économiques, et pour *réaffirmer la puissance publique contre l'impuissance politique, contre la télécratie* : il faut que nous nous prenions en charge *en ce sens*, et que les jeunes générations se sentent portées par ce programme et puissent s'y investir.

Qu'ils soient fonctionnaires ou pas, les 76 % de Français qui s'inquiètent pour l'avenir de la jeunesse, et qui pour la plupart d'entre eux considèrent que ni la droite ni la gauche ne peuvent y changer quoi que ce soit, doivent *investir* dans la puissance publique – et en faisant un effort sur eux-mêmes par rapport aux idées reçues qui peuvent venir gêner leurs réflexions, comme elles gênent la mienne : nous sommes tous, et en permanence, victimes des idées reçues. Il y a deux grandes idées reçues qui sont nuisibles à l'avenir de la République française.

La première dit que les fonctionnaires sont des incapables, des profiteurs et des fainéants. Cette idée est largement répandue, notamment chez les hommes et les femmes politiques, de droite comme de gauche. Ceux-là ne le disent pas : le fonctionnariat est en France un corps électoral énorme, tandis que beaucoup d'électeurs qui ne sont pas fonctionnaires sont attachés à la fonction publique, y compris lorsqu'ils l'accusent injustement de tous les maux.

Il faut que ceux qui pensent ainsi réfléchissent bien au fait que dans la mesure où le capitalisme, qui est devenu transnational, ce qui signifie qu'il est piloté par le capitalisme financier, dicte sa loi à toute la transformation du monde, leurs enfants sont condamnés à sans cesse aller vers le pire. Car là où le capitalisme chinois tire une partie de la population de la Chine vers le haut, parce que la Chine est dans un tel état de sous-équipement que les motivations et les gains sont certains, même si les effets pervers et les démotivations sont déjà tout aussi certains, ce qui risque de se passer entre la Chine et l'Occident, et l'Europe, et la France, c'est un rapprochement des deux niveaux, l'un montant, mais les autres descendant. C'est ce que les Français savent, c'est ce qu'ils ne veulent pas, et c'est ce qu'ils ont raison de ne pas vouloir : ce n'est pas une fatalité.

En revanche, il serait fatal pour le monde entier que le modèle industriel européen et américain se répande massivement en Asie sans que l'Occident, qui est encore en avance sur l'Asie, ait inventé de nouveaux modèles de croissance et de développement. Et cela signifie que faute d'une action collective, c'est-à-dire publique, à moyen et à long terme, permettant l'invention de ce nouveau modèle et l'installation de sa nouvelle dynamique, l'avenir est non seulement bouché, mais apocalyptique, et que, comme le craignent beaucoup de Français, la jeunesse n'a pas d'avenir.

Mais cela signifie que ceux qui sont fonctionnaires parmi les 76 % de la population française qui croient que l'avenir ira de mal en pis pour les jeunes générations (et donc pour eux aussi, mais ils n'en ont peut-être pas conscience, puisque ce sont ces générations qui alimenteront leurs retraites), ceux-là ne doivent pas faire obstacle à un nouveau modèle d'organisation de la puissance publique pour ceux qui vont leur succéder : l'organisation de la puissance publique n'est pas immuable, et le croire, c'est être victime d'une autre idée reçue. Il faut dépasser ces dogmes, et que s'ouvre un large débat sur le rôle des services publics, non pas pour savoir s'il faut ou non les privatiser, mais bien pour leur confier une nouvelle mission.

Voilà ce que je crois devoir mettre en discussion dans le contexte de cette campagne présidentielle. Je sais que c'est une question très difficile, mais je ne crois pas que ces difficultés puissent être surmontées sans que la question qui les fait apparaître soit posée. Faire face à la télécratie, et reconstituer une force démocratique qui la dépasse, cela passe par ce débat. La formation de nouvelles idées et leur concrétisation comme nouvelles formes d'organisation sociales ne se fait pas sans difficultés qu'il faut avoir le courage d'affronter qui que l'on soit, employé, travailleur, homme politique, entrepreneur, investisseur, fonctionnaire, artiste, syndicaliste, homme de lettres à l'époque où apparaît une autre rétention tertiaire de référence que la lettre : citoyen.

TABLE

Préface à l'édition Champs.......................... IX

Introduction : Désir et politique 13
   1. Avril 2002 - mai 2007. Le temps des apprentis
      sorciers...................................... 13
   2. En mouvement contre la télécratie 19

Chapitre premier : La télécratie contre la démocratie. 23
   3. À propos des droits et des devoirs du citoyen 23
   4. Incompétence sociale des êtres providentiels
      et perte de participation 25
   5. Celui qui écoute et celui qui parle : sociation,
      association, dissociation 29
   6. Le temps des démocrates face à l'irresponsabilité
      généralisée.................................. 33

Chapitre 2 : Le degré zéro de la pensée............. 39
   7. Le désespoir politique des Français............. 39
   8. Sans foi ni loi................................ 44
   9. L'organisation télécratique de « foules artificielles ».. 50
   10. Ce dont les Français ne veulent pas............. 54

Chapitre 3 : Le changement du monde 59
   11. Du monde entier 59
   12. Sociétés de marché, sociétés d'incivilité 64
   13. Le danger du communautarisme................ 69

14. L'oubli de la *philia* dans les théories économiques et politiques 71

Chapitre 4 : Le jeu des forces du monde et *nous*, le peuple qui manque 79
15. Le changement techno-économique du monde comme jeu de forces centripètes et la politique comme invention de forces centrifuges 79
16. Le sens contraire du pire, et ce que n'a pas compris Lionel Jospin. 84
17. *Nous*, « le peuple », et nos représentants 89

Chapitre 5 : Les « sociétés de marché » et *nous* 97
18. Idéal du moi et idéal de la population 97
19. Retour sur la télécratie comme destruction de l'identification primaire et source fondamentale de l'anxiété sociale 102
20. Les marques comme foules artificielles déterritorialisées : marketing tribal, marketing neuronal, marketing viral 107
21. Les processus d'individuation de référence comme constitution de la *philia* 112
22. Définition de la société de marché 118
23. Éléments d'organologie politique 123

Chapitre 6 : Identifications régressives et foules artificielles. 129
24. La foule naturelle comme « descente sur les degrés de l'échelle de la civilisation » et perte de la volonté 129
25. Le fait social comme superposition de types de « foules artificielles » et l'inscription de la psychologie du moi dans la psychologie des masses. 132
26. Les racines archaïques de la *philia* et les foules naturelles et artificielles comme processus d'identification régressive 134
27. Identification collective et narcissisme de groupe . . . 138
28. Idéalisation, pulsion et identification dans les nouvelles formes de foules artificielles 141

29. De l'idéal de la foule à l'idéal du peuple
comme sociation 146

Chapitre 7 : École et industrie..................... 157
30. Le processus de grammatisation, les formes
de pouvoir et les tendances régressives en général . . 157
31. L'école comme stade de la grammatisation et lieu
de constitution de la *philia* en tant qu'idéal
du peuple..................................... 162
32. L'école dans la démocratie industrielle –
et ses nouveaux ennemis....................... 168
33. L'école comme formation des milieux associés
et leur destruction
par le populisme industriel..................... 171
34. L'école de l'attention......................... 174
35. L'étrangeté fondamentale de l'individuation
comme principe de l'avenir industriel 177

Chapitre 8 : Bien amicalement. Opinion et audiences. . 183
36. L'*amator* – celui qui aime.................... 183
37. L'histoire technique de la démocratie
et la recomposition réticulaire des circuits
de la *philia*................................... 187
38. Partis politiques et télécratie 190
39. Ceux que nous n'aimons pas.................... 195
40. Bien amicalement 196
41. Enfer et bonnes intentions d'un populisme
à la puissance deux........................... 198
42. Le cœur volé 207

Chapitre 9 : La machine à produire le pire
contre la nouvelle *philia* 213
43. La machine à produire le pire n'est pas une fatalité . 213
44. La trans-formation de la base organologique
de « la télévision »
comme cas de la télé-vision 216
45. La véritable rupture – contre le degré zéro
de l'existence................................. 220
46. La nouvelle transindividuation 225

Chapitre 10 : impuissance politique
et puissance publique 233
47. Savoir vivre politiquement 233
48. La re-motivation de l'action publique............. 238
49. Travail et emploi : le sens du rejet du CPE 243
50. Travail, motifs de vivre, *philia* : la place
de la jeunesse dans la puissance publique 247
51. La jeunesse d'aujourd'hui et la philia entre
les générations :
encore et toujours la paix 251
52. La mobilisation de la jeunesse 253
53. Sanctions et récompenses : Airbus industrie
et le narcissisme psychosocial au travail 256
54. Capital et travail : se prendre en main 262

Composition : IGS-CP.
N° d'édition : L.01EHQN000219.B005
Imprimé en Espagne par Novoprint (Barcelone)

Dépot légal : octobre 2008